AIS 数据处理关键技术及其应用研究

吕太之　张　军　张　娟　著
吴恩泽　邹玉娟　陶　金　副主编

哈爾濱工業大學出版社

内 容 简 介

本书基于AIS数据处理在航运数字化转型中的关键作用，系统阐述涵盖数据采集、数据存储、数据分析及数据可视化的AIS数据处理关键技术，总结AIS在海事监管、环境保护、港口运营等方面应用的研究进展和技术成果。本书将流式计算、机器学习、时空数据可视化、实时数仓、多源数据融合等技术应用AIS数据处理，并对智慧航运数字化转型的发展趋势进行了展望。本书内容与工程实践紧密结合，可为AIS数据在智慧航运中的工程应用提供理论基础和实践指导，也可供从事智慧航运的科研工作者和高等院校相关专业师生参考。本书凝聚了江苏省航运大数据工程研究中心近年来在实时数据处理、海量数据存储、数据挖掘实践中积淀的技术经验和成果。

图书在版编目（CIP）数据

AIS数据处理关键技术及其应用研究/吕太之，张军，张娟著.-- 哈尔滨:哈尔滨工业大学出版社，2024.11.--ISBN 978-7-5767-1771-6

I.U675.7

中国国家版本馆CIP数据核字第2024EL2829号

策划编辑　王桂芝
责任编辑　赵凤娟
出版发行　哈尔滨工业大学出版社
社　　址　哈尔滨市南岗区复华四道街10号 邮编 150006
传　　真　0451－86414749
网　　址　http：//hitpress. hit. edu. cn
印　　刷　北京四海锦诚印刷技术有限公司
开　　本　720 mm×1 000 mm　1/16　印张 12.5　字数 293千字
版　　次　2024年11月第1版　2024年11月第1次印刷
书　　号　ISBN 978-7-5767-1771-6
定　　价　68.00元

前　　言

航运 4.0 时代的到来，彰显了航运业当前发展的新态势。航运 4.0 的特征在于数据的广泛采集和深度应用，以及利用这些数据产出有价值的信息，推动航运业的数字化转型。作为航运领域的关键数据源，海量的船舶自动识别系统(automatic identification system，AIS)的数据扮演着至关重要的角色，成为大数据技术渗透航运业的主要通道，并为行业的智能化发展奠定了坚实的数据基础。AIS 数据处理的研究已成为航运业的焦点，其在智能海事管理、航道规划、异常船舶监测、生态保护以及港口特性分析等多个方面均展现出了广阔的应用前景。

本书以 AIS 为研究对象，对海量数据采集、存储、处理、可视化和应用进行研究。本书主要工作如下：

(1) 数据清洗、数据存储、数据融合、数据可视化等技术共同构成了 AIS 数据处理的关键技术架构，为船舶的实时监控和信息服务提供了强大技术后盾。针对 AIS 数据质量问题，本书提出基于流式计算的实时 AIS 性能指标分析算法，通过数据融合、异常识别等技术修复 AIS 数据，促进海事监管智能化。为解决海量 AIS 数据存储问题，本书提出基于 HBase 和 Redis 的融合存储方案，实现高效存储和快速查询，满足了实时需求且扩展性强。为了高效地实现 AIS 数据可视化，涵盖船舶航行时空的核心要素，本书构建了基于 AIS 的船舶动态地图系统，实现船舶跟踪可视化，为海事监管提供基础服务。为了提高船舶跟踪精度，本书提出一种融合 AIS 和 CCTV 数据，基于粒子滤波的分布式船舶跟踪算法。边端采用 YOLO 算法识别船舶，云端通过数据融合实现船舶航行状态的预测和更新。

(2) AIS 数据分析在海事监管中的应用广泛且重要，对于提高海事监管服务水平、保障船舶航行安全以及保护海洋环境等都具有积极意义。为了实现特定区域内的船舶管理，本书结合水上电子围栏，基于流式计算技术，开发了基于 AIS 数据的船舶跟踪平台，实现船舶在电子围栏区域的位置和航行状态的实时跟踪，可运用于船舶进出港、桥区航行、卡口等水上交通管理，能有效提高海事监管的智慧化水平。为了实时处理船舶风险问题，本书设计并实现了一种基于流式计算的船舶运输风险实时数据处理系统。该系统利用 Flink 平台实时处理 AIS 和船舶业务数据，分析船舶潜在风险，并将处理后的风险结果存储在 Redis 中，以提供高效查询。历史船舶风险信息存储在 Doris 中，提供快速历史搜索。为了更好地跟踪船舶配员情况，本书基于数据仓库技术，构建基于 AIS 数据的船舶配员数据分析平台，实时同步系统数据，基于 DolphinScheduler 实现数据自动计算，通过 Vue + Echart 实现数据的可视化。该平台有助于海事监管部门实时掌握船舶配员情况，提高水上交通管理水平。为了有效提高载运危化品船舶安全监管与信息化管理水平，本书设计并实现了基于流式计算的危化品船舶风险数据分析系统。该系统能够实时采集船舶 AIS、风险、基本信息等数据，基于 Flink 流式计算实时评估船舶风险状态，统计船舶风险数据。危化品船舶风险数据的分析有助于海事管理部门实时跟踪重点船舶航行状态，及时发现潜在的安全隐患，有效提高安全监管的水平和效率。

(3) 在环境保护方面，AIS 数据能够揭示船舶活动、交通流量及航行模式，为深入理解和有效管理海洋环境提供有力支持。为了监控船舶水污染物排放，本书基于数据仓库技术构建船舶水污染排放数据分析平台，水污染排放数据进行了深入的分析。船舶水污染物排放数据分析平台基于数据抽取技术实时将数据抽取到数据仓库，基于三级存储架构提高查询效率，基于流式计算技术实时统计排放情况，基于前后端分离技术实现数据可视化。融入 AIS 数据的船舶污染物数据分析有助于监控部门掌握污染物排放情况，提高监管的精准性。AIS 数据处理在船舶岸电中的应用主要体现在提供船舶实时信息、监测和优化岸电系统运行以及评估岸电使用效果和节能减排效果等方面。为了更加有效地保障船舶岸电的科学使用，优化船舶岸电桩布局，本书基于 Doris 数据仓库技术，设计并实现了船舶岸电数据分析系统。该系统基于 Doris 数据仓库和 AIS 处理来实现数据的实时统计与查询，基于前后端分离技术实现可视化。

本书主要特点如下：

(1) 凝聚了江苏省航运大数据工程研究中心科研团队近年来大数据技术在智慧航运业工程实践中积淀的技术经验和成果，是融合基础理论和工程实际应用的学术专著。

(2) 内容新颖，注重理论与实际应用相结合。在简单阐述理论、算法的基础上，采用实际应用的例子讲解了 AIS 数据处理的关键技术和应用，力求使读者能较快掌握 AIS 在航运业的应用。

（3）以 AIS 数据处理关键技术为核心，以 AIS 在各个领域的应用为扩展，层层展开，环环相扣。

本书可以作为从事相关工作的人员的参考书，也可作为大专院校、高年级本科生和研究生的学习教材。

特别感谢江苏省高校自然科学基金重大项目“基于多源异构数据融合的船舶航行风险评价研究”、江苏省高校自然科学基金重大项目“多源异构数据融合的船舶智能航行关键技术研究”、江苏省教育厅高等学院优秀科技创新团队——海事大数据应用研究科技创新团队、江苏海事职业技术学院“青蓝工程”优秀教学团队“航运特色大数据人才培养教学团队”、江苏省江苏科技智库青年人才计划“江苏省航运大数据应用现状、问题及对策分析”提供的资金支持。

由于时间仓促及作者水平有限，书中难免有遗漏之处，敬请读者批评指正。

本书由江苏海事职业技术学院吕太之、张军、张娟、吴恩泽、邹玉娟、陶金共同撰写完成。具体撰写分工如下：吕太之负责第3章的撰写工作（共计10.9万字），张军负责第4章的撰写工作（共计7.3万字），张娟负责第5章至第7章的撰写工作（共计7.3万字），吴恩泽、邹玉娟、陶金共同负责第1章和第2章的撰写工作（共计3.8万字）。

目　　录

第 1 章　船舶自动识别系统（AIS）

现代化交通运输涵盖了铁路、公路、水路、航空及管道等多种方式。水路交通以自然和人工水域为航道，以船舶为运输载体，进一步分为远洋、沿海和内河运输。由于其运输量大且成本低，水路运输在全球范围内被视为关键的运输方式，在交通运输中占据重要地位。为了保障水路交通的安全，提升船舶运营效率，水上无线电、船舶交通服务（vessel traffic service，VTS）、船舶自动识别系统（automatic identification system，AIS）等技术应运而生。

AIS 作为一种船舶定位与信息交换平台，已广泛应用于全球水上航行，成为船舶间和船岸间通信的重要枢纽[1]。该系统致力于提升水上安全，降低碰撞风险，提供丰富的航行数据，并在紧急情况下协助搜救。随着航运业信息化和智能化的不断发展，配备 AIS 的船舶数量持续增加，信号覆盖范围日益扩大，数据量也呈现大幅增长。AIS 结合了卫星定位和甚高频（VHF）技术，实现了船舶间的水上通信，交换了包括位置、船舶识别、航行、安全及靠港等多元化信息。这些信息可以在监控中心、其他船舶及陆地基站进行实时监控与分析，进一步加强航行安全，辅助导航决策，推动海上交通的高效管理，在现代水上运输中发挥着举足轻重的作用。

1.1　AIS 的组成和船载 AIS 设备

1.1.1　AIS 系统组成

AIS 是由岸基（基站）设施和船载设备共同组成的开放式数据传输系统，可与雷达、VTS 等终端设备及计算机网络实训连接，构成海上交管和监控网络（图 1.1）。作为 AIS 的扩展应用，卫星 AIS 技术通过低轨道的卫星接收船舶发送的 AIS 报文信息，卫星将接收和解码 AIS 报文信息转发给相应的地面站，从而让海事管理机构掌握船舶的相关动态信息，实现对远海海域航行船舶的监控。AIS 航标是一种基于 AIS 技术的航标系统，提供关键的导航信息，为船舶提供更加高效、精准、安全的导航服务[2]。在某些专业搜救飞机上配置 AIS 终端，能够实时、准确地捕捉 AIS 信号，从而极大地便利搜救团队对遇险船舶的快速定位与紧急救援[3]。

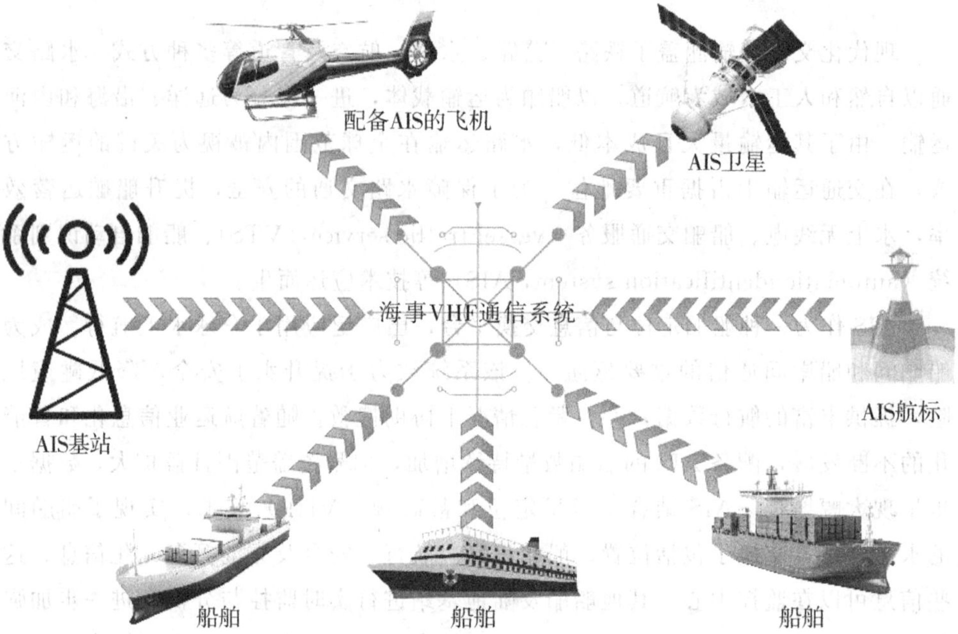

图 1.1　AIS 的组成

1.1.2　船载 AIS 设备

船载 AIS 设备是一个高度集成的系统，包括信息处理器、接口电路、显示屏和 VHF 通信机等关键部件[4]。这套系统能够自动交换诸如船位、航速、航向、船名和呼号等至关重要的航行信息。接口电路负责接收来自陀螺罗经的本船航向信号和计程仪的对地航速信号，同时还接收全球定位系统（GPS）、北斗或 GLONASS接收机提供的船位和世界统一时间 UTC 同步时间。信息处理器作为 AIS 的核心，不仅存储船舶的静态和航行信息，还接收并解码其他船舶的航行数据。此外，它还负责将本船的静态和动态数据编码后通过 VHF 发射出去。VHF

通信机部分包含一台发射机、两台 SOTDMA 接收机和一台 DSC 接收机，均由信息处理器控制，以实现按通信协议规定的自动信号发射与接收。显示屏则直观地展示数据和状态信息，便于用户实时监控整个系统的运行状态。AIS 终端结构如图 1.2 所示。

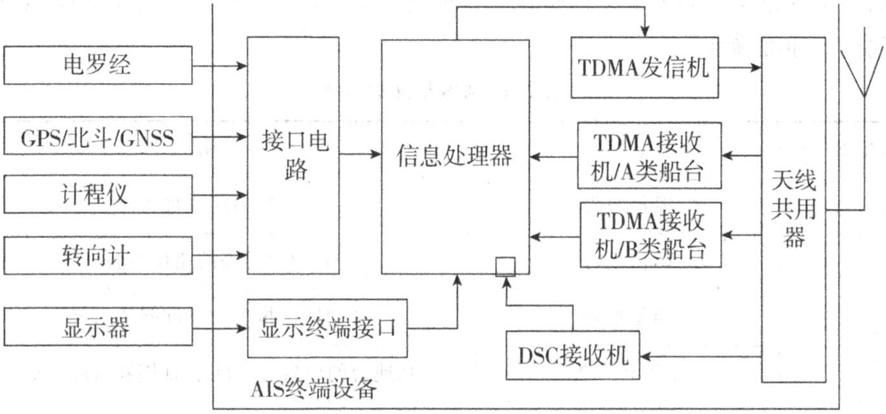

图 1-2　AIS 终端结构

1.2 AIS 报文的分类和格式

1.2.1 AIS 报文的分类

AIS 报文的分类涵盖了 AIS 所需的各种信息类型，从实时位置到静态数据再到特定通信和广播指令等（表 1.1）。这些分类使得 AIS 能够有效地促进船舶之间的信息交流、提高海上航行的安全性。消息 ID 码为 1、2 和 3 是船位报告报文，这类报文主要提供船舶的实时位置信息，包括经纬度、航向、航速等。这是 AIS 中最常见且最重要的报文类型之一，因为它能让其他船舶和岸基设施实时了解船舶的位置和动态，从而避免碰撞。消息 ID 码为 4 的是基站报告报文，这类报文由 AIS 基站发送，包含基站的位置、时间等信息。它有助于船舶了解附近 AIS 基站的分布和覆盖情况。消息 ID 码为 5 是船舶静态报文，这类报文包含船舶的静态信息，如船名、呼号、船长、船宽等，以及航行相关信息，如出发港、目的港、预计到达时间等。这些信息对于船舶之间的协调避让以及岸基管理部门的监管都非常重要。消息 ID 为 9 是标准合成孔径雷达（Synthetic Aperture Radar，SAR）飞机位置报告，这类报文用于空中搜救操作中的飞机位置报告，有助于协调海上搜救行动。除了以上几种主要的报文类型外，AIS 还有其他一些辅助类型的报文，如 UTC/日期查询和响应报文等，这些报文有助于确保 AIS 的时间同步和准确性。

表 1.1　AIS 报文的分类

消息 ID 码	名称	说明
1	船位报告	定时的船位报告
2	船位报告	分配时间表的船位报告
3	船位报告	特别船位报告，对询问的回复
4	基地台报告	基地台的位置、UTC、日期和时隙号码
5	静志和与航程有关的数据	定时的静态数据和与船舶相关的航行报告
9	标准搜救飞机位置报告	仅为以合成孔径雷达（Synthetic Aperture Radar，SAR）运行的航空台站使用的位置报告
10	UTC/日期查询	查询 UTC 时间和日期
11	UTC/日期问应	当前的 UTC 时间
12	编址安全信息	编址通信的安全信息
13	安全信息确认	确认接收到的编址安全信息

1.2.2　AIS 报文的格式

AIS 接收设备接收到的船舶 AIS 信息都经过数字化或压缩编码，要获取其中包含的真实信息，还需要按照规定格式进行解码。处理的船舶 AIS 信息包括动态信息和静态信息。数据解析就是按照 VDM（VHF Data Link Message），甚高频数据链消息，按照给定的起始位寻找对应的起始字节，连续取指定位宽的数据，再经过转换合并成需要的信息。AIS 报文格式如图 1.3 所示。

!AIVDM,1,1,9,A,1000000P008UnljA@72Ru?vL0<04,0*5E						
!AIVDM	1	1	9	A	1000000P008UnljA@72Ru?vL0<04	0*5E
数据包标志	语句数	语句序号	电文识别码	频道	封装的无线电文	填充位和校验码

图 1.3　AIS 报文格式

第一个字段是数据包标注，! 开始表示该条报文是压缩编码，前两个字母是设备标志，AIVDM 表示该报文是由船舶通过 VHF 链路广播的消息。第二个字段是 AIS 消息的语句数，由于 AIS 报文的有效载荷是受限制的，因此对于大的 AIS 消息需要拆分为语句发送。图 1.3 中的语句数为 1，表示该 AIS 消息只需要 1 条语句即可，第三个字段是语句序号，例子中是 1，表示是第一条语句。第四个字段是电文识别码，使其他语句可以与包含该同一电文的各语句相互穿插。如果某 AIS 消息只使用一个语句时，该字段为空。第 5 个字段是 AIS 的信道，AIS 的信道分为 A 和 B 两个频道。第六个字段是封装的报文数据，如果消息由多条语句组成，那么在解码时需要将各条消息提取合并成一个完整的消息码文才能进行解码。第七个字段是填充位数和校验字段。封装的报文数据第一个字段说明了报文的类型，常用的报文类型分为 AIS 目标信息、安全信息处理、扩展应用处理和系统控制 4 类。AIS 目标信息又分为船舶静态信息和船舶动态信息。船舶动态信息主要包括船舶海上移动通信业务标识 MMSI（Maritime Mobile Service Identity）码、航速、经纬度等信息，船舶静态信息包括船舶 MMSI、IMO、名称、船长，船宽、目的港、类别、呼号等信息。

1.3　AIS 的主要功能

当船舶装备 AIS 后，不仅能够向岸基上报航行数据，还能与其他船舶交换关键的航行信息。通过 AIS 报文的上报，海事监管部门能够实时获取安装 AIS 设备船舶的完整航行信息，以便于对水上交通实施有效的监控和指挥。此外，船舶会将定期航行和固定航线的相关信息录入 AIS 设备中，使其成为一个高效的船舶报告系统。船舶利用 AIS 的短信功能，还能避免因发音不准确导致的船舶间误解，进而预防事故的发生。AIS的主要功能如下。

(1) 实现船舶航行信息的交换。船舶能自动向岸台、其他船舶和航空器发送航行信息，如船舶MMSI、经纬度、航向、航速、船舶名称及呼号等，并同时接收其他船舶的航行信息。这种信息交换使得临近船只的识别变得更加可靠。

(2) 引导船舶安全航行。引航员可以利用AIS信息了解船舶及其周围船舶的航行情况，从而实现有效的调度指挥、引航监控和引航计费。海事部门还会在航线上设置各种航标，如灯标、浮标和导标，当AIS应用于这些航标上时，它们的位置信息会被及时报告给船舶，从而显著提升船舶航行的安全性。

(3) 降低船舶碰撞风险。虽然雷达技术的引入已经大大降低了船舶碰撞的概率，使其成为协助船舶避碰的重要工具，但雷达受天气影响较大，并存在盲区。通过整合雷达和AIS，可以进一步减少船舶碰撞事故的发生，确保船舶在水上的航行更加安全。

1.4 AIS技术的发展

国际海事组织（International Maritime Organization，IMO）和各国海事主管部门为了提高水上交通航行安全，制定和实施了各类船舶航行安全规则，强制船舶安装相应的助航设备，建立了船舶交通服务系统（Vessel Traffic Service）、船舶报告制度等措施管理船舶的安全航行。但即便采取了各类安全措施，船舶碰撞事故还是时有发生。随着数字通信技术、网络技术和计算机技术的快速发展，相关机构和厂商对船舶助航设备不断进行研究和开发，最终产生了AIS。

早期船舶之间的通信依靠VHF（very high frequency）无线电话，语言障碍导致通信的双方难以沟通船舶的操作意图从而导致船舶碰撞。针对这种情况，部分国家着手开发自动获取船舶航行状态的技术。1990年，美国基于VHF/DSC（D级数字选择性呼叫）技术开发了VHF自动应答系统（TRANSPNDER SYSTEM），其基本思路是以DSC方式自动发出询问信息，接收方根据询问方要求的频道，将本船的识别码、船名、船位、航向、航速、吃水等信息自动传给询问方，实现了自动应答功能，这就是第一代的AIS。1995年，瑞典和芬兰首次提出无线电AIS的概念，在IMO NAV41会议上首次提出将自组织时分多址技术（self-organizing time division multiple access technology，SOTDMA）应用于船舶间和船岸间海上转发器系统的建议提案[5]。它是一种具有避免和解决通信冲突能力的时分多址接入算法，应用于以自主、连续模式运行的移动台。对比 DSC，SOTMA 增加了系统的容量，提高了传输速率，被认为是第二代 AIS。1996 年，在国际海事组织（International Maritime Organization）航行安全分委会 42 次会议上，审议了技术小组提交的《使用 VHF DSC 技术的船用自动识别系统装置》的性能标准草案，并将该系统简称为 AIS。1997 年 IMO 航行安全分委会 43 次会议通过了《关于全球船载自动识别系统（AIS）性能标准的建议案》。会议简报对 AIS 的功能作了描述：可以完成船对船模式的避碰，港口国可以获得船舶和它所运货物的信息，可以作为 VTS 的工具。1998 年，IMO 航行安全分委会（IMO）44 次会议建议从 2002 年开始所有 300 总吨以上的新造船和客轮都必须安装 AIS 设备[6]。

针对 AIS 存在的信道带宽狭窄、系统容量受限和传输可靠性低等问题，研究人员在现有 AIS 技术框架下采取了一系列措施来改善系统性能和弥补短板。例如，改进 AIS 协议，在报文中增加转发计数、完善报文类型以及规范物理层参数，提升了系统的信息处理和传输能力[7]。为了更有效地利用有限的信道带宽，研究人员还采用了更高效的编码和调制技术，显著提高了频谱效率，使得在相同的带宽内能够传输更多的信息。此外，通过优化时隙分配算法，如引入动态时隙分配技术，成功减少了时隙冲突，进而提高了信道利用率[8]。为了进一步提高通信的灵活性和可靠性，研究人员还积极探索将 AIS 与其他通信系统（如海事卫星通信、移动通信网络等）进行有机融合，构建异构网络[9]。这些优化措施共同提升了 AIS 的整体性能，有效弥补了其原有的技术短板。

AIS 主要工作在 VHF，利用两个专用频道（161.975 MHz 和 162.025 MHz）进行信息交换。然而，传统的岸基 AIS 存在一个显著的局限性，即其信号辐射范围通常仅限于 30～50 海里，这主要受到电磁波信号直线传播特性的限制。为了满足远距离船舶监控需要，研究人员研发了卫星 AIS 技术。卫星 AIS 依托现有船载 AIS 终端，通过星上高灵敏度 AIS 信号探测转发设备，对连续、自动发射的 AIS 信号进行探测和传输，拓展了数据接收范围[10]。美国、挪威、日本等发达国家早已开始卫星 AIS 技术研究，并逐步发展其 AIS 卫星系统[11-12]。2012 年，我国发射的“天拓一号”遥感卫星，搭载了 AIS 接收机，绘制出我国首张全球船舶 AIS 数据海图。2017 年，我国首颗 AIS 商用海事卫星“和德一号”发射成功，该卫星配置的先进AIS每天可以服务6万艘船舶。

为了克服传统航标在信息传递方式上的局限，并减少天气和能见度等环境因素对其造成的干扰，AIS航标应运而生，以其智能化和多元化的信息传递能力，有效弥补了传统航标的不足。AIS航标是一种基于AIS技术的智能化航标，它通过AIS基站播发航标类型、名称、位置等信息，航行在AIS基站覆盖范围内安装有AIS设备的船舶均可接收并显示虚拟电子航标符号。AIS航标不仅可以提供传统的导航信息，还能实时传递水文气象、航道情况等多种信息，为船舶提供更加全面、准确的导航服务[13-15]。此外，AIS航标还具有虚拟性，不占用实际空间，设置更加灵活方便。AIS航标技术还可以与其他航海技术进行结合，如与电子海图显示与信息系统（ECDIS）的结合，可以显示所有船舶可视化的航向、航线、船名等信息，改进了海事通信的功能，提供了一种与通过AIS识别的船舶进行语音和文本通信的方法，增强了船舶的全局意识。

本章参考文献

[1] 刘畅．船舶自动识别系统（AIS）关键技术研究［D］．大连：大连海事大学，2013.

[2] 梁银川，宋海丰，刘悦．卫星AIS探测技术发展现状及应用前景分析［J］．卫星应用，2013（6）：22-27.

[3] 张阳，杨琨，马壮．基于试飞的机载AIS系统性能分析方法研究［J］．电子测量技术，2016，39（10）：30-33.

[4] 方远明．船载AIS设备信号异常原因分析及对策［J］．中国海事，2021（2）：60-62.

[5] HARRE I. AIS adding new quality to VTS systems［J］．The Journal of Navigation，2000，53（3）：527-539.

[6] LEE E S，MOKASHI A J，MOON S Y，et al. The maturity of automatic identification systems（AIS）and its implications for innovation［J］．Journal of Marine Science and Engineering，2019，7（9）：287.

[7] 刘星，潘佳明，吴昊，等．面向船舶AIS自组织网络的地理位置路由算法

［J］. 电讯技术，2023，63（6）：855-861.
［8］李双杨 . AIS 时隙复用算法研究与实现［D］. 大连：大连海事大学，2018.
［9］王卫宁，毛奇凰 . Inmarsat、AIS、VDR 与“一体化”海事信息系统［C］//中国航海学会通信导航专业委员会 . 中国航海学会通信导航专业委员会 2003 学术年会论文集 . 大连海事大学出版社，2003：5.
［10］梁银川，宋海丰，刘悦 . 卫星 AIS 探测技术发展现状及应用前景分析［J］. 卫星应用，2013（6）：22-27.
［11］METCALFE K，BRÉHERET N，CHAUVET E，et al. Using satellite AIS to improve our understanding of shipping and fill gaps in ocean observation data to support marine spatial planning［J］. Journal of Applied Ecology，2018，55（4）：1834-1845.
［12］MCWHINNIE L H，O'HARA P D，HILLIARD C，et al. Assessing vessel traffic in the Salish Sea using satellite AIS：An important contribution for planning，management and conservation in southern resident killer whale critical habitat［J］. Ocean & coastal management，2021，200：105479.
［13］张翔，郑丕显 . 虚拟 AIS 航标在黄浦江桥区水域的应用探索［J］. 航海，2023（3）：53-56.
［14］许赫 . 利用 AIS 轨迹线辅助航标优化调整的探讨［J］. 中国水运，2022（S2）：41-46.
［15］MAHMUD M A，ISLAM D M. Prevention of grounding at mongla port with virtual AIS［J］. Bangladesh Maritime Journal，2023，123-134.

第 2 章　大数据技术及其在 AIS 中的应用

2.1　大数据的定义、特点和分类

2.1.1　大数据的定义

目前大数据没有统一的定义，不同的研究者、机构从不同视角来定义大数据。美国国家标准与技术研究院（NIST）发布的研究报告定义大数据是用来描述在我们网络的、数字的、遍布传感器的、信息驱动的世界中呈现出的数据泛滥的常用词语[1]。中国信息通信研究院在《大数据白皮书（2022）》中给出的大数据定义是：大数据是具有体量大、结构多样、时效强等特征的数据；处理大数据需采用新型计算架构和智能算法等新技术；大数据的应用强调以新的理念应用于辅助决策、发现新的知识，更强调在线闭环的业务流程优化[2]。麦肯锡在其报告 *Big data: The next frontier for innovation, competition, and productivity* 中给出的大数据定义是：一种规模大到在获取、存储、管理、分析方面大大超出了传统数据库软件工具能力范围的数据集合[3]。大数据的核心特点包括数据量大、来源广泛、处理速度快以及能够从中挖掘出有价值的信息。这些特点使得大数据在各个领域都有广泛的应用前景，包括商业、医疗、金融、教育等。

2.1.2　大数据的特点

随着大数据技术的不断发展和人们对大数据特性认识的深入，大数据的 Volume（大量）、Velocity（高速）、Variety（多样）、Value（低价值密度）、Veracity（真实性）的大数据“5V”特性被总结出来。

Volume（大量）：大数据的数据量非常大，从 TB 级别跃升到 PB 级别，甚至可能达到 EB 级别或更高。这种海量的数据规模为数据的存储、处理和分析带来了巨大的挑战。

Velocity（高速）：大数据的产生和处理速度极快。在大数据时代，数据是实时产生的，因此需要快速地处理和响应这些数据。这就要求大数据系统能够高效地处理数据流，以满足实时性的需求。

Variety（多样）：大数据的类型多样，包括结构化数据、半结构化数据和非结构化数据等。这些数据来源广泛，如文本、图片、音频、视频等，使得数据的处理和分析变得更加复杂。

Value（低价值密度）：虽然大数据体量巨大，但其中有价值的信息可能并不多。如何从海量的数据中挖掘出有价值的信息，是大数据处理和分析的关键任务之一。这也意味着在大数据分析中，需要具备强大的数据挖掘和筛选能力，以提取出真正有价值的信息。

Veracity（真实性）：大数据的真实性是指数据的准确性和可信度。在大数据分析中，确保数据的真实性至关重要，因为错误的数据可能导致错误的决策和结果。因此，在大数据处理过程中，需要对数据进行清洗和验证，以确保其真实性和准确性。

“5V”是对大数据关键特性的概括，使得大数据的处理和分析成为一项具有挑战性的任务，但同时也为企业和组织提供了更多的机会和可能性，以更好地理解并利用数据来推动业务发展和创新。

2.1.3 大数据的分类

大数据可以根据不同的维度进行分类。

大数据按来源分为商业数据、社交数据、传感器数据和网络数据。商业数据是指企业在日常运营中产生的数据，如销售记录、财务报表等；社交数据是指来自社交媒体平台和在线社区的数据，包括用户个人信息、评论等；传感器数据是指由各种传感器设备生成的数据，如气象传感器数据；网络数据是指与网络活动相关的数据，如网络流量、搜索记录等。

大数据按结构分为结构化数据、半结构化数据和非结构化数据。结构化数据具有固定的数据模型，如数据库中的表格数据；半结构化数据如 XML、JSON 等格式的数据，具有一定的结构但没有结构化数据严格；非结构化数据如文本、图像、音频、视频等，没有固定的数据模型。

大数据按应用领域分为电商领域、政府领域、医疗领域和金融领域。大数据在电商领域用于用户行为分析、推荐系统等；大数据在政府领域用于智慧城市、交通管理、公共安全等；大数据在医疗领域用于患者数据分析、疾病预测、药物研发等；大数据在金融领域用于风险评估、欺诈检测、投资策略等。

大数据的分类方式并不是绝对的，不同的分类方式可能存在一定的重叠。另外，随着技术的发展和应用场景的变化，大数据的分类方式也可能会有所调整。

2.2 大数据处理的流程和技术

大数据的处理流程是一个复杂而系统的过程，涵盖数据采集，数据抽取、转换与加载（extract-transform-Load，ETL），数据存储，数据处理与分析，数据可视化5个步骤。数据像水流一样流进流出，流进来的是原始的、粗糙的、杂乱的数据，最终流出去的是干净的、核心的、具有指导意义的数据。

数据采集是大数据处理的第一步。数据的来源可能多种多样，包括但不限于企业数据库、社交媒体、日志文件、传感器数据等。网络爬虫、数据导入工具、消息队列、日志采集工具等是数据采集过程中常用的工具和技术，在数据采集流程中具有不同用途。网络爬虫是一种自动化程序，用于在互联网上自动抓取、解析并收集网页信息。它是数据采集的重要手段之一，特别适用于从网站上收集大量结构化或半结构化的数据。爬虫可以遍历互联网上的网页，提取出所需的数据，并将其存储到本地或数据库中供后续分析使用。数据导入工具通常用于将数据从外部源（业务数据库、文件等）导入数据仓库中，可以整合不同来源的数据。消息队列在数据采集过程中起到了缓冲和异步处理的作用。当数据采集系统需要从多个源头接收数据时，或者当数据处理速度跟不上数据生成速度时，消息队列可以暂存这些数据，保证数据的完整性和顺序性。日志采集工具可以用于有效地收集、聚合和移动大量日志数据存储到数据仓库供分析和挖掘使用。

ETL是大数据处理流程中不可或缺的一环，需要对采集的数据进行清洗、去噪、校验等处理，目的在于提升数据质量和为后续的数据分析奠定坚实的基础。ETL包括去重处理、缺失值处理、异常值检测与处理、格式转换与标准化、数据验证与纠正、文本清洗、数据分箱与离散化等操作。去重处理是指使用适当的算法或工具检测并删除数据集中的重复记录；缺失值处理是指识别数据集中的缺失值或空值，然后根据数据的特性和业务需求，决定是删除含有缺失值的记录、用平均值或中位数填充缺失值，还是使用更复杂的插值方法；异常值检测与处理是指利用统计方法（如 Z-score、四分位距（interquartile range，IQR）等）识别数据中的异常值，然后根据业务场景，决定是保留、替换还是删除这些异常值；格式转换与标准化是指为了保证诸如日期、时间等数据格式的一致性，对数据进行标准化处理；数据验证与纠正是指利用业务规则来验证数据的合理性，如年龄范围、地理位置的有效性等；文本清洗是指去除无关字符、标点符号、停用词等，进行词干提取或词形还原，以减少文本的复杂性；数据分箱与离散化是指对于连续变量，根据业务需求进行分箱处理，将连续值转换为分类值。

数据存储能够将海量的数据持久化地保存下来，支持高效数据处理，满足数据分析和挖掘应用。数据存储根据数据的类型和规模，可以选择不同的存储方案。根据数据的实时性需求，分为离线数据仓库或实时数据仓库。离线数据仓库主要用于存储和管理那些不需要实时处理的数据，如 Hive、Impala 等。这种数据库通常用于批处理操作，可以处理大量的数据，并提供数据持久化存储。离线数据库的优势在于它们能够处理复杂的数据分析任务，如数据挖掘、报告生成等。由于数据不需要实时更新，因此可以充分利用计算资源进行深度分析和处理。而实时数据仓库则侧重于快速响应和实时数据处理需求，如 ClickHouse、Doris 等。实时数据库侧重于处理需要快速响应和实时更新的数据，这种数据库能够高效地处理大量的、快速变化的数据，并提供实时的数据分析和查询功能，根据应用场景分为键值存储系统、文档型数据库、图数据库、时间序列数据库等。键值存储系统将数据以键值对的形式存储，适用于缓存系统、会话管理等场景，常见系统有 Redis、Memcached 等；文档型数据库以文档为单位存储数据，适用于内容管理、博客平台等需要灵活数据模型的场景，常见系统有 MogoDB、CouchDB 等；图数据库使用图结构存储数据，适用于社交网络分析、推荐系统等需要处理复杂关系的场景，常见的系统有 Neo4j、OrientDB 等；时间序列数据库专门用于存储时间序列数据，适用于监控系统、金融分析等需要处理时间序列数据的场景，常见系统有 InfluxDB、TimescaleDB 等。

数据处理与分析涵盖了多种算法和工具，旨在从海量的数据中提炼出有价值的信息。大数据的处理模式分为流式处理和批处理两种模式。批处理模式是先存储后处理的方式，数据被预先收集存储在数据仓库，然后在一个特定的时间点

（如每天、每周或每月）进行批量处理。批处理模式适用于那些对实时性要求不高，但需要进行深度数据分析的场景，如商业智能分析、数据挖掘等，常见的工具有 Hadoop MapReduce、Spark 等。流式处理模式是直接对流动的数据进行处理的方式。数据在产生后立即被处理，而不需要先存储。流式处理模式适用于需要实时监测和响应的场景，如股票交易监测、实时日志分析等，常用的工具有 Apache Storm、Apache Flink 等。大数据分析技术则涉及统计分析、机器学习等多种算法和工具，目的是从海量数据中提取有价值的信息。统计分析技术（如描述性统计、推断性统计等）可以用来获取数据的分布、关系和趋势。机器学习是大数据分析中的核心技术，分为监督学习、无监督学习和强化学习 3 种主要类型。监督学习（如线性回归、逻辑回归、支持向量机等）用于从已知的数据集中学习并预测新的数据点；无监督学习（如 K-均值聚类、层次聚类等）用于发现数据中的内在结构和关系，而不依赖于预先定义的标签；强化学习通过激励机制来学习最佳的行为策略。深度学习作为机器学习的分支，在海量数据处理中也得到了广泛的应用。

数据可视化是将大量数据转化为视觉形式的过程，使得用户可以更容易地理解和分析数据。在处理和分析数据后，通过可视化工具将数据以图表、图形、动画等直观方式展示出来，有助于决策者更快速地捕捉关键信息，发现数据中的模式、趋势和关联。数据可视化可以通过使用工具后缀编程来实现。Tableau、Power BI、FineBI 等是常见的数据可视化工具，能够满足不同的场景和用户群体需求。为了有更多的控制性，数据可视化可以基于可视化库通过编程的方式来实现，如 Python 语言，其可视化可以通过 Matplotlib 等可视化库来实现。

2.3 AIS 数据处理的应用

大数据在航运行业应用的越来越广泛，可以有效推动港航业创新、创效、服务升级，促进政府监管改革创新和公共服务精准化供给。海量 AIS 数据作为航运的重要数据源，是大数据技术应用于航运行业的重要途径，为航运行业的智慧化提供了数据基石。基于海量 AIS 数据的研究已经成为行业的研究热点，在智慧海事管理、航道计算、异常船舶检测、环境保护、港口特征分析等诸多领域应用。

2.3.1 在海事监管领域的应用研究

（1）船舶轨迹分析。

船舶轨迹分析是指通过收集和分析船舶 AIS 数据来了解船舶在水上的行为和运动模式的过程。这种分析有助于了解船舶的航线、速度、停泊位置以及可能的航行意图。学者们通过数据挖掘、机器学习、统计学等方法对 AIS 数据进行处理，以此分析船舶的轨迹。

Lee 等人[4]利用 DBSCAN 算法对船舶轨迹进行聚类分析，以发现船舶的行为模式和航行规律。研究成果在釜山新港进行了验证，为海上交通管理、船舶行为预测等方面提供了有益的参考。Xiao 等人[5]研究了基于多源信息的船舶轨迹融合与预测问题，提出了一种基于卡尔曼滤波和神经网络的船舶轨迹融合与预测方法。该方法融合了 AIS、雷达、卫星等多种传感器的信息，提高了轨迹的精度和可靠性，并利用神经网络对未来轨迹进行预测。研究成果对于提高海上交通效率、优化航行路线等方面具有实际应用价值。Yang 等人[6]提出了一种基于 Bi-LSTM 的船舶轨迹异常检测和预测方法。该方法利用 Bi-LSTM 神经网络对船舶历史轨迹进行建模来预测船舶轨迹。陈立家等人[7]提出了一种基于 C-Infomer 模型的船舶轨迹预测方法，将机器学习领域中的特征工程方法与深度学习模型进行融合，以南京港附近船舶 AIS 数据进行了验证，利用数学模型定义和反映船舶轨迹变化规律。

（2）电子围栏。

水上电子围栏是一种利用信息技术限制或监测特定区域内船舶的系统。它通过设置虚拟边界来监测船舶的进入和离开，并触发警报或采取其他措施。Sun 等人[8]在港口周边设置电子围栏，通过 AIS 数据实时分析监测船舶的进出港情况，并及时发出警报或触发其他安全措施，以防止未经授权的船舶进入或离开港口，保护港口的安全。水域中存在着敏感区域，如水上保护区、水生生物栖息地、水上风机、水上作业地等。电子围栏可用于敏感区域保护，设置在其周边水域，控制船舶的进入和活动，以确保这些区域的保护和生态系统的完整性。Read 等人[9]基于 AIS 在保护区边界周围创建电子围栏，有效降低了保护区范围内的违规行为。崔志伟等人[10]采用改进的基于密度聚类（DBSCAN）的算法对 AIS 数据进行聚类计算，分析船舶的实际空间分布特征，进行海上电子围栏的选址。

(3) AIS航标。

为了更好地发挥AIS数据分析技术在虚拟航标的作用，其相关研究日益增多。李峰等人[11]提出了一种基于大数据分析辅助AIS虚拟航标布设优化的方法，并以密集港区临港侧航道、深水复合航道和主航道为例进行应用分析。针对船舶交通流的船舶轨迹回放、碰撞危险度分析、船舶轨迹线分析、航道门线分析和船舶航标间距分析等方法能够以可视化的手段有效地找到航标布设方案的薄弱位置，为AIS虚拟航标的增设优化提供有力的数据支撑。李昱[12]研究了一种基于冗余数据的AIS虚拟航标监测方法，并在数字航道系统中设计虚拟航标播发、监测与报警一体化模块。

(4) 船舶避碰。

通过AIS数据分析技术，船舶可以实时掌握周围海域的船舶航行情况，从而及时调整航线、航速等，避免碰撞事故的发生。AIS数据分析技术有助于提高船舶避碰的能力和效率，实时识别潜在的碰撞风险，增强对当前航行环境的理解，许多学者开展了这方面的研究。Rong等人[13]提出了一种基于滑动窗口算法的方法，用于从船舶轨迹中识别避碰行为，对于深入理解船舶在潜在碰撞情境中的应对措施具有重要意义。You等人[14]选取了舟山岛附近水域的船舶AIS数据，并进行了动态和静态数据匹配、数据清洗、数据排序和轨迹插值等预处理操作，以分析船舶的避碰行为。Zhang等人[15]收集、存储并分析了AIS数据，获得了船舶历史轨迹信息和运动参数，从而深入挖掘了船舶行为、国际海上避碰规则(COLREGS)、良好海员习惯和普通海员实践方面的深层信息，并分析了船舶的操纵经验及行为特征。陈立家等人[16]基于AIS数据驱动构建具备真实性的避碰测试场景，提高了生成高风险避碰测试场景的概率，加速了自主避碰算法的测试进程。赵仓龙[17]融合AIS与雷达数据，结合船舶避碰数学模型，提高了船舶导航性能。Liu等人[18]提出了一种量化碰撞风险的定量分析方法，该方法结合了AIS的静态和动态信息，融入一个时变运动轨迹模型，有助于识别船舶航行的高风险热点区域。

(5) 船舶引航。

AIS数据分析在船舶引航中发挥着举足轻重的作用，通过深入剖析船舶轨迹数据，为船舶在复杂水域的安全航行提供有力支持。在规划航线时，AIS数据分析可以用来识别船舶轨迹，帮助确定最安全和最高效的航道。此外，AIS数据分析还能有效识别出浅滩、狭窄海峡等潜在危险区域，以及其他可能构成航行障碍的因素。通过在船舶引航中深入应用 AIS 数据分析，船舶航行安全性得到了显著提高，航行规划与流量管理得到了优化，这对于现代航运业高效且安全运营而言，具有不可估量的重要性。鉴于 AIS 数据在船舶引航中的深远影响，这一领域吸引了大量学者的研究与关注。Guo 等人[19]构建了一个基于船舶引航过程中的碰撞风险的 DBN 模型，使用 AIS、雷达数据、PSC 数据和专家判断。该方法获得了引航操作过程中碰撞风险的时间分布，突出了在引航中使用 AIS 数据进行风险管理的重要性。Lee 等人[20]利用 AIS 数据分析船舶在港口的到达与离开情况，为船舶引航提供了数据支撑。Zhou 等人[21]使用 AIS 数据实时获取和更新船舶领域参数，以满足船舶引航的实时需求。该方法能够过滤掉非危险目标，提高船舶领域中非线性模型的识别精度和实时性能，航行安全决策和船舶航行行为分析提供了参考。徐光华等人[22]通过 AIS 数据分析船舶轨迹，帮助引航员辨别作业所面临的潜在不安全因素，做好风险预测并采取防范措施。这些研究共同突出了 AIS 数据在提升船舶引航中的多样化应用，包括轨迹分析、风险管理、操作优化和实时导航场景中的决策制定。

（6）水上交通事故调查。

对 AIS 数据的分析与挖掘有助于水上事故调查人员更深入地了解事故发生前的具体情况，包括船舶间的相对位置和运动轨迹。在船舶碰撞事故调查中，AIS 数据可用于重构两船的航行路线，从而精准判断碰撞原因。此外，AIS 数据在法律诉讼和保险理赔中扮演了关键角色，能够为确定事故责任和评估损失提供有力证据。AIS 数据在水上交通事故调查中发挥着举足轻重的作用，它不仅有助于揭示事故真相、明确责任，还为提升航海安全提供了宝贵的数据支撑。随着技术和数据分析能力的不断进步，越来越多的学者开始探索 AIS 数据在水上交通事故调查中的广泛应用。Bye 等人[23]使用挪威水域的海事事故数据和 AIS 数据进行统计分析，以识别与航行事故（搁浅和碰撞）相关的条件，并将其作为风险指标。Aalberg 等人[24]基于 AIS 数据分析，并结合知名海事情报公司提供的信息，构建了反映船舶不同特征的指标。这些指标反映了涉及航行事故的船舶特征。Zhu 等人[25]基于 AIS 数据和随机森林模型进行了动态多时段海事事故易感性评估。吴建华等人[26]通过分析 AIS 通信量与水上交通事故之间的量化驱动关系，设计了基于 AIS 通信量分析的水上交通事故检测方法。该方法划分了船舶群组，并分析基于AIS通信量构建的检测指标随船舶运动状态变化的特征，利用滑动窗口和卡尔曼滤波算法建立水上交通事故检测模型，运用云模型确定检测阈值，实时检测水上交通事故检测指标突变，以实现水上交通事故自动检测。这些文献反映了AIS数据在海事事故调查中的多样化应用，包括事故重现、风险分析、责任归属判断以及海事安全改进建议等方面。通过这些研究，AIS数据分析被证明是海事事故调查中一个重要且有效的工具。

2.3.2 在其他领域的应用研究

(1) 经济统计。

AIS数据分析在经济统计中的应用广泛，不仅对全球贸易和供应链管理提供了深刻的见解，还对经济预测、环境保护和政策制定有重要的影响。AIS数据可以用来监测全球货物运输流量，这对于评估国际贸易活动和经济趋势至关重要。通过分析航运路线和船舶活动，AIS数据有助于理解贸易模式的变化，如主要贸易伙伴之间的货物流动。AIS数据可用于评估供应链效率，包括船只到达港口的时间、货物装卸速度以及运输路线的优化。赵龙飞等人[27]基于AIS数据分析开展海运贸易统计，实现了大宗货品海运的港口统计、海上通道统计及货品运量统计。肖一嘉[28]通过AIS数据分析提取了中国高时空分辨率的海上原油运量，为国家能源运输安全和能源储备战略提供数据支持。张健豪等人[29]结合集装箱班轮的实际业务逻辑特征，通过对AIS数据分析识别出全球集装箱班轮的历史航线，推进了传统航运领域的数字化转型。Adland等人[30]通过AIS数据分析来统计世界贸易，并与官方数据进行了对比，证明了从AIS数据推算出贸易数据的可行性。Yan等人[31]构建了一个基于AIS数据的全球海上石油贸易的精细分析框架，包括交通路线分析、贸易量分析和贸易网络分析3个模块，实现了基于油轮流量分析的海洋石油贸易的精细研究，由此得出的具有方向和贸易量的石油流动为构建有向加权石油贸易网络提供了依据。

(2) 环境控制。

AIS数据分析技术在环境控制方面的应用非常广泛，有助于提高海洋环境保护、监测、应急响应的效率和效果。AIS数据分析可以用来追踪可能排放有害物质的船舶，包括油轮泄漏、有害废物排放等。例如，监测油轮以防止潜在的油料泄漏，或者监控运输有害废物的船只，确保其不会非法排放。AIS数据分析可以用于计算船舶碳排放量，通过综合考虑船舶的速度、大小和航行路线，可以更有效地评估其对环境的影响，进而推动更环保的航运实践。AIS数据分析可以用于保护敏感生态区，实时监控船舶在生态敏感区域的活动，从而及时预警并防止这些脆弱区域受到不必要的航运影响。AIS数据分析可以用于应急响应，在海上事故发生时，AIS数据能迅速定位事故船舶的准确位置，这大大加速了应急响应的速度，有助于及时减轻事故对海洋环境的潜在影响。AIS数据分析技术提升了对海洋环境的监测能力，为保护海洋生态、预防污染及快速响应海上事故提供了有力的技术支持，吸引了众多学者开展这方面的研究。边星培[32]通过AIS数据分析船舶活动状态，利用多项式拟合确定船舶主机功率，综合完成船舶碳排放量的计算，在港口船舶碳排放时空分析方面做出了有益的探索。Vicente-Cera等人[33]提出了一种评估全球邮轮航线交通相关的环境压力的方法，该方法结合AIS数据分析与不同机构的环境报告，帮助评估邮轮船队对环境的影响，划分活动热点并量化全球的废物产生和排放量。朱倩茹等人[34]基于AIS数据分析，提出了一种自下而上地计算船舶大气污染物网格化排放的方法。该方法结合了多源数据匹配与回归模拟计算，构建了一个船舶AIS静态信息关联属性库，为逐艘次、高精度的船舶排放计算提供了关键技术支撑。

(3) 港口管理。

AIS在港口运营中发挥了重要的作用，不仅提高了港口的运营效率，还保障了船舶航行的安全。AIS数据分析可以用于船舶进出港管理。AIS数据能够提供船舶的实时位置、航向、航速等信息，帮助港口管理部门更好地安排船舶进出港的顺序和时间，避免船舶之间的碰撞和拥堵。同时，AIS还可以用于船舶身份验证，确保只有合法的船舶才能进入港口。AIS数据分析可以用于泊位调度与优化。通过AIS数据分析，港口可以实时监控到港船舶的位置和动态，从而更加合理地分配泊位资源。这不仅可以提高泊位的利用率，减少船舶等待时间，还能确保船舶在港内的安全。AIS数据可以用于港口安全监控。AIS数据分析可以帮助港口监控中心实时掌握港区内船舶的动态，一旦发现异常情况，如船舶偏离航道、超速行驶等，港口监控中心可以立即采取措施进行处理，确保港口的安全运营。AIS数据分析可以用于船舶进出港时的引航与导航辅助。AIS数据分析结果能够提供精确的船舶位置和航向信息，帮助引航员更加准确地引导船舶进出港口，减少事故发生的可能性。同时，AIS还可以为船舶提供导航辅助，帮助船长更好地规划航线。AIS记录了大量的船舶航行数据，包括船舶的航行轨迹、速度、停靠时间等。这些数据可以用于港口的运营分析，帮助港口管理部门更好地了解港口的运营状况，优化港口的运营策略。鉴于AIS数据分析在港口运营中的广泛应用，许多学者对其进行了深入的研究和补充。他们不仅关注AIS数据在船舶追踪、定位和管理方面的应用，还进一步探讨了如何利用这些数据优化港口的运营效率和服务质量。一些学者研究了AIS数据在评估港口服务效率方面的应用[35-37]。他们基于AIS数据，统计船舶在港等待时间、服务时间等关键指标，以船舶视角分析了港口的服务效率，为港口管理部门和航运公司提供了有价值的决策参考。

2.4 本章小结

大数据技术对时代的影响深远且广泛，在经济、社会管理、科学研究等领域得到了广泛的应用，成为推动当今时代发展的重要力量，改变了我们的生活方式、工作方式和思维方式。大数据的处理流程是一个精细化的处理过程，从初步的数据采集开始，通过抽取、转换与加载（ETL）对数据进行整合与准备，再经过深入存储、处理与分析，提炼出有价值的信息，并最终通过数据可视化呈现清晰、直观的洞察，从而将原始的、混杂的数据转化为精炼、有用的决策支持信息。

大数据技术在航运业的应用正日益普及，对推动港航业务的创新、提升效率、服务升级起到了显著的推动作用，同时也助力政府在监管方面的改革创新，实现公共服务的精准供给。作为航运业的关键数据源，海量的AIS数据为大数据技术在航运领域的应用开辟了重要道路，奠定了航运智慧化发展的数据基础。目前，基于庞大的AIS数据进行的研究已成为行业的焦点，涉及智能海事管理、航道计算、异常船舶检测、环保以及港口特征分析等多个应用领域。AIS数据在海事监管中发挥着举足轻重的作用，通过实时交换船位、航速等关键信息，不仅提升了海事监管服务的效率和精度，而且能有效保障船舶航行的安全，及时应对突发状况，降低安全风险。AIS数据分析在环境保护中发挥着重要作用，通过挖掘船舶航行数据，能够监测和评估船舶活动对海洋生态环境的影响，及时发现潜在的污染风险，为制定有效的环境保护措施提供科学依据，从而助力保护海洋生态的健康与安全。通过 AIS 数据分析实现监控船舶进出、评估服务效率及提升港口安全性等多方面的应用，港口管理得以全面优化运营流程，提升服务水平和安全保障，进而推动港口向智能化和现代化迈进。

本章参考文献

[1] CHANG W L，GRADY N. NIST big data interoperability framework：volume 1，big data definitions [J] . [R] . Gaithersburg，Maryland：National Institute of Standards and Technology，2015.

[2] 中国信息通信研究院 . 大数据白皮书（2022）[R] . 北京：中国信息通信研究院，2014.

[3] MANYIKA J，CHUI M，BROWN B，et al. Big data：The next frontier for innovation，competition，and productivity [J] . 2011.

[4] LEE H T，LEE J S，YANG H，et al. An AIS data-driven approach to analyze the pattern of ship trajectories in ports using the DBSCAN algorithm [J] . Applied sciences，2021，11（2）：799.

[5] XIAO Y，LI X，YIN J，et al. Adaptive multi-source data fusion vessel trajectory prediction model for intelligent maritime traffic [J] . Knowledge-Based Systems，2023，277：110799.

[6] YANG C H，WU C H，SHAO J C，et al. AIS-based intelligent vessel trajectory prediction using Bi-LSTM [J] . IEEE Access，2022，10：24302-24315.

[7] 陈立家，周乃祺，李世刚，等 . 基于 C-Informer 模型的船舶轨迹预测方法 [J] . 交通信息与安全，2023，41（6）：51-60，141.

[8] Sun W. W Study on the application of intelligent security technology in ports [C] //International Conference on Smart Transportation and City Engineering 2021. Santa Clara，CA：SPIE，2021，2021，12050：648-653.

[9] READ A D，MCBRIDE C，SPENCER T，et al. Preventing noncompliance in marine protected areas using a real-time alert system [J] . Ocean & coastal management，2019，173：123-130.

[10] 崔志伟，张宇琳，张飞舟，等．基于 AIS 数据的海上电子围栏选址 [J]．导航定位学报，2023，11 (4)：49-55.

[11] 李峰，曾乐，刘斌，等．基于大数据分析的 AIS 虚拟航标布设技术 [J]．水运工程，2023 (11)：173-179.

[12] 李昱．基于冗余数据的 AIS 虚拟航标监测方法 [J]．世界海运，2017，40 (6)：20-23.

[13] RONG H, TEIXEIRA A P, SOARES C G. Ship collision avoidance behaviour recognition and analysis based on AIS data [J]. Ocean Engineering, 2022, 245: 110479.

[14] YOU B. Zhang J. F., Hirdaris S., et al. Ship collision avoidance behavior analysis based on AIS data [C] //2021 6th International Conference on Transportation Information and Safety (ICTIS). Piscataway, NJ: IEEE

[15] ZHANG JF, LIU JJ, HIRDARIS S, et al. An interpretable knowledge-based decision support method for ship collision avoidance using AIS data [J]. Reliability Engineering & System Safety, 2023, 230: 108919.

[16] 陈立家，刘岩植，许毅，等．AIS 数据驱动的船舶智能避碰测试场景构建方法 [J/OL]．武汉理工大学学报（交通科学与工程版），1-15 [2025-04-10]. http://kns.cnki.net/kcms/detail/42.1824.U.20240409.1125.022.html.

[17] 赵仓龙．AIS 与雷达信号数据融合在船舶避碰系统中的应用 [J]．舰船科学技术，2022，44 (12)：169-172.

[18] LIU Z, ZHANG BY, ZHANG MY, et al. A quantitative method for the analysis of ship collisionrisk using AIS data [J]. Ocean Engineering, 2023, 272: 113906.

[19] GUO Y, JIN YX, HU SP, et al. Risk evolution analysis of ship pilotage operation by an integrated model of FRAM and DBN [J]. Reliability Engineering & System Safety, 2023, 229: 108850.

[20] LEE H T, LEE J S, YANG H, et al. An AIS data-driven approach to analyze the pattern of ship trajectories in ports using the DBSCAN algorithm [J]. Applied sciences, 2021, 11 (2): 799.

[21] ZHOU W, ZHENG J, XIAO YJ. An online identification approach for ship

domain model based on AIS data [J] . PloS one, 2022, 17 (3): e0265266.
[22] 徐光华，徐泽宇．基于船舶 AIS 航迹分析的引航靠泊事故防范研究 [J] . 水上安全，2023 (5): 22-24.
[23] BYE R J, AALBERG A L. Maritime navigation accidents and risk indicators: An exploratory statistical analysis using AIS data and accident reports [J] . Reliability Engineering & System Safety, 2018, 176: 174-186.
[24] AALBERG A L, BYE R J, ELLEVSETH P R. Risk factors and navigation accidents: A historical analysis comparing accident-free and accident-prone vessels using indicators from AIS data and vessel databases [J] . Maritime Transport Research, 2022, 3: 100062.
[25] ZHU W, WANG SD, LIU SL, et al. Dynamic multi-period maritime accident susceptibility assessment based on AIS data and random forest model [J] . Journal of Marine Science and Engineering, 2023, 11 (10): 1935.
[26] 吴建华，彭虎，王辰，等．基于 AIS 通信量的水上交通事故检测方法 [J] . 交通信息与安全，2023, 41 (05): 83-94.
[27] 赵龙飞，姜晓轶，孙苗，等．面向海运统计的 AIS 大数据挖掘分析研究 [J] . 海洋科学，2021, 45 (12): 55-64.
[28] 肖一嘉．基于 AIS 大数据的中国海上原油运量时空分析 [D] . 南京：南京大学，2022.
[29] 张健豪，韩懿．基于 AIS 数据的集装箱班轮航线分析 [J] . 中国水运，2023 (1): 82-84.
[30] ADLAND R, JIA HY, STRANDENES S P. Are AIS-based trade volume estimates reliable? The case of crude oil exports [J] . Maritime Policy & Management, 2017, 44 (5): 657-665.
[31] YAN Z, XIAO YJ, CHENG L, et al. Analysis of global marine oil trade based on automatic identification system (AIS) data [J] . Journal of Transport Geography, 2020, 83: 102637.
[32] 边星培．基于 AIS 数据的港口船舶碳排放时空分析研究 [D] . 大连：大连海事大学，2023.
[33] VICENTE-CERA I, ACEVEDO-MERINO A, LÓPEZ-RAMíREZ J A, et

al. Use of AIS data for the environmental characterization of world cruise ship traffic [J]. International Journal of Sustainable Transportation, 2020, 14 (6): 465-474.
[34] 朱倩茹，廖程浩，王龙，等. 基于 AIS 数据的精细化船舶排放清单方法 [J]. 中国环境科学，2017，37 (12)：4493-4500.
[35] 陈伟杰. 基于 AIS 数据的集装箱港口运营服务效率评价研究 [D]. 上海：上海海事大学，2023.
[36] 马昊，贾大山，朱吉双. 基于 AIS 数据的港口船舶服务效率智能测算方法 [J]. 中国航海，2023，46 (2)：99-105.
[37] 郭小飞，朱吉双，邱伟维. 基于 AIS 数据的港口拥堵指数模型及算法 [J]. 中国航海，2023，46 (4)：154-162.

第3章　AIS数据处理关键技术

船舶AIS是水上交通感知数据的重要组成部分，AIS数据分析在船舶碰撞、航线优化、海事监管、港口管理等方面发挥着不可替代的作用，对于提高水上交通安全和智慧海事建设都具有重要意义。数据清洗、数据存储、数据融合、数据可视化等技术共同构成了AIS数据处理的核心技术体系，为实现船舶的实时监控和信息服务提供了有力支持。

本章对AIS数据处理关键技术进行了研究。

针对AIS数据质量问题，本章提出了一种基于流式计算的实时AIS性能指标分析算法。该算法基于流计算技术对海量AIS数据进行分布式实时分析，包括数据融合、去重、解码、异常数据识别、排序、预测和统计步骤。通过线性回归、多轨迹跟踪、缓存等技术修复异常AIS数据。通过多维AIS包丢失分析、多因素AIS数据统计和时空数据可视化实时确定AIS状态，有效提高了海事监管应用的智能化水平。

针对海量AIS数据存储问题，本章提出了一种基于Hbase和Redis的数据存储方案，实现海量数据的高效存储和快速查询。该方案主要分为解析、存储和查询3个步骤：首先，解析原始AIS消息，去除异常数据，并将解析后的数据推送到Kafka消息队列中。其次，将队列中的消息推送到不同的服务器，以完成实时缓存、历史轨迹和区域信息的存储。最后，方案提供查询接口，实现在一定时间内对船舶状态、轨迹和区域船舶的实时查询。实际应用表明，与传统关系数据库相比，该方案可以满足实时查询的要求，并且具有很高的可扩展性。

AIS数据涵盖船舶航行核心要素，将其可视化可以跟踪船舶轨迹、统计交通流量。为了实现AIS数据可视化，本章提出了一种基于AIS的船舶动态地图系统，该系统由数据层、数据服务层、业务逻辑层和表示层组成的功能模块组成，实现了船舶跟踪的可视化，为海事监管应用提供基础服务。数据层通过大数据技术和关系型数据库实现数据存储。数据服务层通过 GeoServer 和 Spring Dao 技术提供数据。业务逻辑层通过 Spring Boot 实现业务逻辑，将数据转换为 JSON 格式并提供给表示层。表示层通过 Openlayers 实现地图显示。

AIS 频率监控已成为船舶管理和安全监测的重要工具。为了更好地显示 AIS 信号的频率分布，本章提出一种基于流式计算的 AIS 频率统计算法，该算法将 AIS 信号中的数据图形化显示，使用户能够全面了解 AIS 信号中的数据，包括船型分布、速度范围及不同区域的信号频率。该算法使用 Kafka 和 Flink 技术来接收、清理和分析发送的数据，并最终将其存储在 MySQL 和 Redis 数据中。

复杂的水上交通环境使得现代水上交通安全面临着很多问题。船舶的精确跟踪是实现船舶精准监控，减少交通事故的关键手段之一。传统的船舶跟踪技术是基于 VTS、AIS 或者闭路电视监控系统（closed-circuit television，CCTV）实现单一传感源下的数据处理。单一数据源精度不高，较难满足水上交通管理的要求。为了提高船舶跟踪精度，本章提出一种融合 AIS 和 CCTV 数据，基于粒子滤波的分布式船舶跟踪算法。在 CCTV 边缘端，提出算法使用 YOLO 识别船舶，并将识别后的状态信息发送给云端。云端通过消息队列采集 AIS 和基于 CCTV 识别后的船舶状态。基于粒子滤波，本章算法通过 AIS 数据实现了船舶状态的预测，通过识别后的 CCTV 数据实现了船舶状态的矫正。

针对 AIS 数据具有实效性、数据量大的特点，以及传统数据处理方法处理海量 AIS 数据具有局限性的问题，本章基于流式计算框架 Apache Flink 进行船舶数据的实时处理分析，并通过改进 DBSCAN 机器学习技术用于船舶轨迹的聚类分析，检测船舶航行轨迹的异常行为，利用 Vue 框架和 Mapbox 地图应用程序编程接口（application programming interface，API）等技术实现船舶轨迹的可视化。

3.1 基于流式计算的实时 AIS 数据清洗和指标分析算法

AIS 数据质量直接关系其应用效果，水运安全和海事监管等应用对于数据质量有更高的要求。由于船舶航行感知设备的准确性、船舶 AIS 设备的可靠性、AIS 基站的布局和容量、船舶所在的地形环境、人造电磁辐射等多种因素的影响，在许多场合尤其是内河环境中，AIS 数据质量不高甚至不可用。基于航运业的发展及 AIS 数据重要性的提高，学者对 AIS 数据的可靠性开展了丰富的研究。基于实地调查，Baily 等人发现存在大量 AIS 数据不准确的现象，大量错误的水上移动业务标识码（maritime mobile service identity，MMSI）码导致船舶定位失效[1]。Banys 等人对德国波罗的海沿岸的 AIS 数据进行了分析，结果表明，30%以上的船首向和转向率数据存在未知的情况，因此利用 AIS 数据做船舶避碰会产生大量的问题[2]。为了分析 AIS 数据的可靠性，刘磊等人从单船、区域和基站方面定义了船舶服务指标，以长江岳阳进行了验证，实现了 AIS 服务性能分析和可视化[3]。为了克服错误 AIS 数据带来的问题，刘兴龙提出了一种基于概率推理的 AIS 错误数据识别方法，能够删除错误和异常的 AIS 动态数据[4]。Zhao 等人在对 AIS 数据处理前，从物理完整性、空间逻辑完整性和时间准确性等方面进行了预处理，确保了后续 AIS 数据分析的准确性[5]。Sang 等人通过设定阈值清除位置异常的动态 AIS 数据，构建平稳性操作过滤算法，清除异常速度和航向[6]。为了克服 AIS 数据不可靠的问题，Jaskólski 采用了一种离散 Kalman 滤波方法来跟踪船舶位置和航行，提高了船舶跟踪的准确度[7]。

AIS 作为水上交通最重要的感知数据，在其应用方面已经积累了丰富的研究，但是大部分研究都集中在历史数据的分析，缺乏实时性错误 AIS 数据甄别和可用性分析的研究。为了能够实时清洗 AIS 数据和统计 AIS 可用性，本书融入流式计算技术，甄别出异常 AIS 数据，统计出 AIS 性能指标，可以有效提高 AIS 数据的质量，解决船舶位置跳跃和更新不及时的问题，有效保障了 AIS 数据在船舶追踪、智能搜救、水上交通组织方面的应用。

3.1.1　AIS 数据异常分析

异常 AIS 数据的存在会严重影响水上交通管理。本书将 AIS 数据异常归纳为数据错误和数据丢失。

3.1.1.1 数据错误

数据错误是指接收到的 AIS 数据与船舶真实情况不一致，主要是由以下原因导致的。

(1) AIS 静态信息不符。

由于船舶基本信息由船员输入，因此存在人为输入错误的可能性，导致其数据不正确或者不符合规范。在实际应用中，船舶航行目的地、船舶长度和船舶类型等都存在较大比例的错误。

(2) 航行状态不符。

由于来源于 GPS 或者北斗的船舶定位数据和船舶惯性导航系统（INS，Inertial Navigation System）感知数据错误，导致船舶 AIS 动态数据与真实船舶运动状态不一致。在真实环境中，经常存在 AIS 数据存在经纬度超出 90 度和 180 度、航行角和转向率不可用等情况。

(3) AIS 跳码。

水上移动通信业务标识码是能唯一识别 AIS 设备的 9 位数字码。由于人为切换、设备故障、伪基站等原因导致不同船台使用了同一 MMSI 码，会使 AIS 轨迹出现跳跃现象，严重影响水上交通安全。

3.1.1.2 数据丢失

AIS 数据发送时间间隔是根据船台类型、船舶速度和转向来确定的，数据丢失表现为 AIS 基站没有在规定时间内接收到相应的 AIS 数据。AIS 数据丢失主要是由以下原因导致的。

(1) 信号传输衰减。

AIS 是基于 VHF 波段的自动报告系统，传输距离、航道两岸地形、临近建筑物、天气情况等都会影响信号的传输。无线电波的传输衰减会影响 AIS 数据的传输，导致接收到的 AIS 信号很弱。AIS 基站在接收的时候会对信号进行调制和放大，噪声会在信号放大的同时被放大，导致 AIS 信号失真，而 AIS 报文没有消息容错机制，从而导致数据丢失[8]。

(2) 系统容量。

AIS 通信系统所能承载的最大 AIS 船台数量就是系统容量。由于 AIS 的报告速率取决于船舶类型、速度和航向等信息，因此系统容量是动态的[9]。当系统中实际承载的船台数量大于系统容量的时候，系统就会存在时隙复用，导致基站在接收 AIS 信息的时候出现识别通信或者盲通信。识别通信或者盲通信是指在同一个时隙内，多个船台同时发送消息导致基站只能正确接收其中一个消息或者所有消息都不能正确接收，从而导致 AIS 数据丢失[10]。

（3）AIS 船台自身因素。

AIS 设备发射功率、供电稳定性、人为关闭等因素都会导致 AIS 数据丢失。AIS 发射功率一般为 25 W，当功率较低且离 AIS 基站较远时，AIS 基站将无法收到船台的 AIS 数据。如果 AIS 船台没有内置稳压电源，AIS 信号发射瞬间可能存在电流不够导致传输失败[11]。

（4）噪声干扰。

城市通常会聚集在航道沿线，大量人造电磁辐射源会对 AIS 船台造成干扰，影响 AIS 数据的可靠性。镜像干扰和天电干扰是影响 AIS 信号较大的两种干扰，会降低信号传输的精度。

3.1.2　系统架构

AIS 数据实时处理架构如图 3.1 所示，其是由数据采集层、数据汇聚层、数据清洗层、数据分析层和数据可视化层组成的。数据采集层基于 AIS 客户端程序，通过计算机网络采集 AIS 基站的数据并传递到数据汇聚层。基于 Apache Kafka 的高吞吐/低延迟、持久性/可靠性、高并发、容错性等特点[12]，数据汇聚层将各 AIS 采集终端上传的数据汇聚起来。数据清洗层实现 AIS 数据去重、解析和错误数据甄别等操作。基于流式计算技术，采用 Apache Flink 实现实时计算，将计算结果推送到数据分析层和 Redis 缓存中。数据分析层实时统计单船丢包率、区域丢包率、基站丢包率、基站饱和度等性能指标，计算结果存储到 Apache Doris 中。可视化层采用前后端分离技术，后端使用 Spring Boot 实现业务逻辑处理，前端使用 Vue 实现可视化展现。

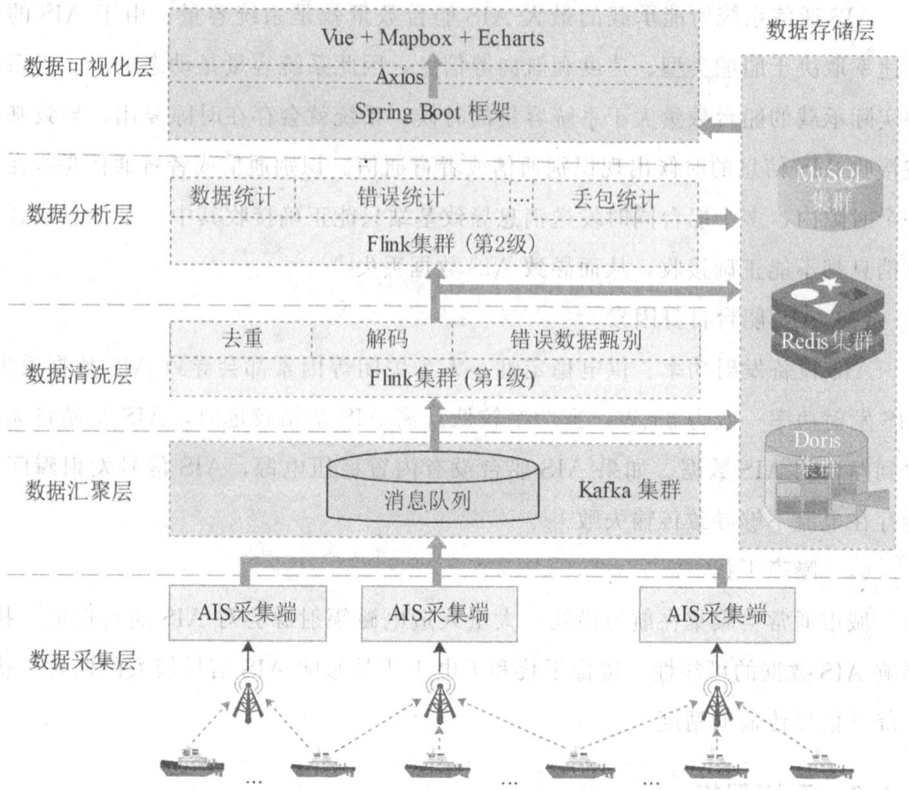

图 3.1 AIS 数据实时处理架构

3.1.3 算法处理流程

为了实现 AIS 数据的实时清洗和性能指标的实时统计，一种基于流式计算的实时并行计算方法被应用于 AIS 数据处理。其算法流程如图 3.2 所示，分为两级 Flink 集群处理，第一级 Flink 集群完成数据清洗和 AIS 轨迹预测，处理的结果通过消息队列送到第二级 Flink 和数据存储。数据存储包括 Redis 缓存和 Doris 数据仓库中。第二级 Flink 集群计算系统容量，分析 AIS 丢包的原因，并按照船舶、网格和系统分别统计 AIS 服务性能。

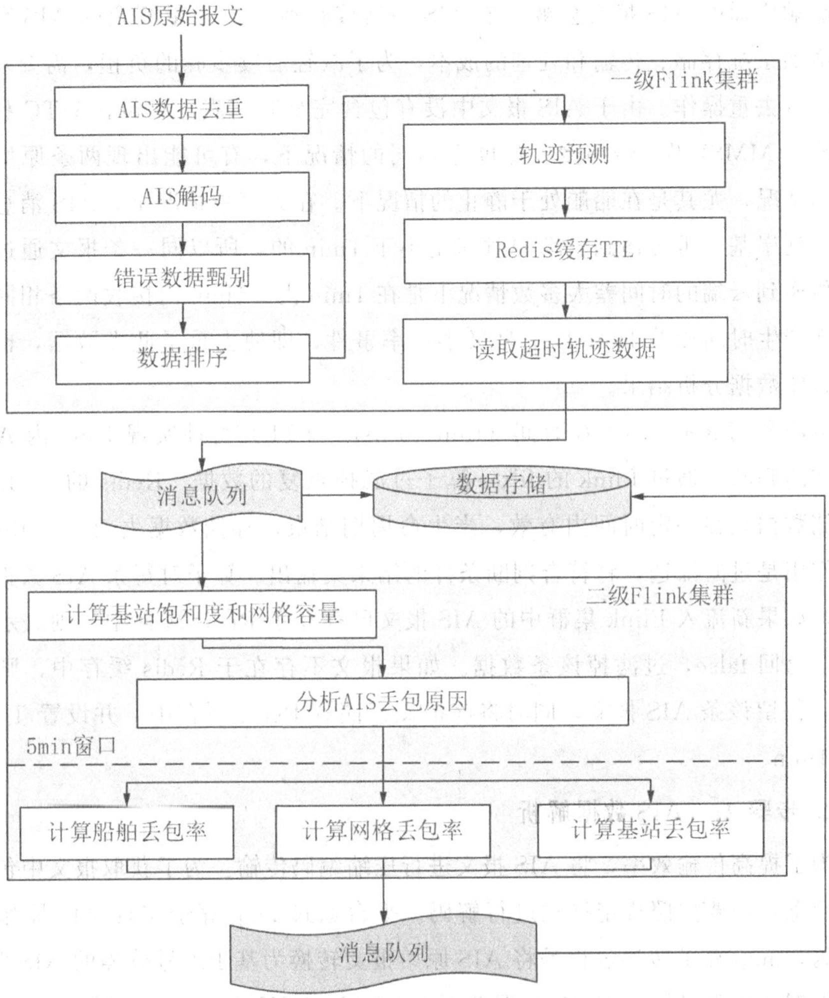

图 3.2　算法流程

3.1.3.1　数据清洗

数据清洗主要分为 AIS 数据去重、AIS 数据解析和错误数据甄别 3 个步骤。

1. 步骤 1：　AIS 数据去重

AIS 的核心思想是卫星定位信息的广播式转发，为提高 AIS 岸基系统的覆盖率，AIS 基站之间的距离小于基站的覆盖范围，导致岸基存在接收重叠区域，即某条船舶广播的 AIS 报文会被多个 AIS 基站接收到[13]。大量冗余的 AIS 数据必然会增加系统存储、传输和处理的成本，为了减轻后续步骤的负担，需要对 AIS 数据进行去重操作。由于 AIS 报文中没有包含完整时间戳，只包含 UTC 秒，因此在船舶 MMSI 码、经纬度、速度等相同的情况下，有可能出现两条原始报文相同的情况，尤其是在船舶处于静止的情况下。在大多数情况下，AIS 消息从船舶发送到岸基，再传递到云端的时间是小于 1min 的，所以同一条报文通过不同岸基传递到云端的时间差大多数情况下是在 1min 内。1min 内接收两条相同报文且报文产生时间相差 1min 以上是极小概率事件，即使去重了此类数据，也不会影响整体数据分析结果。

算法利用 Redis 的生存时间（time to live，TTL）特性实现 1min 内 AIS 重复报文的判断，通过 Flink 的 filter 算子过滤掉重复的数据。Redis 的 TTL 特性即存储数据只在一定时间内有效，当生命周期结束，存储数据失效[14]。filter 算子的作用是过滤筛选，将符合判断条件的结果集输出。算子对每条 AIS 数据进行过滤，如果新流入 Flink 集群中的 AIS 报文已存在于 Redis 缓存中，则表示报文重复，返回 false，过滤掉该条数据。如果报文不存在于 Redis 缓存中，则返回 True，保留该条 AIS 报文，同时将该报文存储到 Redis 缓存中，并设置 TTL 属性为 1min。

2. 步骤 2：AIS 数据解析

为了提高传输效率，将 AIS 报文进行压缩编码传输。为了获取报文中包含的真实信息，需要按照规定格式进行解码。平台通过 map 算子实现 AIS 原始数据的解码，map 算子转换过程是将 AIS 原始报文转换为基于逗号分隔的 AIS 明文。

数据解析就是按照 VHF 数据链消息 VDM（VHF Data Link Message）将原始报文转换为明文。解析流程为：首先判断循环冗余校验（Cyclic Redundancy Check，CRC）是否一致，即计算报文的 CRC 码与传递的 CRC 码是否一致，如果不一致，表明该条报文存在错误，则丢弃该条报文；如果数据一致，则对应报文类型信息按照给定的起始位寻找对应的起始字节，连续取指定位宽的数据，再经过转换合并成需要的信息。

3. 步骤 3：错误数据甄别

错误数据甄别是指将存在错误的 AIS 报文数据甄别出来并进行修复，主要错误有位置异常、速度和航向异常、接收顺序错误及多船使用同一 MMSI 码等，修复的数据要打上标记，通过 Kafka 消息队列同时存储到 Doris、Redis 和下一级 Flink 集群并进行进一步操作。

(1) 位置异常。

对于经纬度处于非正常范围内的船舶，结合船舶轨迹信息进行修复。如果前后报文数据相差在 10min 以内，依据船舶轨迹对当前报文数据进行修复。如果报文发送时间间隔超过 10min，则不进行修复，标注该数据无效。如果两个 AIS 报文中的速度和航向角差值在阈值内，以平均值作为船舶的航行速度和航向。本书采用墨卡托算法计算船舶航迹，该方法是利用墨卡托海图投影具有等角及恒向线为直线的特点而得出的经差计算法[15]。假定在上一报文中，船舶的经纬度是 long_{t-1}，lat_{t-1}，航行速度是 speed，航向角是 course，t_{diff}表示两个报文之间的时间差，S_t表示船舶两点之间的航程。当前经纬度 long_t、lat_t计算如下。

$$\mathrm{lat}_t = \mathrm{lat}_{t-1} + S_t \times \cos(\mathrm{course}) \tag{3-1}$$

$$\mathrm{long}_t = \mathrm{long}_{t-1} + \mathrm{DMP} \times \tan(\mathrm{course}) \tag{3-2}$$

$$S_t = \mathrm{speed} \times t_{\mathrm{diff}} \tag{3-3}$$

$$\mathrm{DMP} = \mathrm{MP}(\mathrm{lat}_t) - \mathrm{MP}(\mathrm{lat}_{t-1}) \tag{3-4}$$

其中 MP 是墨卡托海图纵坐标上单位纬度投影的长度随纬度增高而渐长的子午线弧长。

$$\mathrm{MP}(\varphi) = 7\,915.704\,47 \times \lg\left[\tan\left(\frac{\pi}{4} + \frac{\varphi}{2}\right) \times \left(\frac{1 - e \times \sin\varphi}{1 + e \times \sin\varphi}\right)\frac{e}{2}\right] \tag{3-5}$$

如果两个 AIS 报文中的速度和航向角差值在阈值外，通过均匀插入 $n-2$ 个点来迭代推导出当前报文中的船舶经纬度。第 1 个节点为上一报文的船舶位置，第 n 个节点为当前报文的船舶位置。假定船舶的加速度和航向的改变是均匀的，船舶在第 i 个节点上的速度和航向计算如下。

$$\mathrm{speed}_i = \mathrm{speed}_{t-1} + \frac{(\mathrm{speed}_t - \mathrm{speed}_{t-1})i}{n-1} \tag{3-6}$$

$$\mathrm{course}_i = \mathrm{course}_{t-1} + \frac{(\mathrm{course}_t - \mathrm{course}_{t-1})i}{n-1} \tag{3-7}$$

按照公式 (3-1) 和 (3-2) 依次推导出各个点的经纬度。

(2) 速度和航行异常。

对于船舶速度、航向值不在正常范围的报文，通过前后 AIS 报文中的船舶位置进行计算，其中 t_{diff}为两个报文之间的时间差。

$$course_t = \arctan\left(\frac{long_t - long_{t-1}}{DMP}\right) \tag{3-8}$$

$$speed_t = \frac{(lat_t - lat_{t-1}) \times \sec(course_t)}{t_{diff}} \tag{3-9}$$

(3) 多轨迹异常。

船舶 MMSI 码是由船上工作人员录入船台 AIS 设备上的，存在 MMSI 码输入错误导致两艘或多艘船舶使用同一 MMSI 码的情况，使得跟踪的轨迹在这些船舶之间不停地跳跃，造成船舶识别跟踪错误。多轨迹识别流程如图 3.3 所示。以 MMSI 为键值在 Redis 中查找船舶，将新收到 AIS 信号的船舶的基本信息存储到缓存中，并为其添加一条轨迹。已有船舶判断新 AIS 报文中的位置信息是否与现有轨迹匹配，如果不匹配，为该船舶添加一段新的轨迹；如果匹配，将位置、速度等信息更新到相应的轨迹上。

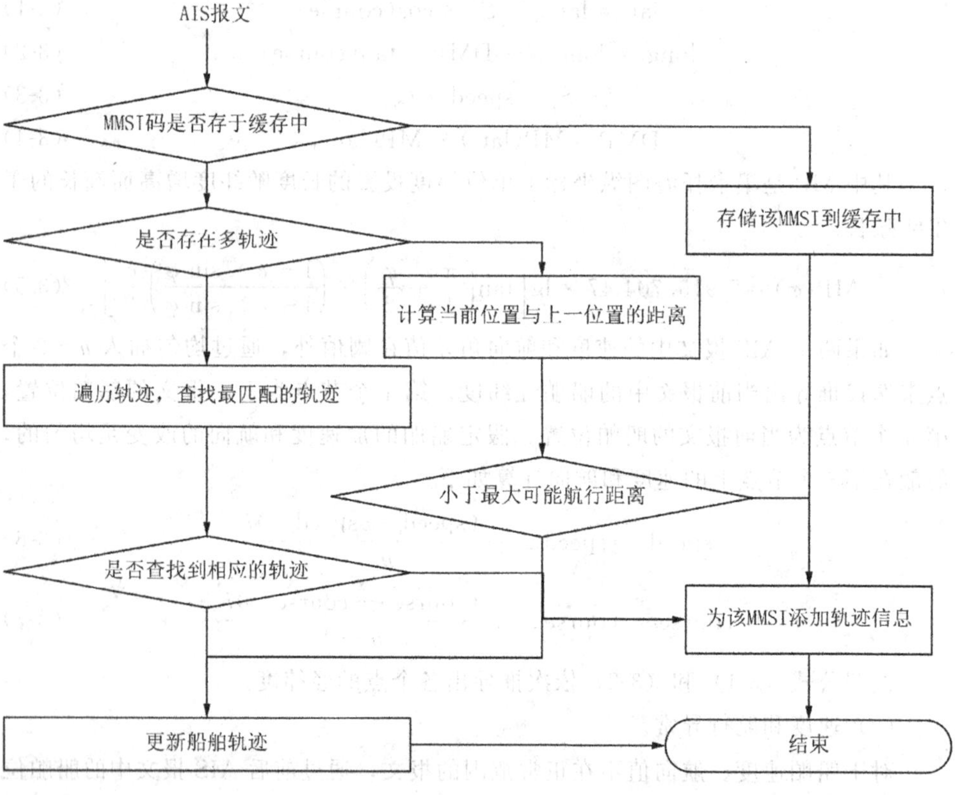

图 3.3　多轨迹识别流程

（4）接收顺序错误。

由于 AIS 数据是通过不同的基站采集而来的，存在先发送的 AIS 报文后被收到的情况，如果不进行排序，会导致船舶轨迹来回跳跃。基于此，对于处理过的 AIS 数据不直接存储到数据仓库和下一个环节进行统计，而是将数据缓存，设置时间窗口，对时间窗口内的数据进行排序，超出时间窗口的数据将被推送到下一流程。

设置 1min 的时间窗口，在窗口内根据船舶的航行方向对缓存中的 AIS 数据进行排序。假定缓存中的 AIS 报文为 x_1、x_2、x_{n-1}，最新接收的报文为 x_n，将 x_n 与窗口中的报文 x_i 依次对比并插入合适的位置。计算 x_n 和 x_i 之间的方向角，如果该方向角与船舶航行方向基本一致，表示 x_n 是 x_i 之后的报文，将其插入 x_i 之后，排序结束；否则将 x_n 报文继续与 x_{i-1} 报文进行对比，直到与缓存中的所有报文比较完成。

3.1.3.2　数据预测

AIS 报文的发送受船舶航行状态及水上交通环境的影响，为了实现 AIS 报文数据的可靠性，需要对下一个 AIS 报文的接收时间和船舶状态进行预测，既 AIS 报文缺少的情况下进行轨迹填补，也为 AIS 的可靠性统计提供数据。

1. 步骤 1：　预测下一个 AIS 报文接收时间

AIS 的发送频率与报文类型、船台类型和航行状态相关。静态数据每 6min 发送一次，动态数据依赖航速和航向。A 类船台发送时间间隔为 2s，3.33s、6s、10s、180s。B 类船台发送时间间隔为 5s、15s、30s、180s。基于当前报文船舶速度和转向变化预测下一个 AIS 报文接收时间。

$$T_{\text{predict}} = T + \Delta T \tag{3-10}$$

其中 T_{predict} 为下一包接收预测时间，T 为当前报文接收的时间，ΔT 为预测的间隔时间。设置失效时间为预测 AIS 发送时间间隔的一倍，即 $2\Delta T$。

2. 步骤 2：　处理 Redis 失效数据

缓存在 Redis 中的船舶 AIS 预测数据在失效之前收到该船舶新的 AIS 数据，会根据新收报文更新下一个报文的 AIS 接收时间和当前报文的失效时间。如果未在失效时间内接收到某船舶新的 AIS 报文，则表示存在 AIS 数据丢失现象。为了保证轨迹的连续性，响应 AIS 预测数据失效事件，算法通过船舶轨迹预测并填充缺失的轨迹信息。

由于船舶运动较为匀速，因此将其假定为线性系统。Redis 缓存中保存 10min 内的船舶运动数据，假设缓存中存储的船舶速度和航行角为 $speed_{t1}$，$speed_{t2}$，…，$speed_{tn}$，航向角为 $heading_{t1}$，$heading_{t2}$，…，$heading_{tn}$，计算临近报文之间船舶的加速度和转向角。以报文接收时间为自变量，加速度和转向角为因变量，通过线性回归预测船舶当前的加速度和转向角 $acce_{pd}$ 和 $turn_{pd}$，从而预测当前船舶的速度和转向角。

$$speed_{pd} = speed_{tn} + acce_{pd} \tag{3-11}$$

$$heading_{pd} = heading_{tn} + rotation_{pd} \tag{3-12}$$

船舶经纬度坐标按照公式（3-1）～（3-5）计算。将预测的船舶位置、速度和航行角发送到 Kafka 消息队列提供给下一步骤计算。同时，将该报文信息继续存储到 Redis 缓存中，并累加连续丢包次数，同时根据预测的速度和转向角设置失效时间。

3.1.3.3 数据统计

在数据统计模块中，设置 5min 时间窗口，对窗口内的数据进行相关统计。

1. 步骤 1：基础数据统计

按网格统计 AIS 报文数量、船舶密度；按基站统计覆盖的船台数量及基站的实际容量；按系统统计 AIS 报文数量、AIS 发送时间间隔。

（1）按网格统计。

统计当前时间窗口内落在网格内的 AIS 报文数量。统计网格密度要选择确定时间点来统计，本书算法以窗口中间的时间点为依据，通过最接近该时间点的 AIS 信号推算出船舶的位置。如果在中间时间点前后船舶有 2 条以上的 AIS 数据，选择与中间时间最接近的前后 2 条 AIS 数据来计算船舶在窗口中间时间的位置。

$$pos_{middle} = pos_{pre} \times \frac{t_{middle} - t_{pre}}{t_{next} - t_{pre}} + pos_{next} \times \frac{t_{next} - t_{middle}}{t_{next} - t_{pre}} \tag{3-13}$$

其中 pos_{middle} 表示船舶在窗口中间时间的位置，t_{middle} 表示窗口中间时间，t_{next} 和 t_{pre} 分别表示船舶在窗口中间时间的前后包接收时间，pos_{pre} 和 pos_{next} 分别是对应的位置。如果只有在中间时间的前面或者后面有 AIS 数据，就按照公式（3-1）～

(3-5)，通过最近的 AIS 船舶位置推导出船舶在中间时间点的位置。根据船舶所在的网格累计网格中的船舶数量。

(2) 按基站统计。

统计基站的船舶覆盖数量，与统计网格一样，将窗口中间时间设置为统计时间点。计算出船舶与基站的距离。

$$d = R \times \arccos[\cos lat_b \times \cos lat_s \times \cos(long_b - long_s) + \sin lat_b \times \sin lat_s)] \tag{3-14}$$

其中 R 是地球半径，lat_s、$long_s$ 是船舶的经纬度，lat_b 和 $long_b$ 是基站的经纬度。如果船舶在基站覆盖的半径内，累计基站覆盖的船台数量。AIS 通信系统将 1min 分为 2 250 个时隙，通常在一个时隙内完整传输一个位置报告报文，表示系统所能承受的上限即系统容量。实际容量是系统实际需要的时隙，表示系统的实际负荷情况。由于不同船舶每分钟需要的时隙数是不一样的，需要累加不同船舶占用的时隙来统计系统实际容量。设某个发送时间间隔船舶数量为 M_i ($i=1, 2, \cdots 8$)，规定发送时间间隔为 T_i ($i=1, 2, \cdots 8$) s，则系统的实际容量为

$$N = \sum_{i=1}^{8} \frac{60}{T_i} \times M_i \tag{3-15}$$

计算出系统实际容量和最大承载容量的比值，该比值大于 1 表示系统过载。时隙复用数会伴随着系统实际容量增大而增多，当比值达到 500%时，时隙复用数接近 100%，几乎每个时隙都被复用了。时隙复用会导致出现盲通信和识别通信的现象，最终导致 AIS 数据的丢失。

(3) 按系统统计。

按系统实时统计 5*min* 收到的 AIS 报文总数量，以及不同航行状态下（规定不同发送时间间隔）船舶实际接收 AIS 报文的时间间隔。

2. 步骤 2：错误数据统计

由于错误数据主要是由船舶自身原因导致的，所以算法在窗口内按每条船舶统计错误数据，包括船舶位置错误、船舶航行状态（速度和航行角）错误和复用 MMSI 码。

(1) 船舶位置错误。

船舶位置错误统计包括错误数量统计和错误率统计。错误数量通过累加船舶

位置错误的 AIS 数量获得，某船舶位置错误率计算为

$$R_{pe}=\frac{N_{pe}}{N} \tag{3-16}$$

其中 N_{pe} 表示船舶位置错误的 AIS 包数量，N 表示收到的 AIS 包数量。

（2）船舶航行状态错误。

船舶航行状态错误率计算为

$$R_{nv}=\frac{N_{nv}}{N} \tag{3-17}$$

其中 N_{nv} 表示船舶航行错误的 AIS 包数量。

（3）复用 MMSI 码。

复用 MMSI 错误统计按船舶轨迹段数量计算。

3. 步骤 3：丢包原因预测

实时分析船舶丢包原因，本书将船舶丢包原因归纳为 3 类，即船舶因素、区域因素和基站因素。

（1）基站因素导致的丢包。

首先根据离船舶最近基站的实际承载容量判断丢包原因，当基站最大承载容量的比值＜0.8 时，表示基本不存在时隙复用，则排除由基站因素导致的 AIS 数据丢包。如果最大承载容量的比值＞0.8，则按照船岸之间的距离判断 AIS 丢包原因。基站丢包原因分析见表 3.1。

表 3-1　基站丢包原因分析

船岸距离单位	区域	丢包原因分析
0～0.3	保护区	排除基站因素
0.3～0.5	识别区	时隙复用下船舶存在识别通信情况，判断 0.5R 以内船台数量是否超过系统容量，如超过则存在识别通信，判断为基站容量导致的丢包
＞0.5	切入区	时隙复用下船舶存在盲通信情况，判断为基站导致的丢包

（2）区域因素导致的丢包。

排除基站因素后，判断该网格区域船舶存在丢包的数量，如果占比超过 5%，则是由该区域的地理因素导致存在盲区，丢包原因是由区域因素导致的。

（3）船舶因素导致的丢包。

如果船舶不仅在该网格中存在丢包现象，在其他区域也频繁丢包，则将 AIS 丢包归结为船舶自身原因导致的丢包。

4. 步骤 4：丢包率计算

（1）单船丢包率统计。

单艘船舶的丢包率计算公式为

$$R_{\text{ship}}=\frac{\mathrm{Ne}_{\text{ship}}}{N_{\text{ship}}} \tag{3-18}$$

其中 N_{ship} 表示船舶在窗口内收到的 AIS 报文数量，$\mathrm{Ne}_{\text{ship}}$ 表示由于船舶自身原因丢包的数量。

（2）网格丢包率统计。

计算某网格窗口内的丢包率，计算公式为

$$R_{\text{grid}}=\frac{\mathrm{Ne}_{\text{grid}}}{N_{\text{grid}}} \tag{3-19}$$

其中 N_{grid} 表示某网格在窗口内收到的 AIS 报文数量，$\mathrm{Ne}_{\text{grid}}$ 表示由于区域因素导致丢包的数量。

（3）基站丢包率统计。

基站窗口内的丢包率计算公式为

$$R_{\text{base}}=\frac{Ne_{\text{base}}}{N_{\text{base}}} \tag{3-20}$$

其中 N_{base} 表示某基站在窗口内收到的 AIS 报文数量，$\mathrm{Ne}_{\text{base}}$ 表示由于基站容量导致丢包的数量。

3.1.4　运行分析

通过数据可视化技术实时展示 AIS 统计分析结果，以长江某段流域为例，包含 13 个 AIS 基站，进行平台分析和功能测试。

3.1.4.1　船舶 AIS 概览

AIS 实时统计可以按照分、小时、天来统计 AIS 报文数量。2022 年某天近 1h AIS 数据统计如图 3.4 所示，近 1d AIS 数据统计如图 3.5 所示。

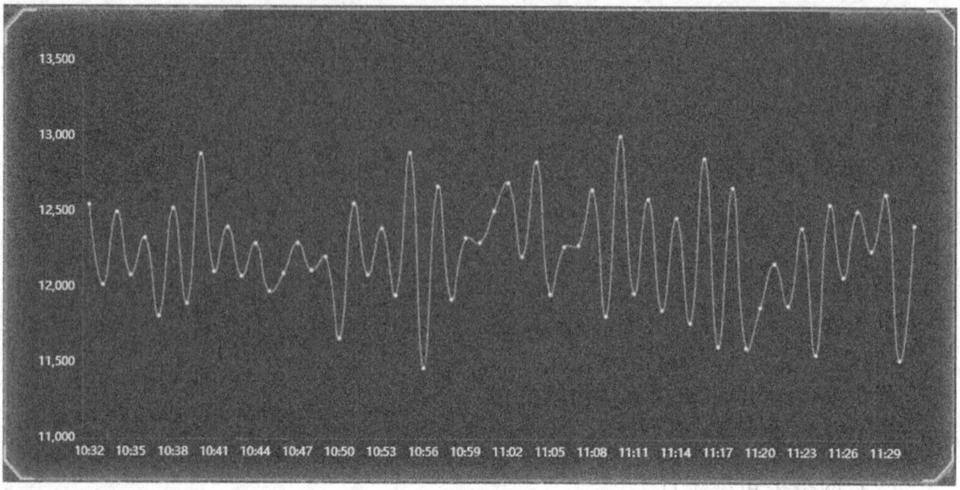

图 3.4 近 1h AIS 数据统计

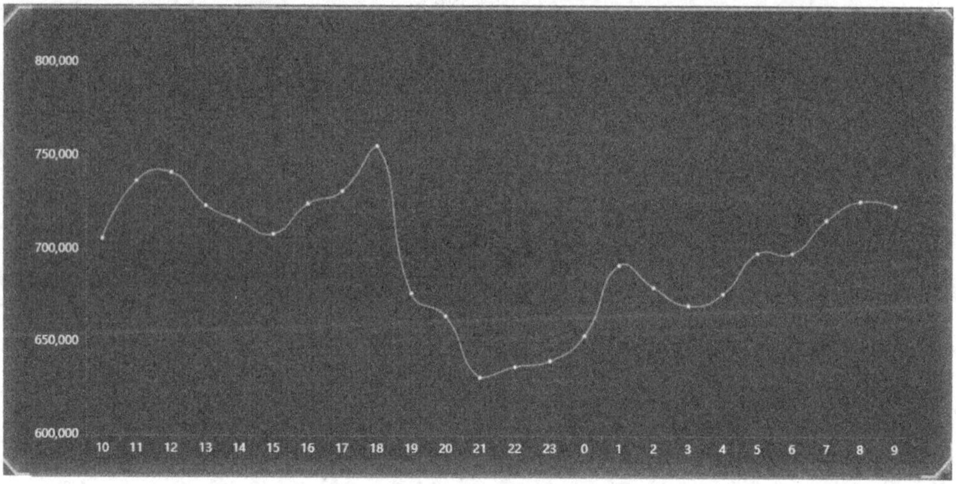

图 3.5 近 1d AIS 数据统计

由图 3.4 可以看出，从 10：32 到 11：31 的 1h 内平均每分钟收到报文数量为 12 000 包左右，最低为 11 469 包，最高为 130 009 包，每分钟收到的报文数量变化幅度不大。可以看出，晚上收到的报文数量比白天要少，符合船舶实际航行情况。

3.1.4.2 单船指标分析

Doris数据库中记录了每条船舶的丢包记录，基于Spring Boot读取数据，按照MMSI聚合分布计算出每条船舶接收到AIS的数量和AIS丢包的数量。基于2022年某日的AIS报文数据，计算出单船的丢包率并进行排序得到丢包率最多和最少的各5条船舶。丢包率最高和丢包率最低的船舶指标分析见表3.2和表3.3。由表3.2、3.3可知，不同船舶的丢包率差别较大，一般情况下丢包率高的船舶错误率也高，其中存在的关系需要进一步研究。

表3.2 丢包率最高的5条船舶

MMSI	丢包率/%	错误率/%
413 * * * 388	45.45	2.31
413 * * * 327	42.85	1.46
413 * * * 068	41.66	1.58
413 * * * 285	41.26	4.35
413 * * * 256	41.26	1.45

表3.3 丢包率最低的5条船舶

MMSI	丢包率/%	错误率/%
413 * * * 880	0.128	0.45
413 * * * 656	0.151	0.36
413 * * * 528	0.159	0.15
413 * * * 358	0.166	0.65
412 * * * 550	0.3181	0.11

如果对于轨迹不进行修复，会出现轨迹跨越陆地的情况。当AIS信号丢失时，显示最后AIS包出现的位置或者不显示该船舶。由于水上交通不同于陆地交通，船舶航行更呈现稳定的状态，因此可以通过船舶航行状态修复一定时间内的轨迹。轨迹修复有助于海事部门看到船舶完整的轨迹和实时位置。

如果MMSI码未正确设置或被盗用，会导致一船出现多码。同码的船舶往往出现在不同区域，同一MMSI码收到的AIS信号显示船舶在不同区域。如果不能识别出船舶的多轨迹，就会使得船舶轨迹在不同区域来回跳跃，使得海事部门无法正确跟踪船舶的轨迹。

一码多用会严重影响船舶航行安全和航运业发展。算法通过实时识别船舶多轨迹，跟踪出一码多用的船舶，将风险信息推送给海事数据中心。海事数据中心可以结合 CCTV 智能识别出盗用 MMSI 码的船舶。在数据分析中，除了盗用 MMSI 码，还存在大量没有正确设置 MMSI 码的船舶，如 MMSI 码设置为 0 的船舶存在几十条轨迹，能够实时跟踪这些船舶轨迹并推送给相关部门进行跟踪查处。

3.1.4.3 网格数据分析

网格区域数据统计是指根据 Doris 中的 AIS 数据按经纬度、时间进行聚合，通过内部合并计算将辖区内的船舶按照网格数据统计存储到 MySQL 数据库。以网格作为分析的区域，根据实时统计数据基于 Mapbox 地图绘制热力图来掌握船舶的分布情况。

3.2 一种基于 HBase 和 Redis 的海量 AIS 数据存储技术

AIS 数据是船舶轨迹信息，符合大数据的大规模、高速性、低价值密度等特征。AIS 的海量数据和高并发访问给基于关系型数据库的传统存储方式带来很大的挑战[16]。有些学者提出基于关系型数据库分库或者分表存储的解决方案，虽然一定程度缓解了负载的缺陷，但是也导致了扩容的复杂，跨表查询也增加了查询的复杂度[17]。随着大数据时代的到来，分布式存储和非关系型（NoSQL）数据库技术的发展为解决海量数据存储与查询提供了契机。高靠、高效、可伸缩的分布式处理平台 Hadoop 和诸如 HBase、Redis 等快速存储和查询的非关系型数据库已被广泛应用于医疗、交通、智慧等诸多领域[18－19]。

长江流域每天产生的 AIS 数据近 5 000 万条，如何高效地存储并实时查询成为需要解决的关键问题。基于此，本章提出一种基于 Hadoop 平台的分布式存储和查询方案，利用大数据相关技术管理 AIS 数据，实现高性能、高可靠的存储和高并发、低时延的存储。HBase 支持单表数据量达到 PB 级，合理设置分区和行键（row key），可以实现毫秒级的数据读取。通过 HBase 存储 AIS 历史轨迹和历史区域信息，能有效解决关系型数据库海量数据读写效率低下的问题。基于高性能缓存机制，Redis 满足高并发和高吞吐的应用场景。船舶实时位置信息是各业务系统需要经常用到的功能，需要满足用户高并发的访问需求。方法通过 Redis 存储 AIS 动态信息、AIS 静态信息及船舶基本信息，能提供高并发的用户访问。

3.2.1　系统架构

为了实现 AIS 数据的实时采集、存储和查询，设计海量数据存储系统架构（图 3.6），包括数据预处理模块、数据存储模块和数据查询模块。

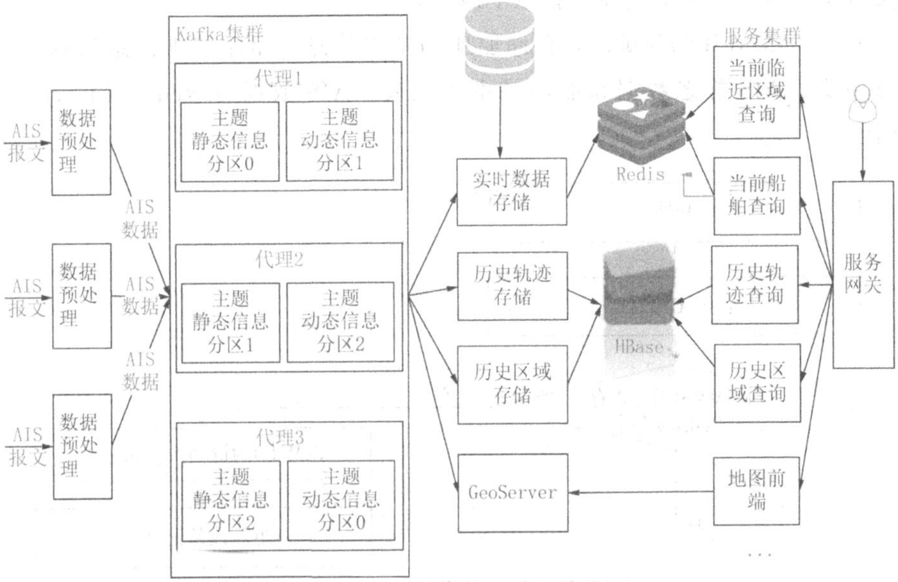

图 3.13　海量数据存储系统架构

数据预处理模块从各基站或中心采集数据，通过数据解析、数据去重和数据清洗 3 个步骤提高数据的准确性，预处理好的数据发送到 Kafka 消息队列。数据存储模块分为 3 个子模块，实时数据存储子模块从消息队列中取出 AIS 数据，然后将最新的位置和船舶信息更新到 Redis 缓存；历史轨迹存储子模块将 AIS 中的动态信息存储到 HBase 数据库中；历史区域存储子模块以分钟为单位在 Redis 中缓存某区域内包含的船舶数量，每分钟将区域信息存储到 HBase 中。数据查询模块通过构建微服务集群为用户提供统一访问，实现船舶、轨迹、区域等信息的查询。

为了便于各类应用使用 AIS 数据，将 AIS 数据分为两类，第一类是船舶实时信息，通过 Redis 缓存机制提供毫秒级查询；第二类是船舶历史轨迹信息、历史区域信息，提供秒级查询。

3.2.2 实时信息存储

Redis是基于键值对的高性能分布式内存数据库，适用于高并发低延迟的应用场景。将Redis的分布式存储系统应用于AIS实时数据有助于提高系统性能，满足实时性要求。实时信息包括以下两部分。

（1）以MMSI码为键值，存储船舶的基本信息。船舶基本信息来源于AIS动态数据、AIS静态数据和船舶基本信息表。AIS数据写Redis流程如图3.7所示。

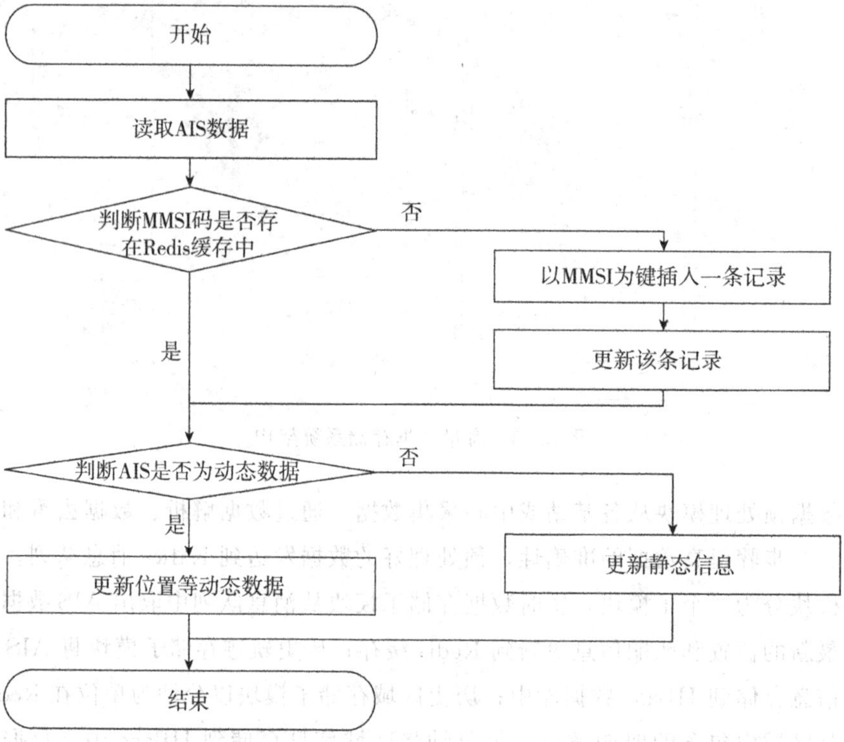

图3.7 AIS数据写Redis流程

当接收到一条船舶AIS数据后，首先判断MMSI码是否存在Redis缓存中，如果不存在，则插入一条记录，从船舶基本信息表中取出船舶中文名、登记号等信息更新该条记录；如果存在，则根据数据内容更新该条记录。

（2）以 GeoHash 编码的位置信息为键值，存储船舶的 MMSI 码。GeoHash 是一种地址编码方法，能够把二维的空间经纬度数据编码成一个字符串，通过比较 GeoHash 值的相似程度来查找附近目标要素[20]。Redis 的 Geolocation，地理位置定位基于 GeoHash 编码，使用有序集合（zset）保存地理位置的坐标，使得人们通过坐标和半径快速查询某个区域内的船舶。

3.2.3 历史信息存储

HBase 是一种高可靠、面向列、可伸缩的 NoSQL 分布式数据库。HBase 利用 Hadoop HDFS 存储文件，利用 Map/Reduce 处理数据。数据存储基于高可用的 Hadoop 集群构建，Hadoop 集群架构如图 3.8 所示。

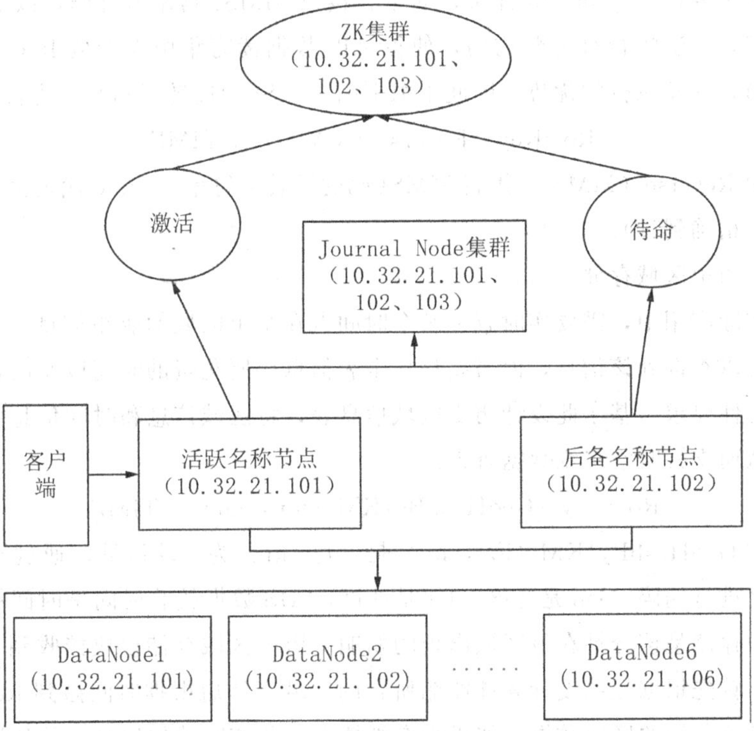

图 3.15　Hadoop 集群架构

HBase 是基于列族（column family）存储的即同一列族下的列存储在一个文件中。行键是 HBase 表的唯一标识，作为检索表记录的索引。在合理设置行键的情况下，面对亿级别的数据，HBase 可以实现数据的秒级或者毫秒级查询。将历史信息存储到 HBase 中，通过合理设置行键和列族，使海量 AIS 数据分布有序，能够满足历史信息实时查询的需求。

（1）历史轨迹存储。

将从消息队列中获取的动态信息视作合理、可用的 AIS 历史轨迹数据。动态 AIS 包括 16 项信息，其中 MMSI 码、航速、航向、经度、纬度、时间戳信息是在海事管理中必须使用的信息，设计中将其归为同一列族；将航行状态、转向速率、位置精确度、通信状态等较不常用的信息，归为同一列族。历史轨迹查询主要通过船舶 MMSI 码和日期来进行查询。由于长江流域主要是中国籍的船舶，MMSI 码主要以 412 和 423 开头，如果直接以 MMSI 码作为行键，以 MMSI 码作为行键，无法将行键分配均匀，使得 AIS 数据读写集中在少数 Region，无法发挥分布式并发执行的优势。因此本书采用 MMSI 的反转码和时间为行键设计。

$$\text{RowKey} = \text{Reverse}(\text{MMSI}) + \text{TIME} \tag{3-21}$$

其中 Reverse（MMSI）代表 MMSI 码的反转字符串，Time 代表报文接收的时间戳（精确到秒）。

（2）历史区域存储。

在实际应用中，需要实时查询某个时间点在某个区域的船舶信息。通过历史轨迹表可以查询到该信息，但需要扫描全表信息，所花费的时间以小时计，无法满足实时性要求。基于此设计历史区域信息表，将区域信息和时间信息作为行键存储，从而支持时空多维数据查询。

$$\text{RowKey} = \text{GeoHashBy1KM}(\text{lon}, \text{lat}) + \text{TIME} \tag{3-22}$$

其中 GeoHashBy1KM（lon，lat）是以每 1km^2 为一块区域，通过 GeoHash 将经纬度进行编码，lon 是经度，lat 是纬度，AIS 数据接收时间是时间精确到分钟。值中存储是该分钟在该区域出现的船舶。历史区域存储模块接收到一条 AIS 数据后，首先根据经纬度计算该船舶所在的区域，然后根据时间戳到 Redis 中查找有没有该分钟的区域数据，如果没有则插入一条该区域的信息，并将该船舶信息添加到该记录中；如果存在，则将新收到的船舶信息添加到记录中。

3.2.4 数据查询

为了支持各类应用对 AIS 数据的高并发访问，本书构建了微服务集群，并通过 Nginx 服务网关实现了服务的负载均衡。分布式架构设计不仅能够提高系统的可扩展性和稳定性，还能有效应对大量并发的数据查询请求。平台提供两类 AIS 数据查询功能：实时数据查询和历史数据查询。实时数据查询允许用户根据 MMSI 快速检索船舶的基本信息，如当前位置、航行状态和船名等关键信息。此外，用户还可以根据特定的坐标信息，查询给定半径范围内的所有船舶信息。这种区域查询功能对于海上交通监控、船舶调度和安全管理至关重要。

实时数据查询示例如图 3.9 所示，系统仅需 37ms 的响应时间就能返回查询结果，充分证明了系统能够满足对实时性的高要求。

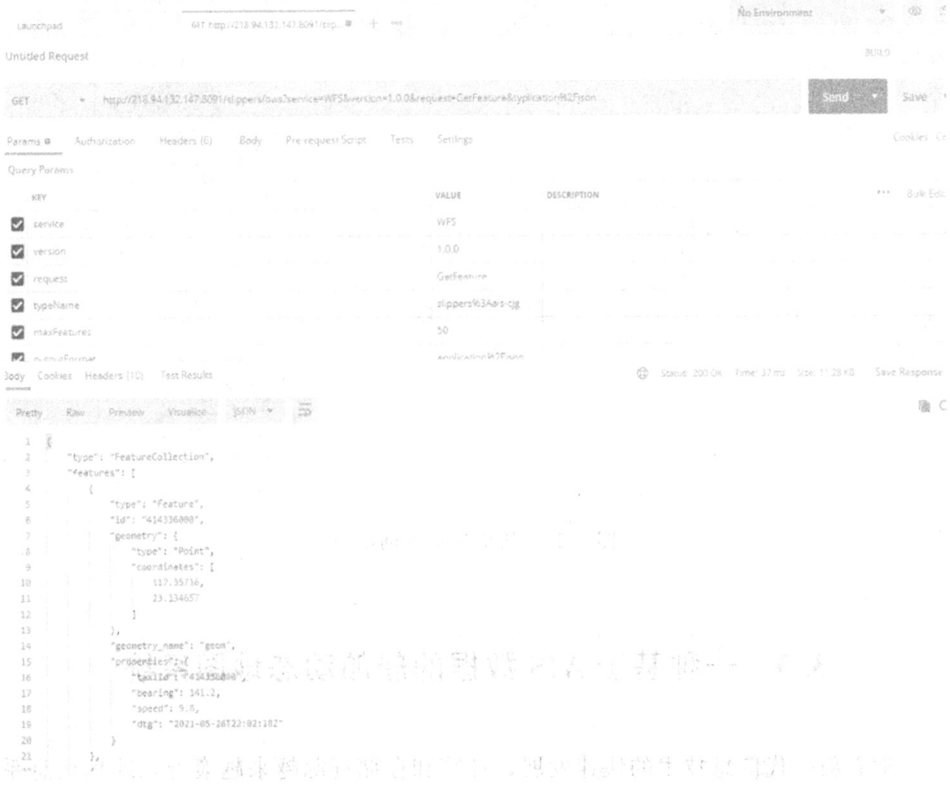

图 3.9　实时区域查询示例

离线数据查询分为：根据 MMSI 和时间区间查询，利用 RowKey，设置 StartRow 和 EndRow 来限定范围，获得查询某时间区间内的船舶历史轨迹；根据区域编码和时间查询某区域内的船舶，通过 RowKey 获得记录。历史轨迹查询示例如图 3.10 所示，两天的历史轨迹 AIS 数据共有 6 796 条，响应时间为 232ms，能够满足实时查询要求。

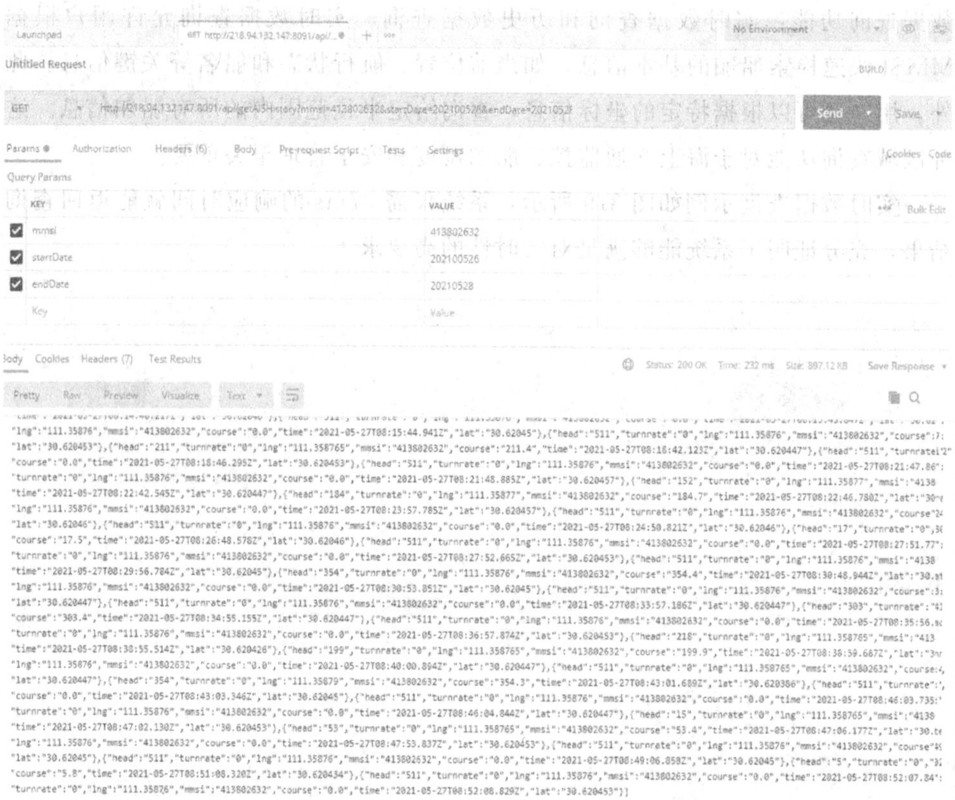

图 3.10　历史轨迹查询示例

3.3　一种基于 AIS 数据的船舶动态地图系统

随着新一代信息技术的快速发展，计算和存储资源越来越廉价，地理信息系统（GIS）在交通运输、军事公安、城市治理、环境监控、教学等领域得到了越来越多的应用[21]。早期的 GIS 都基于 C/S 架构，随着 Web 技术的发展，作为 Internet 和 GIS 的有机结合，WebGIS 成为 GIS 应用的重要分支领域，如 Google 和百度地图的大规模应用[22-23]。航运产业不断发展，船舶活动日趋频繁，通过可视化技术跟踪船舶轨迹信息对于船舶管理、海事监管、贸易分析等都具有重要的理论和实践意义[24-25]。

云计算、大数据技术的发展使得 WebGIS 得到广泛应用，成为处理和分析空间数据的有效工具。AIS 数据涵盖船舶航行核心要素，将其可视化可以跟踪船舶轨迹、统计交通流量。因此，本书基于 AIS 数据开展船舶动态地图的研究，构建了由数据层、数据服务层、业务逻辑层和表示层组成的基础功能模块，可以为海事监管应用提供基础服务。数据层通过大数据技术和关系型数据库实现数据的存储和查询。数据服务层通过 GeoServer 和 Spring DAO 技术来实现数据的操作。业务逻辑层通过 Spring Boot 实现和业务逻辑处理数据格式转化和相关业务逻辑。

3.3.1　系统架构

本书基于 GeoServer、Spring Boot、OpenLayers 等技术构建船舶动态地图系统架构（图 3.11），分为静态地图信息和动态船舶信息两大模块，采用传统的 B/S 架构，由数据层、数据处理层、业务逻辑层和表示层组成。数据层包括天地图、基于矢量瓦片的航道图、存储在 Redis 缓存中的 AIS 船舶数据、存储在 HBase 中的船舶轨迹数据及船舶基本信息。数据处理层实现 Redis、HBase 和 MySQL 等不同源数据的读取，业务逻辑层处理业务逻辑，将处理过的 GeoJson 数据返回前端。表示层通过 Openlayers 加载图层，基于 GeoJson 数据显示船舶动态信息。

3.3.2　基于天地图和航道图的地图底图显示

地图底图对于整个电子海图的显示起着关键作用，基于 AIS 的船舶显示需要准确可靠的电子底图。基于全国地理信息公共服务平台（天地图）来实现基础底图，可以确保基本的道路、河流、区域的准确性。为了能够高效、统一地加载地图数据，前端采用高性能的 Openlayers 交互式地图库[6]显示地图。

3.3.2.1　天地图的绘制

天地图地图服务支持 HTTP 和 HTTPS 协议，采用开放空间协会（Open

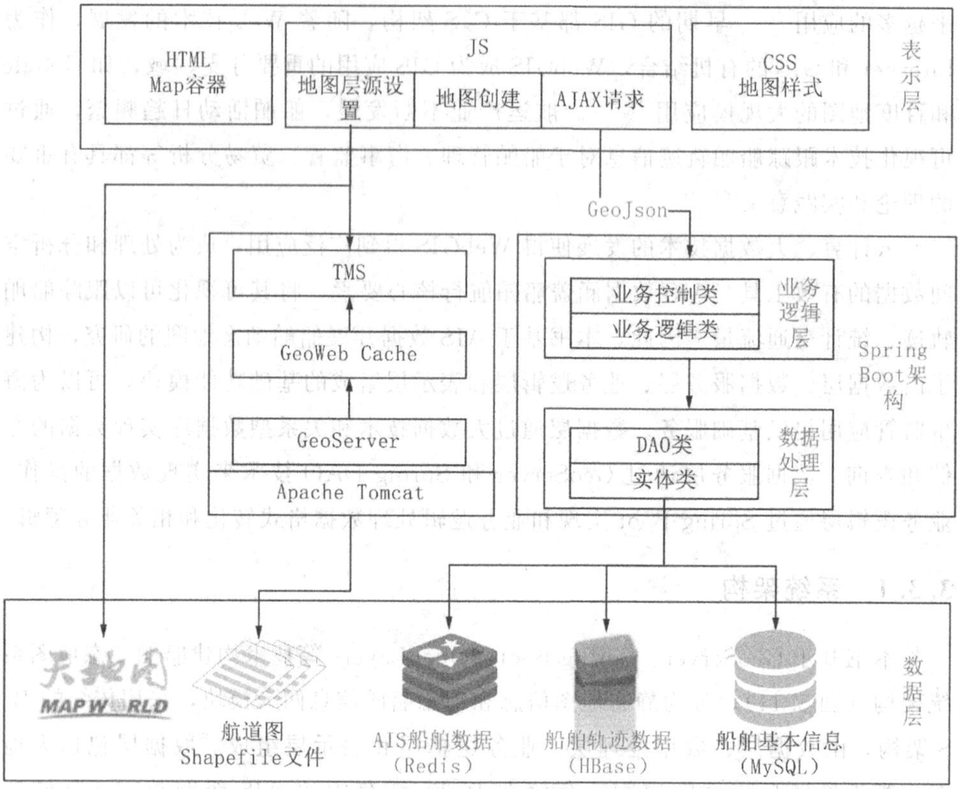

图 3.11 船舶动态地图系统架构

Geospatial Consortium，OGC）的 Web 地图瓦片服务（WMTS）标准，提供矢量底图、矢量注记、影像底图、影像注记等服务。

为了统一不同图层的显示，采用 Openlayers 显示天地图，应用到 Map、Layer、Source 和 View 组件。Map 是 Openlayers 的核心组件，是整个地图的容器。地图包含多个图层 Layer，每个图层设置相应的数据源（Source）。天地图作为基底图层，在图层列表的最下方，将天地图的瓦片数据作为层源。通过地图视图（View）展示地图，实现用户交互，改变地图的中心、分辨率和旋转的对象。绘制天地图的具体流程如下。

（1）准备页面，根据 HTML5 的标准，声明符合 H5 规范的文档声明以这个声明开始表示该页面符合 HTML5 规范。

(2) 引入 Openlayers 的样式和 JS 文件。

(3) 定义作为容器的 HTML 元素，创建 div 元素，根据页面布局，设置 div 元素的宽和高。

(4) 创建 ol. layer. Tile 对象来初始化天地图图层，使用 ol. source. XYZ 设置数据源，获得地图瓦片加载到图层上。

(5) 创建地图实例 ol. Map 对象，通过 ol. View 对象设置显示坐标位置、投影方式和缩放尺度。

3.3.2.2　基于矢量瓦片的航道图绘制

长江航道图基于矢量瓦片组成，涵盖长江全线航道基础地理信息数据、航标数据、水位数据、航道实际维护尺度数据等。瓦片地图是基于金字塔的多分辨率层次模型，按不同缩放级别切成若干行和列的正方形栅格图片，切片后的图片被称为瓦片（tile）。引入瓦片地图技术后，客户端可以从服务器取出地图切片在界面上拼接，将地图切片缓存到本地，减轻服务器压力，缩短响应时间。

GeoServer 是一款开源的 OpenGIS Web 服务器，基于 Java EE 规范实现，兼容 WMS 和 WFS 特性，支持 PostGIS、MySQL、Kafka、Shapefile 等多种数据源[7]。地图通过 GeoServer 服务器存储 shapefile 航道数据文件，依靠 Geo Webcache 对航道图数据文件进行矢量切片，提供给客户端调用。和天地图一样，采用 Openlayers 显示航道图。通过 ol. layer. VectorTile 对象将航道图作为图层加载到 View 对象上。

3.3.3　基于 AIS 的船舶动态可视化显示

船舶动态可视化显示基于 Spring Boot 框架，由数据层、数据处理层、业务逻辑层和表示层组成。

3.3.3.1　数据层

数据层主要包括 AIS 船舶实时信息、船舶轨迹信息和船舶基本信息。船舶 AIS 数据存储在 Redis 数据库中。AIS 船舶实时信息分为动态信息和静态信息。动态信息包括船舶 MMSI 码、航速、经纬度等信息，静态信息包括船舶 MMSI、IMO、名称、船长、船宽、目的港、类别、呼号等信息。船舶轨迹信息以 MMSI 码和日期作为行键，存储在 HBase 数据库中。船舶基本信息存储在 MySQL 数据库中，包括船舶的中文名称、英文名称、MMSI 码、注册号（中国籍船舶）、船舶类别、船舶隶属公司等信息。

3.3.3.2 数据处理层

基于不同的数据源，数据处理层通过不同方式查询数据。Spring Boot 除对常用数据库的支持外，对 NoSQL 数据库也实现了自动化封装。通过 Spring Data Redis 框架实现 Spring Boot 和 Reids 的整合，完成 AIS 船舶数据的查询操作。

船舶基本信息表存储在 MySQL 数据库中。本书定义与 MySQL 中的船舶基本信息表相对应的实体类，通过@Entitiy 注解标注实体类，实现实体类和关系表的映射。定义@Respository 标注数据访问 DAO 组件，实现数据库的交互工作。为提高船舶基本信息表的访问效率，使用 Redis 作为缓存，当访问的船舶信息存在于 Redis 中时，直接返回给调用者。如果不存在，则从 MySQL 数据库中取出信息缓存到 Redis 中，然后再返回给调用者。

船舶轨迹信息存储在 HBase 数据库中，需导入 Hbase-client 依赖包来实现轨迹信息的查询。船舶轨迹信息查询步骤如下。

(1) ConnectionFactory 类是用来实现连接池的管理。本书通过 ConnectionFactory 获取 HBase 连接对象 Connection，通过 hbase. client. ipc. pool. size 属性设来设置连接池的大小。ConnectionFactory 类实现连接池的管理，连接池的大小可通过 hbase. client. ipc. pool. size 属性设置。

(2) 建立 HTable 对象，绑定到 AIS 动态数据表。

(3) 建立 Scan 对象，设置 Scan 对象的开始和结束行键属性。

(4) 查询记录，通过 Scan 对象查询 HTable 满足条件的记录，返回 ResultScanner 对象。

3.3.3.3 业务逻辑层

业务逻辑层根据用户请求完成相应的操作，返回 GeoJson 格式数据给调用者。GeoJson 是一种基于 JSON 对象表示对地理数据结构进行编码的格式，涵盖点、线、面、多点、多线、多面和几何集合[26]。如 { " wkt ":" POINT (118.77747 32.127732) "," mmsi":" 413849926" } 就是一条将船舶 MMSI 为 413849926 描述为点的 GeoJson 数据。基于 Spring Boot 框架，业务逻辑层包括控制模块和服务模块。服务模块通过@Service 注解标注为业务层组件，通过@autowired 绑定 DAO 组件，实现相应的业务逻辑处理。服务模块通过@Cache-Config 注解实现船舶基本信息的 Redis 缓存。控制模块通过@Controller 注解实现业务流程，根据用户的访问路径调用不同的控制器。

3.3.3.4　表示层

表示层运行在前端页面，基于 Openlayer API 将天地图与航道图作为底图，在其上动态叠加显示船舶动态数据。前端页面按照一定规则（定时和事件触发方式）发送 AJAX 请求，接收基于 GeoJson 格式的 AIS 船舶动态信息。在 Openlayers 中，将船舶作为单独的图层显示，根据不同的显示比例，基于 ol. sytle. Style 对象将船舶设置为圆圈和带矢量线的三角形符号样式。圆圈显示在小比例尺度下，三角形显示在大比例尺度下，不同类型的船舶可以使用不同的颜色显示。

地图加载网络请求图如图 3.12 所示，基于瓦片图加载天地图和航道图，大部分的请求都能够在毫秒级响应，由于大部分的瓦片图已经缓存，所以响应速度很快。船舶动态信息通过 Redis 缓存，即使是上千条船舶的请求，也能控制在秒级内响应。

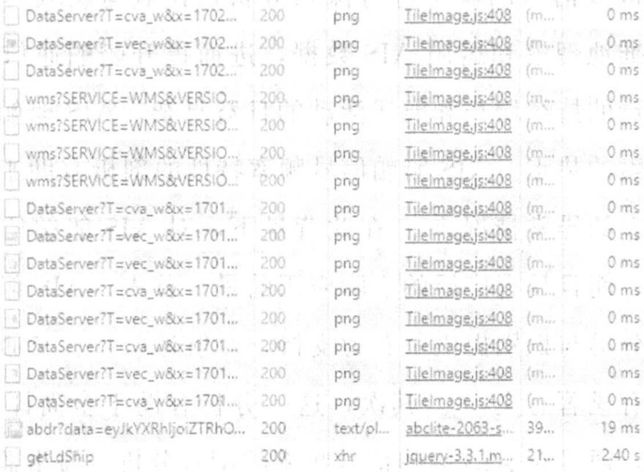

DataServer?T=cva_w&x=1702...	200	png	TileImage.js:408	(m...	0 ms
DataServer?T=vec_w&x=1702...	200	png	TileImage.js:408	(m...	0 ms
DataServer?T=cva_w&x=1702...	200	png	TileImage.js:408	(m...	0 ms
wms?SERVICE=WMS&VERSIO...	200	png	TileImage.js:408	(m...	0 ms
wms?SERVICE=WMS&VERSIO...	200	png	TileImage.js:408	(m...	0 ms
wms?SERVICE=WMS&VERSIO...	200	png	TileImage.js:408	(m...	0 ms
wms?SERVICE=WMS&VERSIO...	200	png	TileImage.js:408	(m...	0 ms
DataServer?T=cva_w&x=1701...	200	png	TileImage.js:408	(m...	0 ms
DataServer?T=vec_w&x=1701...	200	png	TileImage.js:408	(m...	0 ms
DataServer?T=vec_w&x=1701...	200	png	TileImage.js:408	(m...	0 ms
DataServer?T=cva_w&x=1701...	200	png	TileImage.js:408	(m...	0 ms
DataServer?T=vec_w&x=1701...	200	png	TileImage.js:408	(m...	0 ms
DataServer?T=cva_w&x=1701...	200	png	TileImage.js:408	(m...	0 ms
DataServer?T=vec_w&x=1701...	200	png	TileImage.js:408	(m...	0 ms
DataServer?T=cva_w&x=1701...	200	png	TileImage.js:408	(m...	0 ms
abdr?data=eyJkYXRhIjoiZTRhO...	200	text/pl...	abclite-2063-s...	39...	19 ms
getLdShip	200	xhr	jquery-3.3.1.m...	21...	2.40 s

图 3.12　地图加载网络请求图

选中某条船舶时，能够进一步显示船舶基本信息情况（图 3.13）。

图 3.13　船舶基本信息情况

3.4　一种基于流式计算的 AIS 频率统计

随着全球航运业的蓬勃发展，AIS 已成为船舶通信和安全监控的核心工具。AIS 船舶信号，作为数字信号的代表，涵盖了船舶位置、速度、航行状态等至关重要的信息。对这些信号的频率进行深入分析，在航运领域具有不可估量的价值，有助于更精准地理解和运用 AIS 数据，进而提升船舶通信和安全管理的效能。鉴于船舶数量的持续增长和航运活动的日益复杂，AIS 船舶信号频率分析已成为研究人员探索的热点。AIS 船舶信号频率特性的剖析有助于揭示信号的频率分布规律以及潜在的异常情况[27]。在此背景下，对 AIS 船舶信号频率分析的研究不仅意义深远，而且具有广泛的实际应用前景。首先，AIS 船舶信号频率特征的分析为船舶的分类与识别提供了有力支持，对航运监管、交通管理以及船舶精确定位等方面具有显著意义[28]。其次，这一分析有助于全面评估并优化 AIS 的整体性能。此外，通过对 AIS 船舶信号频率的细致分析，海事监管部门能够及早察觉潜在的异常信号和安全风险，为航运安全提供及时有效的预警和管理措施[29-30]。最后，深入研究 AIS 船舶信号的频率特性，将为航运业的智能化管理和决策制定提供坚实的数据支撑和技术保障[31]。

为了更好地呈现 AIS 信号的频率分布情况，本节构建基于流式计算的 AIS 频率统计平台。该平台通过图表形式详细展示了 AIS 信号中的各项数据，使用户能够全面而深入地了解船舶类型分布、速度范围以及不同区域的信号频率等信息。该平台利用 Kafka 和 Flink 技术对 AIS 数据进行高效接收和清洗分析，确保数据的准确性和完整性。经过处理的数据被存储在 MySQL 和 Redis 数据库中，通过 Spring Boot 结合 MyBatis 的框架实现数据的读取。可视化模块采用 Vue 框架结合 Echarts 图表工具和高德地图 API 进行数据的可视化展示与分析，以进一步揭示 AIS 信号在航运领域的重要性和广阔的应用前景。

3.4.1　系统总体架构

AIS 频率统计系统由 5 个层次构成，分别为数据采集层、数据汇聚层、数据计算层、数据存储层和数据可视化层（图 3.14）。AIS 数据源自船舶基站，通过 Kafka 进行高效收集。随后，系统利用流框架 Flink 与 Kafka 的无缝对接，执行包括去重和异常处理在内的数据清洗操作。经过清洗的数据被存储在 MySQL 和 Redis 集群中，确保数据的可靠性与高效访问。在后端处理方面，系统采用 Spring Boot 技术读取数据并将其转换为 JSON 格式，以便于前端获取。前端则基于 Vue 框架构建，利用 Ajax 技术与后端进行数据传输。此外，系统还集成了 AutoNavi Map API 技术，实现了 AIS 船舶地图定位的可视化功能，并结合 Echarts 工具进行图表的可视化分析，为用户提供了直观、便捷的数据展示方式。

3.4.2　系统实现

3.4.2.1　基于 Flink 的数据计算

Apache Flink 是一个功能强大的框架，支持开发和运行多种不同类型的大数据处理应用程序。Flink 的核心特性包括批流一体化处理、精细化的状态管理、事件时间支持，以及确保精确一次的状态一致性保障等。凭借这些特性，AIS 频率统计平台得以充分发挥 Flink 的实时处理能力，通过集成 Kafka 的连接器，实现 AIS 数据流的实时接收。基于 Flink 的实时数据处理的整体架构如图 3.23 所示。

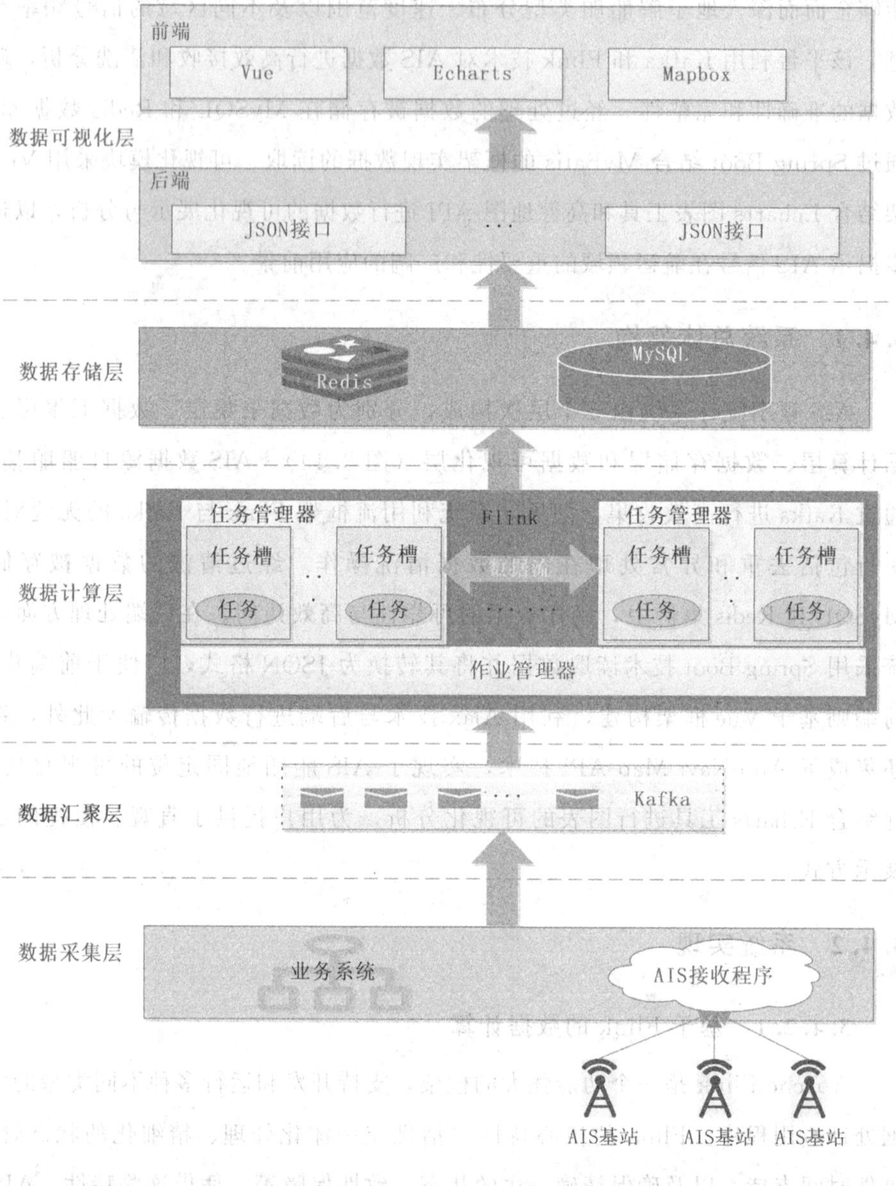

图 3.14　AIS 频率统计系统架构

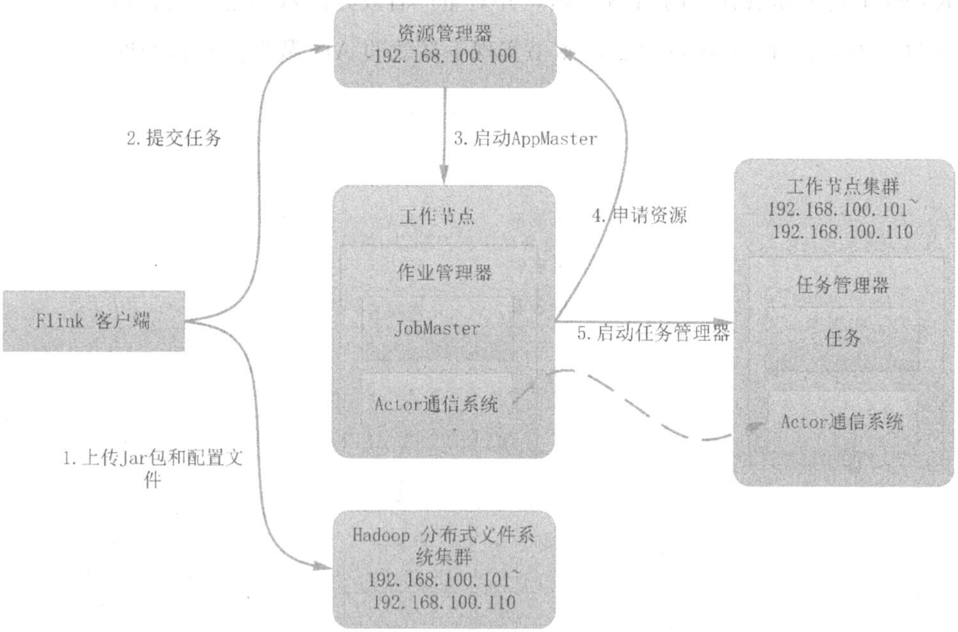

图 3.15　基于 Flink 的实时数据处理整体架构图

在数据计算层，平台对接收到的数据进行解析与转换，以满足后续处理的需求。借助 Flink 强大的算子功能，对转换后的数据进行深度清洗和过滤，有效剔除错误和异常数据。经过严格清洗的数据被安全存储于数据库中，为之后的分析和应用提供便捷、准确的数据支撑。此架构设计旨在实现数据的实时处理与清洗，确保数据质量的一致性，为整个系统的稳定运行提供坚实可靠的数据基础。

3.4.2.2　基于 Kafka 的消息传递

Kafka 是一个分布式的基于发布/订阅模式的消息队列（message queue），专为分布式高吞吐量系统而设计。Kafka 具有更好的吞吐量，内置分区，复制和固有的容错能力，这使得它非常适合大规模消息处理应用程序。Kafka 架构如图 3.16 所示。Kafka 的生产者将来自船舶基站的 AIS 数据转换为消息，并将其发送到指定的 Kafka 主题中。消费者则使用 Flink 作为流处理框架，通过订阅

Kafka主题来读取其中的AIS数据，并对生产者发送的数据进行接收和处理。通过这种Kafka和Flink的组合，本书实现了高效的AIS数据传输和处理。

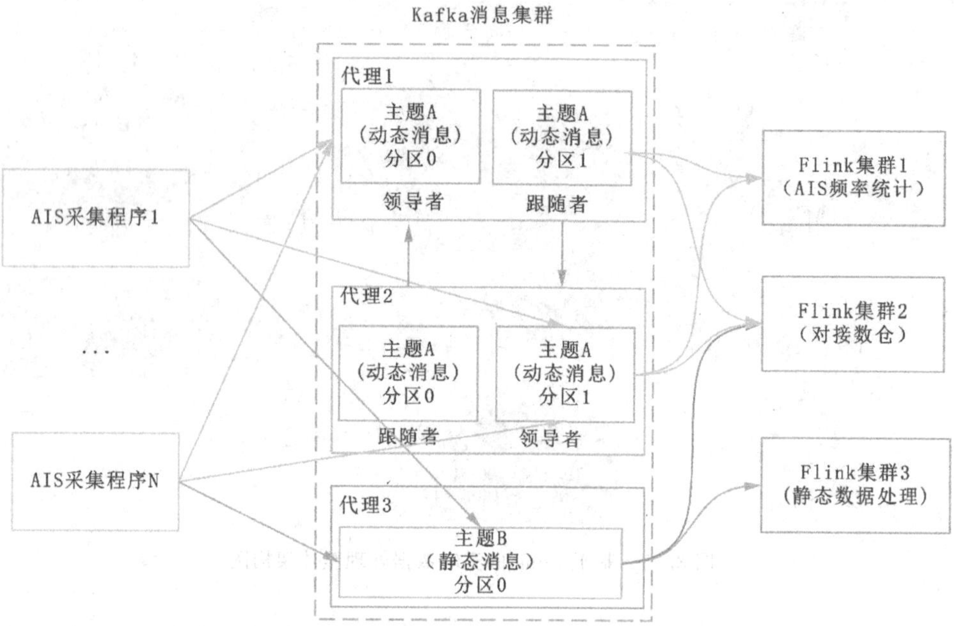

图3.16　Kafka架构

3.4.2.3　基于Redis的数据缓存

Redis是一个开源的、使用ANSI C语言编写的数据库，它采用BSD协议，支持网络操作，并且可以在内存中存储数据或者进行持久化。Redis存储架构如图3.17所示，本书采用三主三从的体系构建Redis集群。

在三主三从的Redis集群架构中，每个主节点都由一个或多个从节点作为备份。当主节点出现故障时，从节点可以迅速提升为新的主节点，继续提供服务，从而保证本书的高可用性。任意节点的故障不会影响到AIS数据的存储。为了实现负载均衡，通过Nginx设置配置和调度策略，避免某些节点过载而其他节点闲置的情况，提高系统的整体性能。本书通过将Spring Boot与Redis进行整合，利用Redis读取数据的快速特性，可以显著提升系统的访问速度和响应性能。

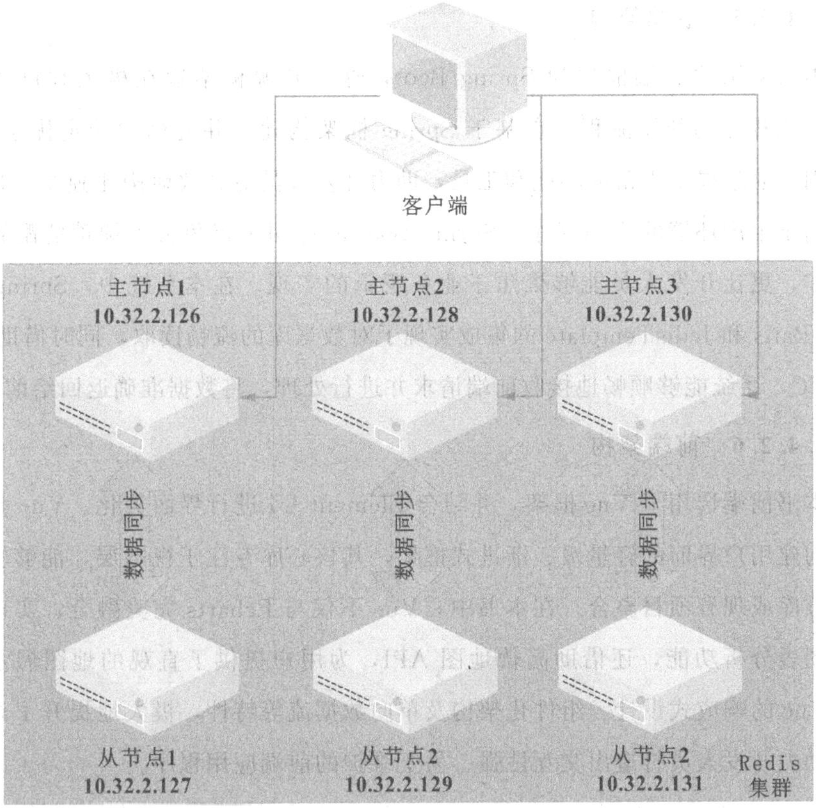

图 3.17　Redis 存储架构

3.4.2.4　基于 MySQL 的数据存储

MySQL 是一款备受欢迎的开源关系型数据库管理系统（RDBMS），在 Web 应用程序及其他各类软件开发中均有广泛应用。它由瑞典的 MySQL AB 公司开发，现由 Oracle 公司负责维护。MySQL 遵循关系型数据库的核心原则，能够轻松实现数据间的关联与连接。此外，它还支持大型数据库管理与高并发访问，具备出色的扩展性，可通过增设服务器进一步提升系统性能和存储容量。鉴于此，平台决定采用 MySQL 作为存储清洗后 AIS 数据的首选数据库，为后续的数据使用和处理提供坚实保障。

3.4.2.5 后端架构

本书采用的后端框架为 Spring Boot，这一开源框架旨在极大程度地简化 Java 应用程序的开发流程。它基于 Spring 框架构建，并遵循“约定优于配置”的原则，通过提供丰富的功能和工具，助力开发人员更高效地构建独立、自包含且适用于生产环境的应用程序。Spring Boot 的运用不仅免去了烦琐的配置和集成工作，更让开发人员能够聚焦于业务逻辑的实现。在本系统中，Spring Boot 与 MyBatis 和 JedisTemplate 的集成实现了对数据库的流畅读取，同时借助 SpringMVC，系统能够顺畅地接收前端请求并进行处理，将数据准确返回给前端。

3.4.2.6 前端架构

本书前端选用了 Vue 框架，并结合 Element UI 进行界面美化。Vue 是一款用于构建用户界面的轻量级、渐进式框架，其核心库专注于视图层，能够轻松与第三方库或现有项目整合。在本书中，Vue 不仅与 Echarts 完美融合，实现了强大的图表分析功能，还借助高德地图 API，为用户提供了直观的地图展示。同时，Vue 的响应式设计、组件化架构及单向数据流等特性，极大地提升了开发效率，助力开发人员打造出交互性强、易于维护的前端应用程序。

4.3.3 系统可视化

3.4.3.1 AIS 热力图展示

通过将 AIS 数据与地理信息结合，在地图上生成热力图，用不同的颜色来表示船舶的密集程度，可以发现一些有价值的信息，如航道拥堵、港口繁忙程度、航线偏好。这对于航运安全、航行规划、港口调度、市场竞争分析等方面都具有重要意义。这种可视化分析方法可以帮助用户更好地理解和利用 AIS 数据，提升航运安全性、运输效率。系统加载的过程是首先前端通过 Axios 向后端发出 AJAX 请求，后端通过 GetMapping 注解来接收前端请求，接收请求后，使用 MyBatis 向 MySQL 数据库查询数据，最后向前端返回 JSON 格式的数据，前端收到 AIS 频率统计数据后，通过 Vue 将数据绑定到 JavaScript 对象上，然后通过地图展示出来。

3.4.3.2　船舶类型分布

在 Redis 集群中，平台存储了各类船舶及其出现的频次数据。通过 Spring Boot 与 RedisTemplate 的紧密集成，我们能够轻松读取并分析这些数据。AIS 船舶类型分布图如图 3.18 所示，船舶类型的丰富多样性直接映射了该地区贸易活动的广泛性和繁荣程度。特别值得注意的是，干货船和散货船在数量上占据明显优势，这一现象深刻揭示了该地区水运交通的繁忙程度及货物运输的旺盛需求。

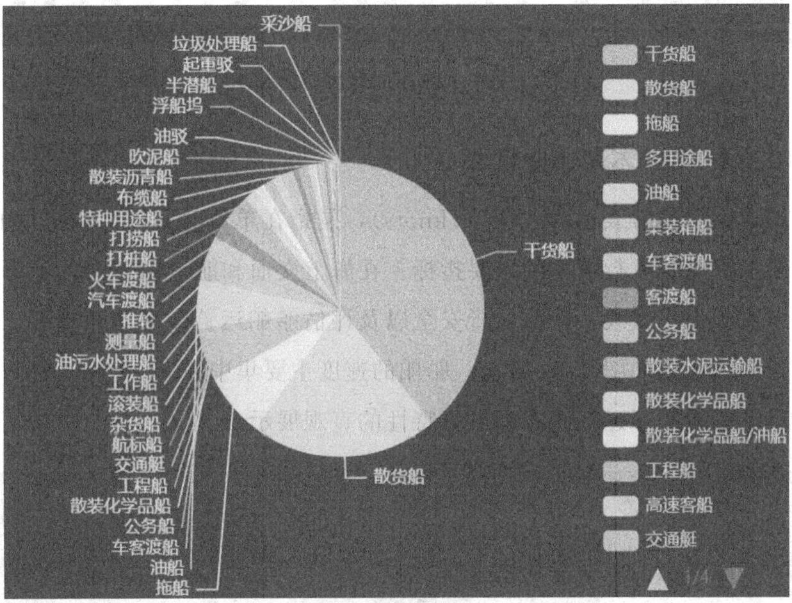

图 3.18　AIS 船舶类型分布图（采图见附录）

3.4.3.3　AIS 不同时段信号频率

由 AIS 不同时段信息频率（图 3.19）可以看出，在上午 8 点至 10 点以及晚上 21 点至 23 点这两个特定的时间段内，船舶信号的接收频率出现了显著的提升。这一数据现象有力地揭示了这些时段为水上交通的高峰期。同时，这也为我们的假设提供了实证支持，即水上交通在早晨和晚间表现得尤为活跃。此外，这一观察结果还进一步印证了在这些繁忙时段内，船舶数量的实际增加情况。

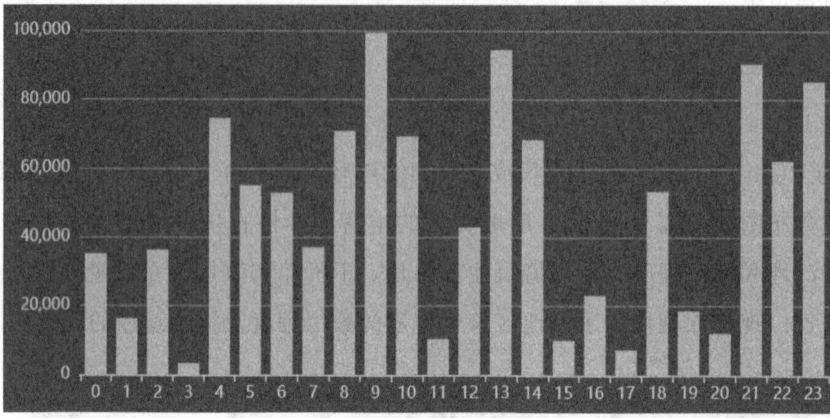

图 3.19 AIS不同时段信号频率

3.4.3.4 AIS不同速度频率

船舶速度，通常表示为“节”（knots），是指在单位时间内船舶航行的距离，是衡量船舶性能和航行效率的重要指标。在海上交通和航运管理中，了解船舶的速度分布对于优化航线、确保航行安全以及评估船舶运营效率至关重要。AIS不同速度频率统计图如图3.20所示，船舶的速度主要集中在3～8节，这一数据为我们提供了船舶实际运行状态和航行特性的直观展示。

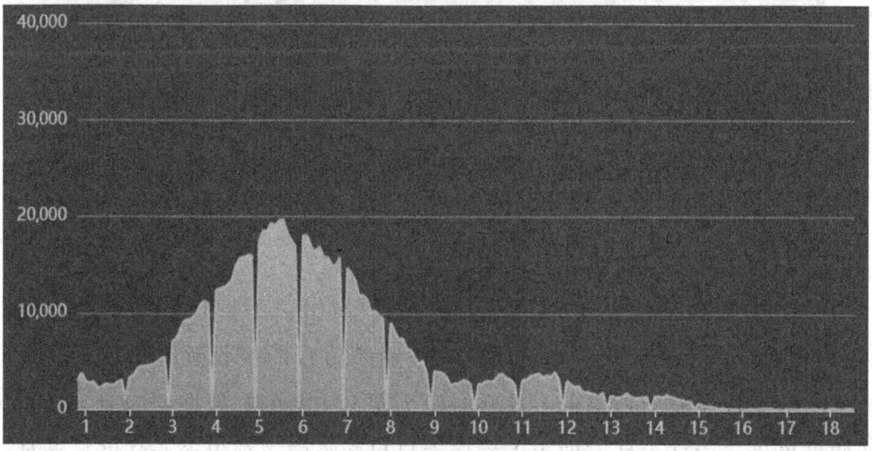

图 3.20 AIS不同速度频率统计图

3.4.3.5　AIS 区域信号频率

AIS 按照区域统计信号频率的意义在于提供对特定区域内船舶交通情况的全面了解和细致分析。通过对 AIS 信号频率的区域性统计，可以获取到该区域内船舶的数量、分布、密度及航行状态等关键信息，这些数据对于海上交通管理、航行安全、环境保护以及海事研究等方面都具有重要意义。AIS 区域信号频率统计图如图 3.21 所示。本书根据不同区域和信号频率绘制柱状图，通过在图表的配置项中巧妙地运用数组来精确定义 X 轴数据和数据系列。本书通过借助解析出的报文所提供的船舶经纬度信息，利用高德地图 API 的逆地理编码技术，准确推算出船舶所在的区域位置。在深入分析数据后，可以发现长江流域的船舶数量众多，尤其是南京区域的船舶数量表现得尤为突出。

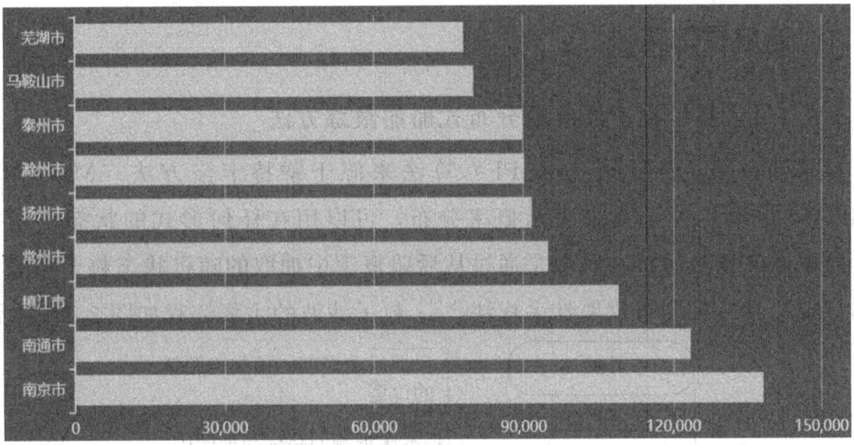

图 3.21　AIS 区域信号频率统计图（单位：条）

3.5　一种基于粒子滤波的分布式船舶跟踪算法

水上交通运量大、成本低，适合于大宗货物的运输，在交通运输业中占据着重要的地位[32]。水路运输智能化管理是水路运输可持续发展的关键渠道，信息感知及船舶交通流数据管理是其最基础、最核心的工作。海事局、码头、船东等机构和部门正着力于整合 VTS、AIS、CCTV 等感知数据，实现对船舶的动态跟踪，对通航秩序的动态管理，对重要水域的电子化监控和全方位覆盖的统一指挥[33]。

与陆地交通相比，水上交通环境更加复杂，每年发生的水上交通事故造成了大量的损失。对船舶进行有效跟踪是减少交通事故的重要手段。VTS、AIS、CCTV等各类感知数据对于船舶跟踪都起到了辅助作用，但是单一数据源都存在各自的瓶颈[34-35]。单一观测源感知环境存在漏检、检测精度不高、目标信噪比较低等问题，导致其应用范围的局限性较大。船舶追踪要想更精确地感知环境，就需要利用信息融合技术对获取的多源异构信息进行处理和融合。研究如何通过多源异构数据融合技术，来提高船舶跟踪的鲁棒性、容错性、精度具有理论和现实意义。因此，本书提出一种基于粒子滤波的分布式船舶跟踪算法，该算法在流式技术下将AIS数据和CCTV两种异构数据融合，实现不同来源数据优势互补的船舶跟踪，基于流式计算改进粒子滤波算法，实现分布式并行处理。

3.5.1 船舶跟踪算法

3.5.1.1 基于粒子滤波的分布式船舶跟踪方法

粒子滤波（particle filter，PF）算法来源于蒙特卡洛方法（Monte Carlo method），它利用粒子集来表示概率分布，可以用在任何形式的状态空间模型上。粒子滤波算法的核心思想是通过从后验概率中抽取的随机状态粒子来表示其分布情况，是一种序贯重要性采样法[36]。粒子滤波的主要流程如图3.22所示。

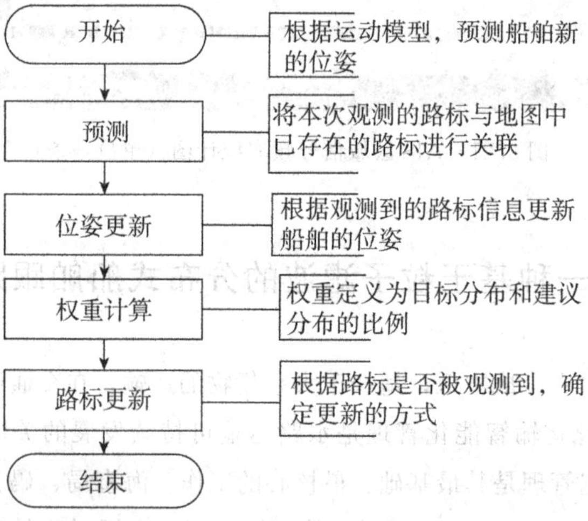

图3.22　粒子滤波的主要流程

基于粒子滤波的分布式船舶跟踪算法的主要流程和粒子滤波算法一样，只是对于系统状态方程、观测方程和粒子信息有特定的定义。在船舶跟踪中，每个粒子包含了船舶的坐标信息、运动信息和特征信息等。由于船舶运动较为匀速，将其假定为线性高斯系统，其状态方程为

$$x_t = g(x_{t-1}, u_t) = \begin{bmatrix} x_{xt-1} + \Delta T(v_t \cos(\theta_{xt-1}) \\ y_{xt-1} + \Delta T(v_t \sin(\theta_{xt-1}) \end{bmatrix} + \varepsilon \tag{3-23}$$

其中 x_t 是 t 时间上经过高斯-克吕格投影后的高斯坐标（x_{xt-1}，y_{xt-1}），u_t 为控制数据，包含船舶的速度和航向，该数据是通过 AIS 采集获得的；ΔT 为采样周期；ε 为控制噪声。船舶跟踪问题假定控制噪声服从高斯分布，Q 为控制噪声的协方差矩阵。最后将 x_t 进行高斯投影反算，即可得到船舶的经纬度坐标。观测方程为

$$z_t(m_j) = h(X_t, m_j) = \begin{bmatrix} x_t(m_j) \\ y_t(m_j) \end{bmatrix} \tag{3-24}$$

其中 x_t 代表船舶在经纬度坐标下的位置，m_j 代表第 j 个摄像头，$x_t(m_j)$ 表示图像在第 j 摄像头图像坐标系下的位置。为了实现控制数据和观测数据的一致性，需要实现经纬度坐标系和成像平面之间的转换。为了实现这种转换，算法包括了经纬度坐标系、相机坐标系、图像坐标系和像素坐标系，四者之间的转换如图 3.23 所示。

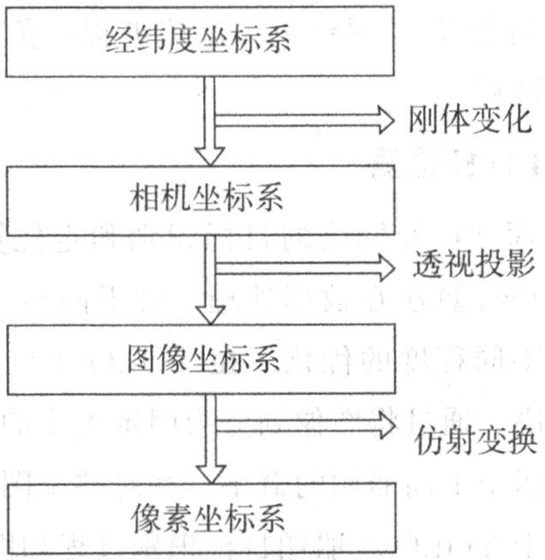

图 3.23　坐标系转换

3.5.1.2 船舶跟踪系统

船舶跟踪系统主要包括船舶特征匹配、船舶搜索、船舶状态更新、船舶特征更新。特征提取是指提取候选区域视觉特征（如灰度特征、颜色特征、轮廓特征）等，通过匹配或者分类手段判断候选区域属于目标的概率。船舶搜索就是在当前图像中寻找目标船舶的搜索方式。船舶状态更新就是目标跟踪，通过船舶运动模型、观测模型更新船舶位置和状态。船舶特征更新是指自适应船舶在运动过程中的特征变化（如可能的外观变化），模板更新和在线分类是常见的外观模型更新方式。

3.5.2 分布式船舶跟踪算法

3.5.2.1 系统架构

通过边云协同和流式计算构建分布式船舶跟踪系统，其架构如图 3.24 所示。在整个架构中，边缘端负责采集和预处理传感器数据，通过 Kafka 消息队列将数据传递给云端。云端基于分布式并行计算集群实现船舶跟踪，该集群通过 Flink 平台实现。HDFS 为船舶跟踪提供分布式文件系统，完成船舶状态、船舶特征、粒子信息等存储。应用程序协调服务通过 Zookeeper 实现，为粒子滤波分布式并行计算提供一致性服务。在 Flink 平台中，主控节点由 JobManager 实现，资源调度由 Resourcemanager 实现。工作节点负责执行每个粒子预测和更新的计算任务，在每个工作节点上运行 TaskManager 监控进程，负责接受任务，启动和停止属于自己管理的工作进程。

3.5.2.2 YOLOv4 目标检测

YOLO 是一种基于深度神经网络的目标识别和定位算法[37]。在原始目标检测架构的基础上，YOLOv4 算法在数据处理、骨干网络、网络训练、激活函数、损失函数等方面进行了不同程度的优化。在 YOLOv4 框架中，船舶目标识别被作为一个回归问题来解决。通过将图像划分为固定大小的网格，在每个网格中预测船舶目标的置信度和属于不同船舶的概率，并对整个图像上的船舶位置和船舶目标框架进行回归。基于 YOLOv4 船舶目标识别过程如图 3.25 所示。

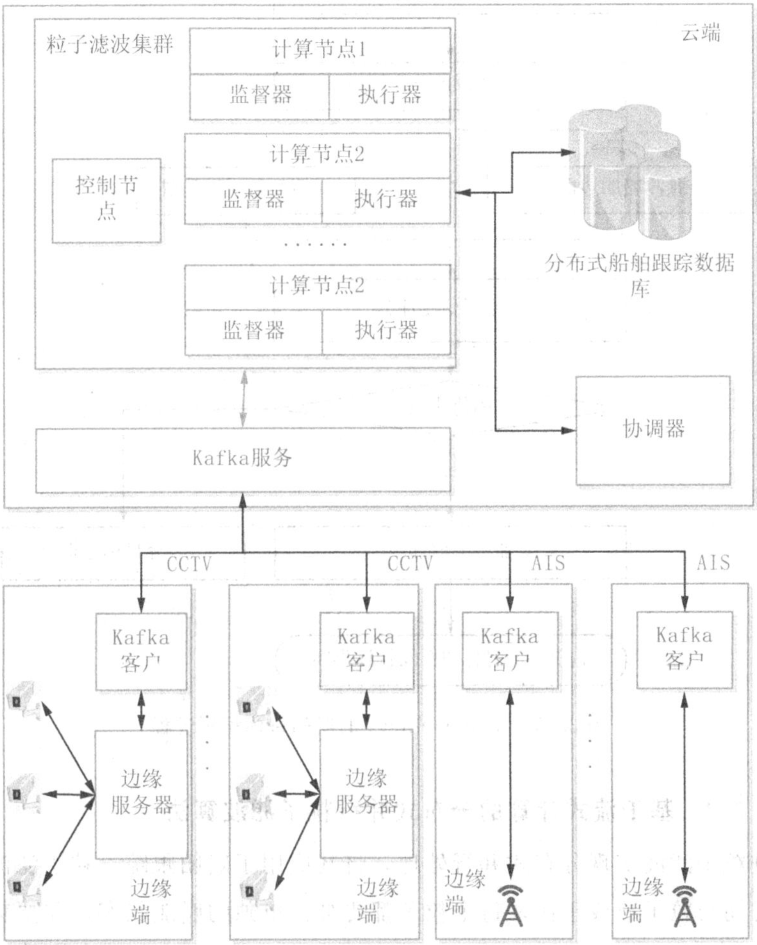

图 3.24　分布式船舶跟踪系统架构

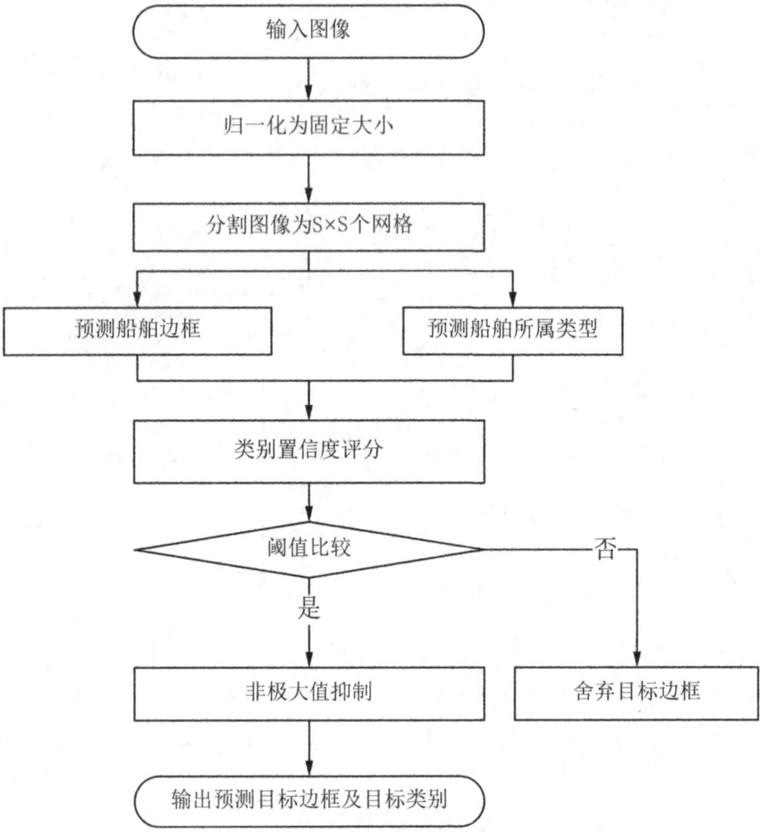

图 3.25　基于 YOLOv4 的船舶目标识别过程

3.5.2.3　基于流式计算的分布式并行粒子滤波算法

改进粒子滤波实现分布式并行处理，将其应用于船舶跟踪。粒子滤波算法迭代更新时间与粒子数成正比，每个粒子都要维护单独的船舶状态，需要耗费较大的存储空间和计算时间。粒子的数量决定算法是否能有效地表示船舶的后验概率分布和保证粒子的多样性。过少的粒子使得粒子集的分布很可能不在船舶真实位置附件。增加粒子数量会增加计算时间，使得船舶跟踪无法满足实时性要求。为了同时保证粒子数量和计算实时性，本书采用基于流式计算的分布式并行粒子滤波算法来跟踪船舶。

基于流式计算的分布式并行粒子滤波算法流程如图 3.36 所示。首先将传感器数据通过消息队列传递给云端，ReadTask 读取 Kafka 消息队列中的传感器数据，将数据分发给 UpdateTask 执行器来更新粒子，更新后的粒子再分发给 SampleTask 和 ResampleTask 执行器实现粒子的采样和重采样。UpdatePKTask 的结果传递给 AdjustTask 执行器实现先验知识的调整。最终通过 WriteTask 执行器将船舶跟踪结果输出。

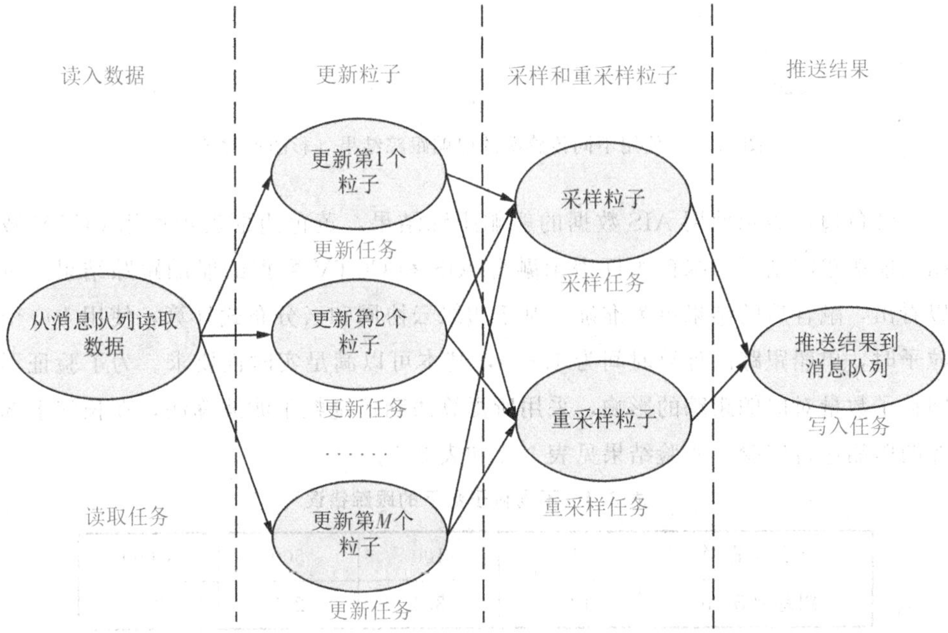

图 3.26 基于流式计算的分布式并行粒子滤波算法流程

3.5.3 实验结果

为了验证所提算法的性能，本书设计了实验来比较单一 AIS 数据、单一 CCTV 数据和本书提出方法。实验是基于长江上航行的船舶进行的，在 CCTV 卡口处部署了带 GPU 的服务器，用于实时船舶目标识别，并在云中构建了流式计算集群，用于船舶跟踪。云平台使用 6 台 32 核服务器，通过 Flink 平台和相关组件构建流式计算。使用不同传感源的船舶跟踪结果如图 3.27 所示。

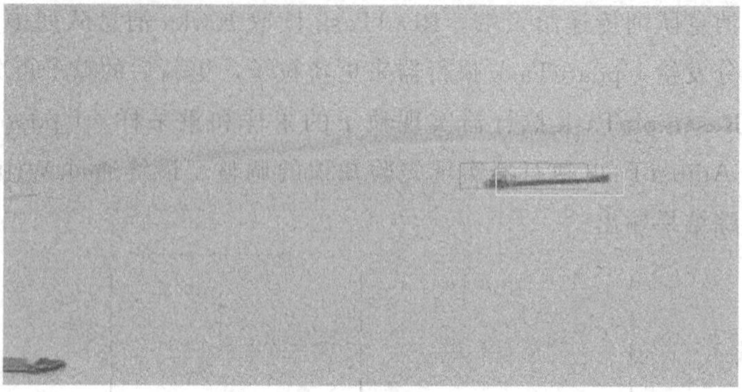

图 3.27 使用不同传感源的船舶跟踪结果（彩图见附录）

红色边框表示使用 AIS 数据的船舶跟踪结果，黄色边框表示使用 CCTV 数据的船舶跟踪结果，绿色边框表示融合 AIS 和 CCTV 数据的船舶跟踪结果。可以看出，融合后的结果更为准确。基于边缘云协同和云分布式计算，使用 100 个粒子时，单船跟踪的计算时间为 1.67s，基本可以满足实时性要求。为了验证不同粒子数量对船舶跟踪的影响，采用所提算法和传统粒子滤波算法，在长江上选择两艘船进行实验。实验结果见表 3.4 和表 3.5。

表 3.4 不同粒子数下的跟踪错误

粒子数量/个	10	100	500	1 000
跟踪错误/m	12.1	3.4	2.5	2.3

粒子数量过少会导致船舶跟踪无法满足实际目标轨迹，而粒子数量增加时误差会显著降低。从表 3.5 中可以看出，随着粒子数量的增加，计算时间也会显著增加。对于传统的粒子滤波算法，当粒子数量过大时，难以满足实时性要求。通过基于流计算的分布式并行计算，所提算法在粒子数量增加时计算时间增加较少。如果部署更多的服务器，即使增加更多的粒子，执行时间也可以控制在较低的水平。

表 3.5 不同粒子滤波算法下的执行

粒子数量	10 个	100 个	500 个	1000 个
本书提出粒子滤波算法	1.2s	1.7s	7.5s	26s
传统粒子滤波算法	0.8s	16s	110s	232s

3.6　一种基于 AIS 数据的船舶轨迹聚类分析及异常检测

船舶轨迹聚类分析作为海事安全领域的一项关键技术，通过分析船舶的航行数据，可以揭示船舶在特定水域的航行习惯和行为模式。利用机器学习算法对这些数据进行深入挖掘，不仅可以识别出正常航行模式，还能够发现船舶的异常航行行为，从而为海事部门监管提供决策支持，增强预防措施的有效性，降低船舶交通事故的发生率[38]。例如，2024 年广州南沙沥心沙大桥桥墩被船只触碰致桥面断裂事故，不仅造成大桥桥面断裂、桥上人员伤亡，还威胁着过往船只的安全通行，给大桥两端居民的生活起居造成很大不便。事故发生后，相关部门进行了深入调查，发现事故原因与船舶的航行行为有直接关系，涉事船只在航行的过程中偏离航向，驶近大桥附近时来不及调整船舶航行，从而撞向桥墩导致事故发生。如果通过机器学习技术进行船舶轨迹聚类分析，提前识别出该区域的航行风险和船舶在航行过程中存在的异常行为并及时发出预警，如船舶偏离正常航线、航速过快或操作不当等异常行为，就有可能避免此类船舶交通事故的发生。由此可见，进行船舶轨迹分析可以对船舶航行行为进行有效监管，及时发现并纠正违规操作，提高水上交通管理的效率，降低事故的发生率。

船舶轨迹分析与机器学习技术相结合，能够提高异常船舶轨迹检测的精确度和效率[39]。传统船舶轨迹分析方法，主要依赖于人工设置区分正常船舶轨迹和异常船舶轨迹，面对沿江、沿海、港口、跨江大桥、跨海大桥等具有复杂水文情况的水域，容易产生误报或漏报。结合机器学习技术，则可以通过学习船舶航行轨迹历史数据，提取其中正常航行轨迹与异常航行轨迹的特征，更加精确地识别出潜在的船舶航行异常行为，减少人为因素的影响，提高海事部门的管理效率，并降低水上交通事故的发生率。此外，还可以与流式计算框架、可视化技术等相结合。通过流式计算框架，如使用 Apache Flink 框架可以实时处理来自 AIS 的数据，获取船舶航行的实时轨迹数据；结合可视化技术，可以将船舶轨迹聚类分析出的正常航行轨迹、异常航行轨迹和其他船舶轨迹数据转换成直观的动态地图视图，便于海事管理部门直观查看船舶的航行情况。

船舶轨迹聚类分析是指收集、分析船舶的 AIS 数据，并用于聚类算法来了解船舶在水上的运动行为模式，揭示船舶轨迹的规律和船舶航行的模式，可以从中了解到船舶的航行路线、速度变化、停泊习惯及潜在的航行目的。学者们应用统计分析、数据挖掘及机器学习等多种技术，对船舶的 AIS 数据进行处理和分析，进而分析判断船舶的航行是否存在异常行为。陈立家[40]等提出一种基于 C-Informer 模型的船舶轨迹预测方法，将特征工程方法与机器学习相结合，利用 C—Informer 模型揭示了船舶轨迹的航行规律。李永[41]等提出基于神经网络的船舶轨迹预测方法，建立 LSTM 数据模型，通过 AIS 数据训练模型以预测未来的传播航行轨迹，揭示船舶的航行变化。牛雯钰[42]等提出一种通过多个特征点驱动的船舶轨迹聚类方法，提取船舶数据中的船舶轨迹、船舶交通流等特征点进行聚类分析，此方法显著提高了船舶轨迹的聚类分析的准确效率和执行效率。Lee 等人[43]利用 DBSCAN 算法对船舶轨迹进行聚类分析，以发现船舶的行为模式和航行规律。研究成果在釜山新港进行了验证，为海上交通管理、船舶行为预测等方面提供了有益的参考。Xiao 等人[44]研究了基于多源信息的船舶轨迹融合与预测问题，提出了一种基于卡尔曼滤波和神经网络的船舶轨迹融合与预测方法。该方法融合了 AIS、雷达、卫星等多种传感器的信息，提高了轨迹的精度和可靠性，并利用神经网络对未来轨迹进行预测。该研究成果对于提高海上交通效率、优化航行路线等方面具有实际应用价值。Yang 等人[45]提出了一种基于 bi-LSTM 的船舶轨迹异常检测和预测方法。该方法利用 bi-LSTM 神经网络对船舶历史轨迹进行建模来预测船舶轨迹。

3.6.1 算法架构和流程

算法系统架构如图 3.38 所示，分别为数据采集层、数据计算层、数据存储层、数据可视化层。数据采集层通过 Apache Kafka 作为消息队列来实现 AIS 报文数据的实时采集与传输。数据计算层分为实时计算和离线计算，实时计算通过 Flink 框架完成船舶轨迹的预处理、船舶轨迹的采集、船舶异常轨迹识别等任务；离线计算基于 DBSCAN 算法实现船舶轨迹的聚类。数据存储层实现轨迹的存储。数据可视化层通过前后端分离技术实现船舶轨迹及潜在的异常行为的展示。

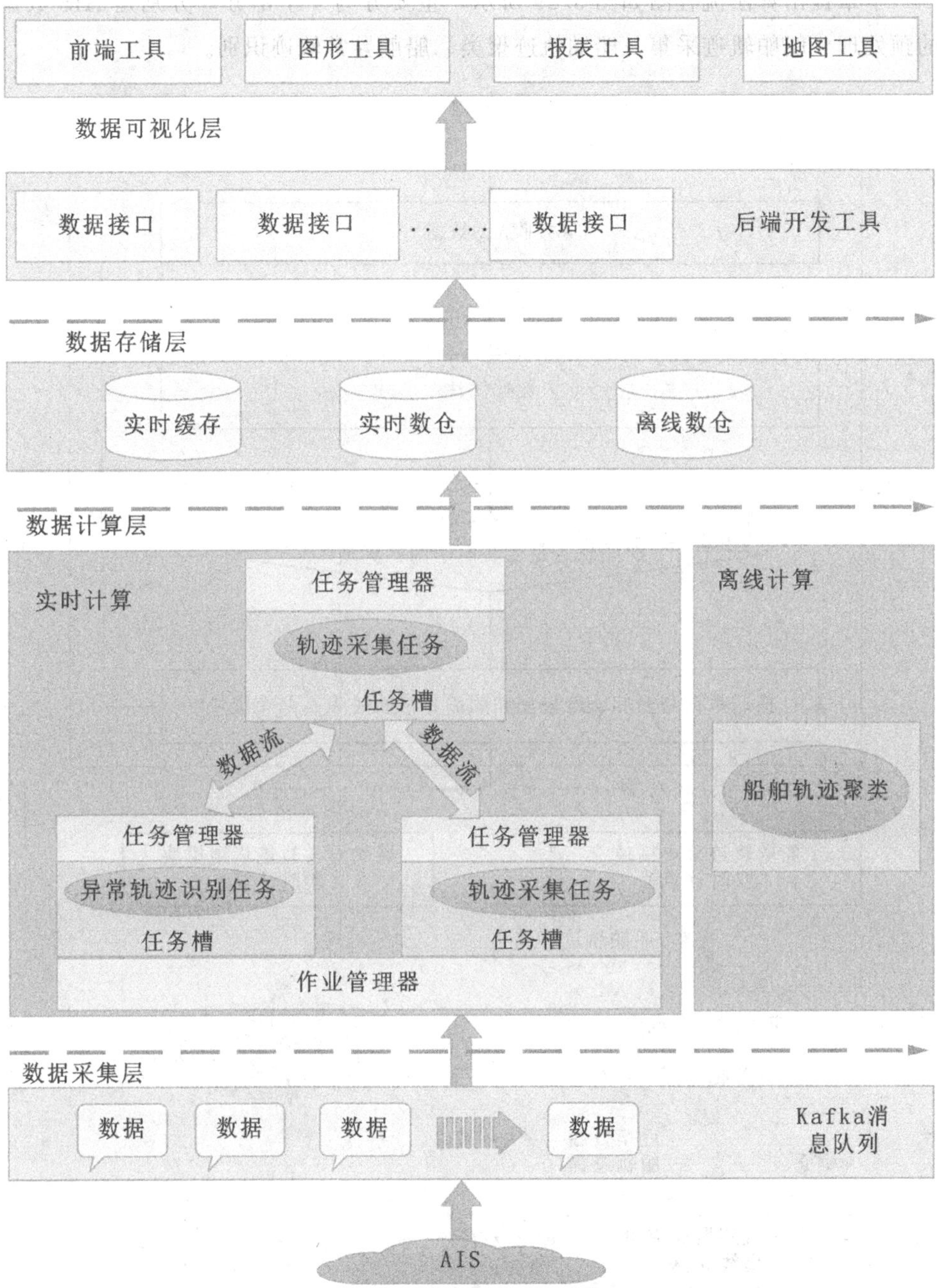
前端工具
图形工具
报表工具
地图工具
数据可视化层
数据接口
数据接口
……
数据接口
后端开发工具
数据存储层
实时缓存
实时数仓
离线数仓
数据计算层
实时计算
任务管理器
轨迹采集任务
任务槽
数据流
数据流
任务管理器
异常轨迹识别任务
任务槽
任务管理器
轨迹采集任务
任务槽
作业管理器
离线计算
船舶轨迹聚类
数据采集层
数据
数据
数据
数据
Kafka消息队列
AIS

图 3.37　系统架构图

本章提出算法流程图如图3.29所示，主要分为4个部分，分别是AIS数据的预处理、船舶轨迹采集、船舶轨迹聚类、船舶异常轨迹识别。

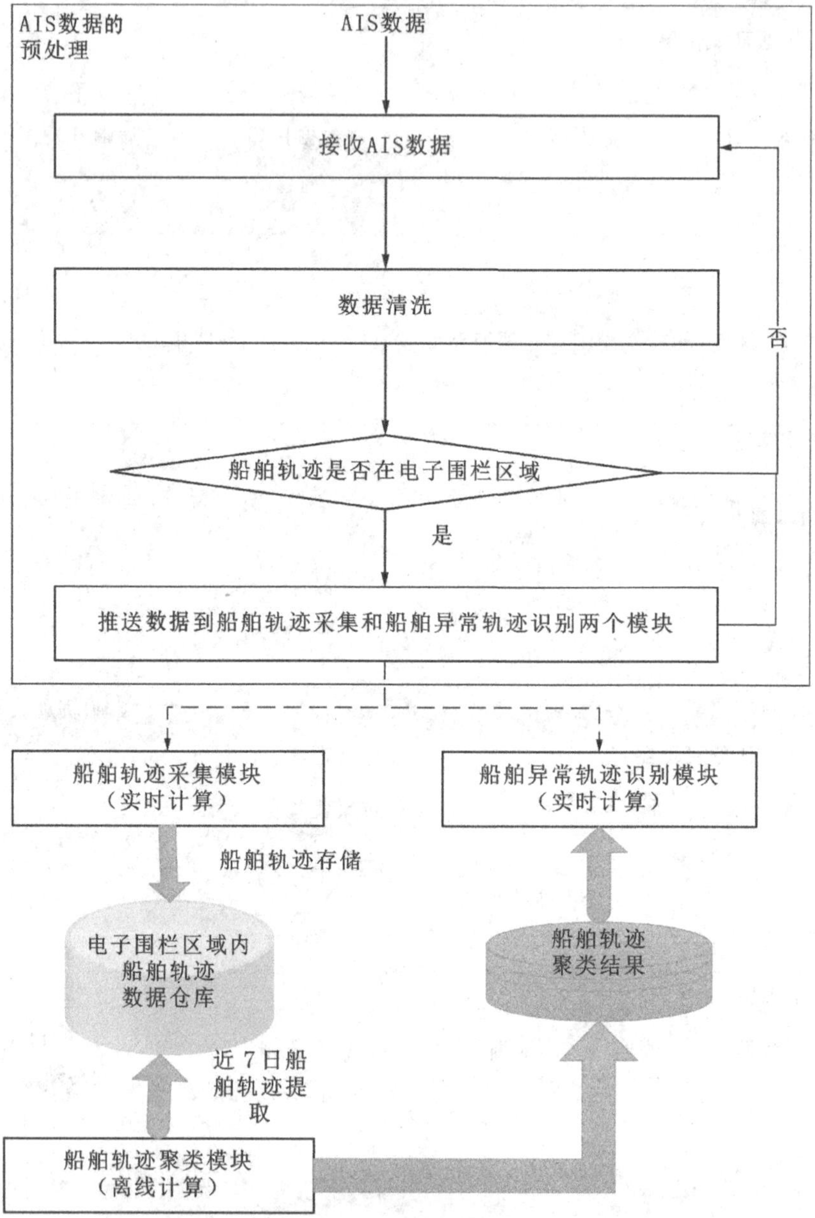

图3.29　本章提出算法流程图

首先采集获取 AIS 数据，进行数据清洗剔除报文数据中的杂乱数据和异常数据，选取进入指定电子围栏区域范围内的船舶数据，并将数据推送给船舶轨迹采集和船舶异常轨迹识别两个任务。然后船舶轨迹采集任务从推送的船舶数据中提取出船舶的轨迹信息数据，存入船舶轨迹数据仓库中用于后续的聚类分析。聚类任务则从船舶轨迹数据仓库当中提取船舶的轨迹数据，将其整理并转为适用于 DBSCAN 算法进行聚类的数据格式，再将聚类结果数据和船舶航行特征数据存储到数据库中，结合推送给异常轨迹分析任务的船舶数据，实时进行船舶轨迹的判断，将轨迹异常的船舶和告警信息推送到 Kafka 消息队列中。

3.6.2　基于流式计算的船舶轨迹预处理

AIS 报文数据中的常见异常情况包括重复 AIS 报文数据、经纬度异常数据、船舶航行异常数据、关键字段数据不合理或者存在空缺值等。基于 Flink 框架首先对船舶轨迹进行预处理，处理后的数据分别推送到实时数仓和下一级 Flink 集群。下一级 Flink 集群结合船舶电子围栏，提取航行到电子围栏区域的船舶轨迹电子围栏判断流程图如图 3.30 所示，由电子围栏遍历、简化区域判断、射线法精确判断、船舶航行状态的更新与管理、船舶驶离状态的判断与更新等步骤组成。

1. 步骤 1：　电子围栏遍历检查

接收 AIS 报文数据后，循环遍历预设好的电子围栏区域，判断预设好的电子围栏区域是否完全遍历，如果所有围栏均已遍历，就直接更新船舶的位置信息，返回船舶不在电子围栏区域内航行；否则，继续执行后续步骤。

2. 步骤 2：　简化区域判断

提取当前电子围栏数据中的 bbox 键对应的数据，判断当前传入的船舶经纬度是否在简化的四边形区域内，即是否符合在电子围栏数据的 bbox 边界范围内，判断条件公式为

$$\mathrm{lng} \geqslant \mathrm{Lng}_{\min} \,\&\&\, \mathrm{lng} \leqslant \mathrm{Lng}_{\max} \,\&\&\, \mathrm{lat} \geqslant \mathrm{Lat}_{\min} \,\&\&\, \mathrm{lat} \leqslant \mathrm{Lat}_{\max} \tag{3-25}$$

lng、lat 分别表示船舶的经度、纬度；$\mathrm{Lng}_{\min}$ 、$\mathrm{Lng}_{\max}$ 、$\mathrm{Lat}_{\min}$ 、$\mathrm{Lat}_{\max}$ 分别表示简化的四边形区域的最小经度、最小纬度、最大经度、最大纬度。

如果当前船舶不在简化的四边形区域内，则直接执行步骤 4 判断船舶是否驶

离电子围栏或船舶的停航时间是否超过了设定的阈值。

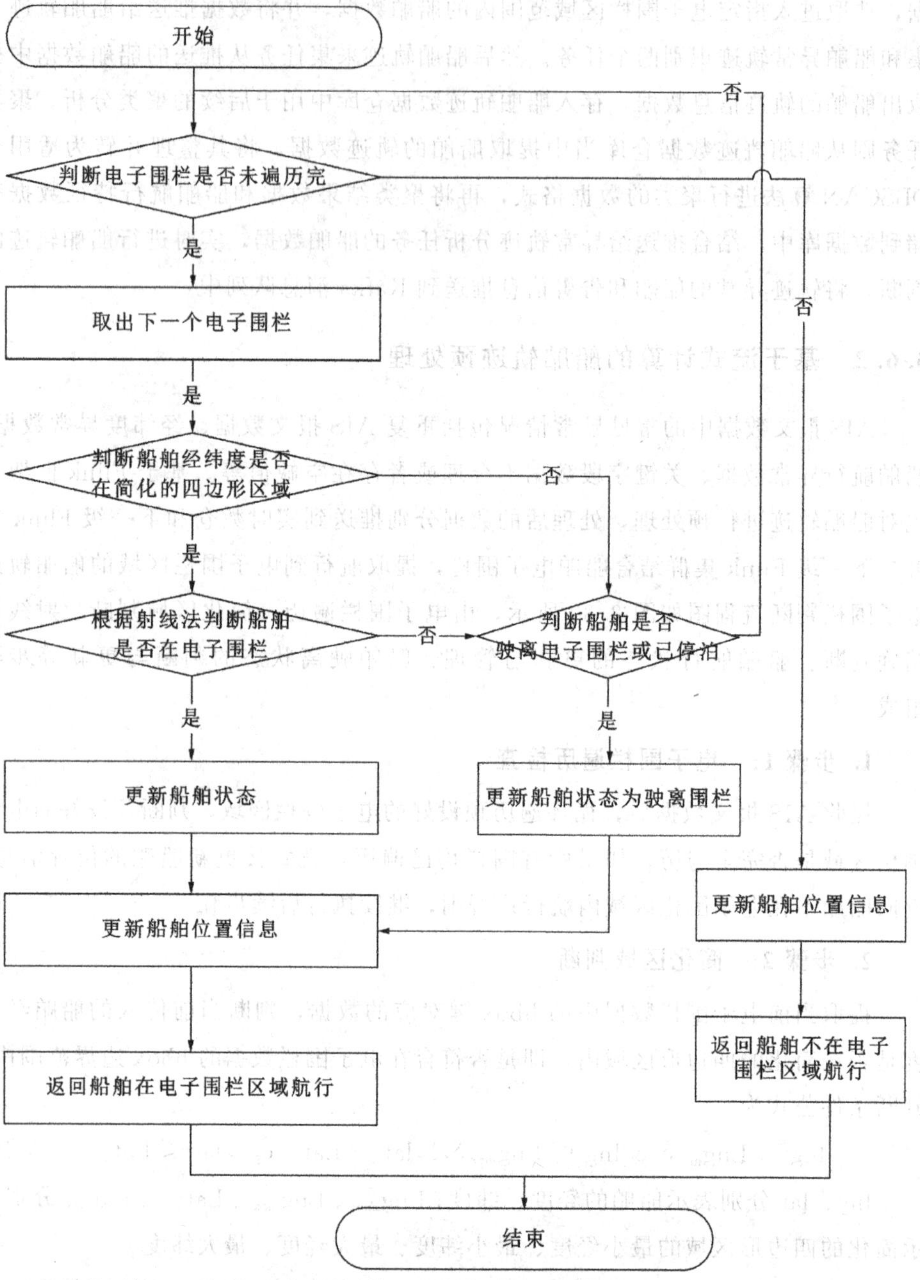

图 3.30　电子围栏判断流程图

3. 步骤 3：　射线法精确判断

如果船舶在简化的四边形区域内，就使用射线法进一步判断船舶是不是驶入了多边形电子围栏区域内。这种方法基于几何学原理，通过发射一条射线（通常是垂直线）从待判断的点出发，然后计算这条射线与多边形边界的交点数量。根据交点的数量，可以判断待测点是在多边形内部、边界上还是外部。首先获取当前船舶的经纬度作为待测点 P（lng，lat），根据电子围栏数据中的多边形顶点坐标绘制多边形。然后从点 P 发射一条射线，如果这条射线与电子围栏的边相交次数为奇数，则说明当前船舶在电子围栏范围内；如果相交次数为偶数，则说明当前船舶在电子围栏的外部。核心代码如下所示。

```
case class Point (lng: Double, lat: Double)
case class Line (p1: Point, p2: Point)
def isPointInPolygon (point: Point, lines: Seq [Line] ): Boolean = {
  varintersectionCount = 0
  //遍历每条边
  for (line <- lines) {
    //检查射线与当前边是否相交
    if (line. p1. lat >point. lat ! = line. p2. lat > point. lat &&
point. lng < (line. p2. lng - line. p1. lng) * (point. lat - line. p1. lat) / (line. p2. lat -
line. p1. lat) + line. p1. lng) {
intersectionCount += 1
    }
  }
  //根据交点数判断船舶是否在电子围栏内
intersectionCount % 2 == 1
}
```

算法通过自定义函数 isPointInPolygon 实现了用射线法判断船舶是否进入电子围栏区域，传入当前船舶的经纬度坐标 point 和当前的电子围栏 lines 两个参数。初始化一个变量 intersectionCount 为 0，用来记录射线与电子围栏边的交点数，循环遍历电子围栏的每个边，检查船舶坐标点是否和这条边相交，如射线与线段相交，则 intersectionCount 加 1。遍历完所有线段后，根据 intersectionCount 的奇偶性判断点是否在多边形内：intersectionCount 值是奇数，说明射线穿过电子围栏边界的次数为奇数次，船舶在当前电子围栏区域内部，函数返回 true；intersectionCount 值是偶数，说明射线穿过电子围栏边界次数为偶数次或没穿过，船舶在电子围栏的外部，函数返回 false。

4. 步骤 4： 船舶航行状态的更新与管理

判断当前船舶的航行状态，如果该船舶首次进入电子围栏区域，则更新其状态为“驶入围栏”，记录相应的电子围栏编号，并在 Redis 中存储航行状态及船舶的相关信息。键为 MMSI 码，值为包含船舶基本信息、围栏编号、航行状态等的 JSON 对象。如果该船舶并非首次进入电子围栏区域范围，则标记为“在电子围栏区域航行”，并同时更新船舶的当前位置信息。

算法通过 Flink 框架支持状态管理的特性，定义了一个状态变量 shipStatus 用于存储船舶的航行状态。如果状态变量为空，则表明当前船舶是第一次进入电子围栏区域，航行状态更新为 1，即“驶入电子围栏区域”，并将船舶数据转为 JSON 格式输出；如果状态变量不为空，则更新船舶状态为 2，即“在电子围栏区域行驶”。

5. 步骤 5： 船舶驶离状态的判断与更新

如果船舶不在当前的电子围栏区域内，则检查船舶是否已经离开了电子围栏区域或者该船舶的停航时间是否超出了预设的时间阈值。不符合条件的则重新进行电子围栏的遍历，确认为驶离的船舶，更新其状态为“驶离电子围栏”，并更新船舶位置信息等。核心代码如下所示。

```
lazyval shipData: ValueState [AIS_data] = getRuntimeContext. getState (
  newValueStateDescriptor [AIS_data] (" shipData", classOf [AIS_data] )
)
val nowTimeStr: String = value. receive
val lastTimeStr: String = shipData. value () . receive
val diffMin: Long = ChronoUnit. MINUTES
    . between (Instant. parse (lastTimeStr), Instant. parse (nowTimeStr) )
if (diffMin > 2 && shipStatus. value () ==2) {
```

```
ctx. output (new OutputTag [AIS _ data] (" stop" ), classOf [AIS _ data] )
} else {
  shipStatus. update (3) // 数据转为 JSON 格式输出
    }
```

通过定义状态变量 shipData 存储船舶的上一条数据，计算当前传入的 AIS 报文数据时间和上一条报文数据的时间差值，判断是否超过了所设置的时间阈值，如果超过了而且该船舶的上一次航行状态是“在电子围栏内航行”，则认为该船舶处于长时间停航的状态，将船舶数据通过侧输出流输出。如果没有超过指定的时间阈值，就更新船舶航行状态为 3，即“驶离电子围栏”，并将船舶数据转为 JSON 格式输出。

3.6.3　基于改进 DBSCAN 的船舶轨迹聚类

3.6.3.1　基于船舶轨迹提取船舶特征点

通过 Flink 和 Hive 的连接集成，根据电子围栏的编号从数据仓库中检索出相应的船舶轨迹数据集，将船舶轨迹数据转换为具有 10 个轨迹点的样本，用于后续的船舶轨迹聚类。如果船舶轨迹点数量不满足 10 个点，则使用球面线性插值（SLERP）进行船舶轨迹的插值补全轨迹点数，该方法是一种在球面上进行插值的方法，适用于船舶轨迹的地理坐标数据插值，这种方法可以保持地理数据的连续性和一致性；如果船舶轨迹点的数量超过 10 个，则通过等间隔采样来减少轨迹点的数量，以确保采样的轨迹点在整个轨迹中均匀分布，从而保留轨迹的主要特征，算法代码如下所示。

```
override defprocessElement (value: ShipInfo,
    ctx: KeyedProcessFunction [Int, ShipInfo, ShipInfo] #Context,
    out: Collector [ShipInfo] ): Unit = {
    val shipPoints: List [ (Double, Double) ] = value. trajectory. length match {
    case n if n < 10 =>
    val points: List [GeoPoint] = value. trajectory. map { case (lng, lat) => GeoPoint (lng, lat) }
    interpolatePoints (points)
```

```
case n if n > 10 =>
value. trajectory. zipWithIndex. groupBy ( _. _2 % (value. trajectory. length / 10) )
. view. map (x => {
val lng: Double = x. _2. head. _1. _1
val lat: Double = x. _2. head. _1. _2
(lng, lat)
} ) . force. toList
case n if n == 10 =>
value. trajectory
}
out. collect (ShipInfo (value. mmsi, value. shipStatus, value. id, shipPoints)
}
```

算法通过匹配船舶轨迹中的轨迹点坐标数量进行匹配，如果经纬度数据集长度超过 10 个，就调用自定义的 SLERP 函数进行船舶轨迹插值取点；如果经纬度数据集长度不超过 10 个，则使用 zipWithIndex 将轨迹点与其索引配对，然后通过取模操作作分组，每组包含大约 value. trajectory. length / 10 个轨迹点，实现均匀选取轨迹集中的 10 个点。

3.6.3.2 基于船舶轨迹提取船舶特征点

船舶轨迹数据中的经纬度坐标是基于地球表面的，而地球是一个近似的椭球体，传统 DBSCAN 算法直接使用欧式距离计算轨迹长度会忽略地球的曲率[12]，导致较大的距离计算误差，尤其是计算较长的船舶轨迹时，并且经度之间的实际地面距离并非处处相等。因此，改进的 DBSCAN 算法使用半正矢公式 (haversine equation) 用于计算两个坐标点之间的距离，半正矢公式为

$$a = \sin2(\frac{\Delta\varphi}{2}) + \cos\varphi_1 \times \cos\varphi_2) \times \sin2(\frac{\Delta\lambda}{2}) \tag{3-26}$$

$$c = 2 \times \arctan2(\sqrt{a}\ ,\ \sqrt{1-a}\ ) \tag{3-27}$$

$$\text{Distance} = R \times c \tag{3-28}$$

其中 φ_1 和 φ_2 是两个坐标点的纬度，$\Delta\varphi$ 是两个坐标点的距离差，$\Delta\lambda$ 是两个坐

标点的经度之差，R 是地球平均半径。

使用半正矢公式计算各船舶轨迹选取的聚类点之间的距离总和，使用轨迹之间的距离总和作为改进 DBSCAN 算法的距离度量。通过查询核心轨迹和未标记的轨迹，从而减少轨迹查询次数，提高 DBSCAN 算法执行效率，动态设置参数：船舶轨迹距离矩阵 Data、邻域半径 Eps、最小邻域轨迹数目 MinPts。改进后的 DBSCAN 算法思路如下。

初始数据时，将所有的轨迹都标记为未处理，然后随机选取一个轨迹对象 line，检查以 line 为中心的邻域范围内是否存在不少于 MinPts 数量的轨迹。如果满足该条件，line 被定义为核心轨迹，并分配一个新聚类簇标签；如果轨迹数量少于 MinPts，则暂时将该轨迹标记为噪声轨迹。对于核心轨迹 line 邻域半径范围内的其他轨迹，如果是标记为未处理的，将其标记为处理，对于被暂时标记为噪声轨迹的，重新分配当前轨迹的聚类簇标签。如果其他轨迹的邻域半径范围内轨迹数量不少于 MinPts，那么该轨迹也是核心轨迹，则重复上述流程进一步扩大聚类簇的范围，直到当前聚类簇中的直接密度可达轨迹都被标记为已处理。重复以上步骤，直到所有轨迹都被检查并标记为已处理，当所有轨迹都被访问并分类后，算法终止，最终返回每个轨迹所属聚类簇的标签集合。改进的 DBSCAN 算法流程如图 3.31 所示。

本书选取了两处电子围栏区域内的船舶轨迹数据，使用改进的 DBSCAN 算法进行聚类测试。实验中中设置的这块区域，绘图时相应区域如果没有数据会缩小范围。为了直观展示算法处理后的聚类效果，利用 Matplotlib 绘图库将船舶航行轨迹的聚类情况可视化展现出来。每个聚类簇被设置为不同的颜色：一类是正常的船舶轨迹，另一类则显示了异常的船舶航行轨迹，包含转弯或非典型路径模式的轨迹。船舶轨迹 DBSCAN 聚类可视化如图 3.32 所示，改进后的 DBSCAN 算法成功地将异常船舶轨迹与常规的直线航行轨迹区分开，第一处区域轨迹被分为 3 类，两种蓝色轨迹是正常的船舶航行轨迹，米黄色轨迹是异常船舶轨迹。第二处区域轨迹同样被分为 3 类，红、绿两色轨迹是正常的船舶航行轨迹，棕色轨迹是异常船舶轨迹。

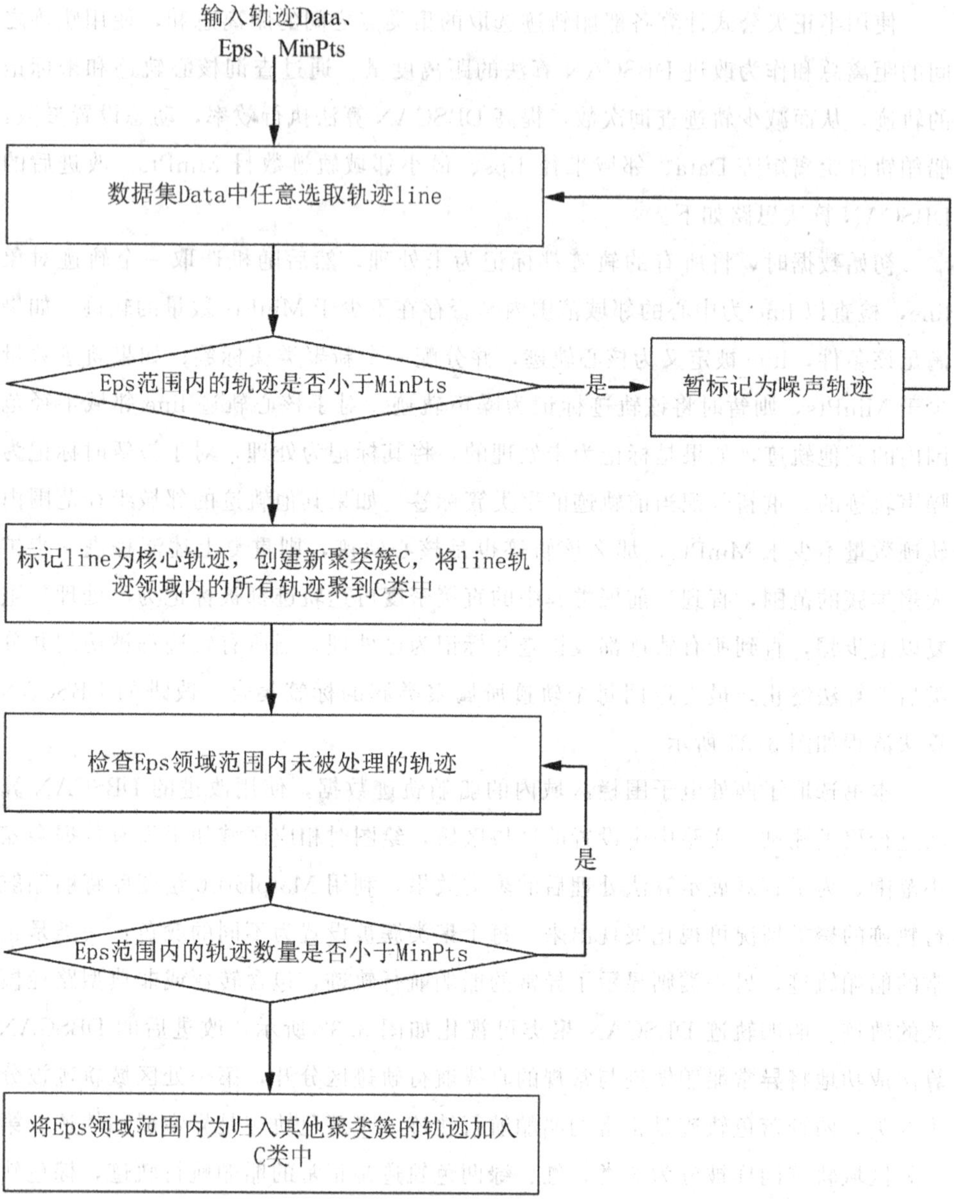

图 3.31　改进的 DBSCAN 算法流程

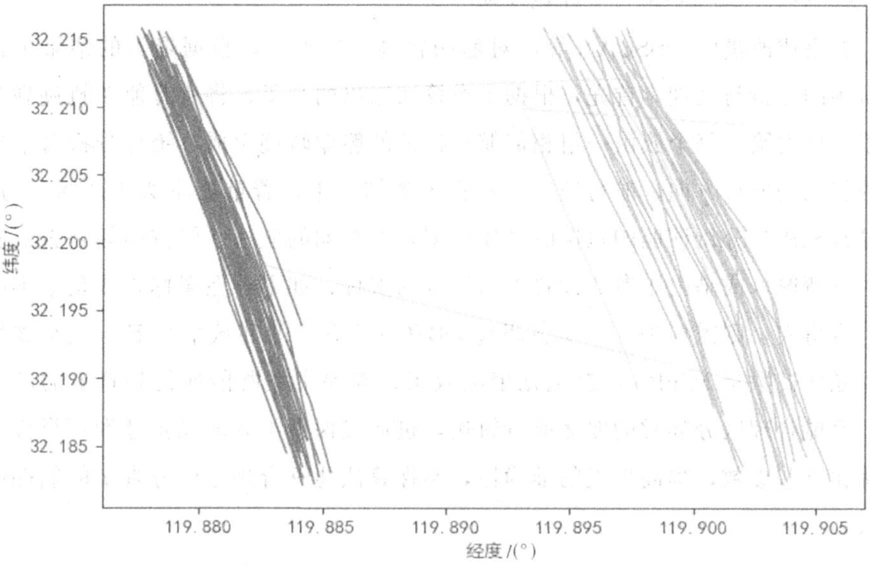

(a) 第一处区域

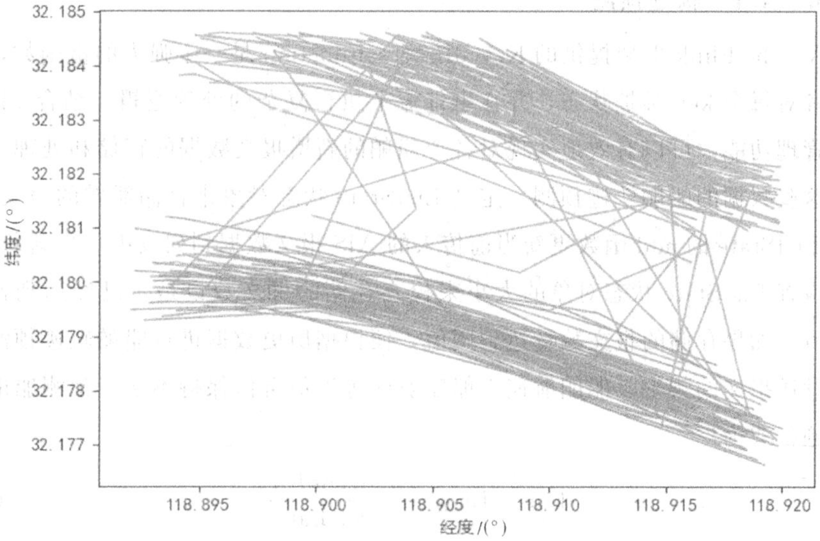

(b) 第二处区域

图 3.32　船舶轨迹 DBSCAN 聚类可视化（彩图见附录）

3.6.3.3 聚类结果分析和存储

在完成改进的 DBSCAN 算法对船舶轨迹的聚类后，根据聚类的结果进行船舶轨迹的分析与处理。首先，根据聚类算法输出的结果，将所有船舶轨迹划分为若干个聚类簇。每个簇由一组相似航行特征的船舶轨迹组成，统计分析每个聚类簇的船舶的航行方向、航行速度等；在聚类结果中，着重关注那些被标记为−1的异常轨迹，分析该船舶轨迹的具体数据，如船舶的航速、船首向等是否真实存在异常情况，或是由于参数设置不当导致的误标；如果存在误标，或是聚类结果不符合事实，则需要进一步动态调整 DBSCAN 算法的邻域半径 Eps 或是邻域最小船舶轨迹数量 MinPts，以优化聚类效果，确保聚类既能捕捉到真实的航行模式，又能合理区分异常的船舶航行轨迹，进而确保聚类簇的稳定性和可靠性。通过优化这些参数，提高聚类的准确性，确保算法能够合理地区分真实的船舶航行模式。

3.6.4 异常船舶轨迹识别

3.6.4.1 轨迹预测

Apache Flink 框架提供的 KeyedProcessFunction 是一个强大的富函数，允许开发者对每个 key 维护状态，并在事件流上执行复杂的处理逻辑。结合 Flink 的状态管理功能，可以有效地实现对各个船舶的新增报文数据的存储和处理，以及基于这些数据的船舶轨迹预测。定义 ListState 状态对象来存储船舶的报文数据，使用 ListState 的 add 函数更新当前传入的 AIS 报文数据到列表中。更新状态后，通过检查 ListState 状态对象的大小来检查存储的报文数量是否已经达到预定义的阈值。如果存储的报文数量达到阈值，便根据历史数据进行船舶轨迹预测，将船舶发送报文的频率、船舶航速、船舶航向等近似看作保持不变。预测船舶的运动轨迹公式为

$$\mathrm{Lng} = \mathrm{Lng}_0 + \frac{v + \cos\theta \times t}{\cos \mathrm{Lat}_0} \tag{3-29}$$

$$\mathrm{Lat} = \mathrm{Lat}_0 + \frac{v + \sin\theta \times t}{R} \tag{3-30}$$

其中 Lng、Lat 是预测出的轨迹，Lng_0、Lat_0 是当前的经度、纬度，v 和 t

是船舶的速度和报文时间间隔，θ 是船舶的航向（弧度为单位），R 是地球平均半径。

以船舶 413768146 为例，该船舶的原始轨迹如图 3.33 所示。根据该船舶已有的船舶速度、经纬度和航行情况预测轨迹，预测的轨迹结果如图 3.34 所示，可以看出根据预测结果绘制的船舶轨迹是较为完整和平滑的。

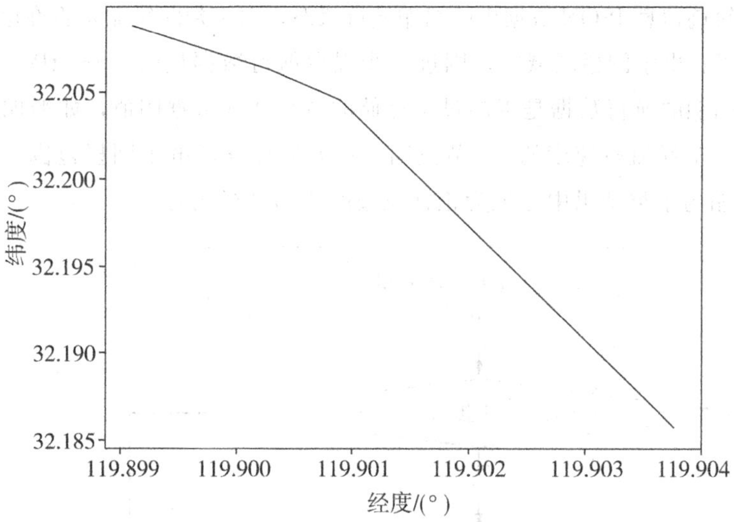

图 3.33　船舶 413768146 原始轨迹

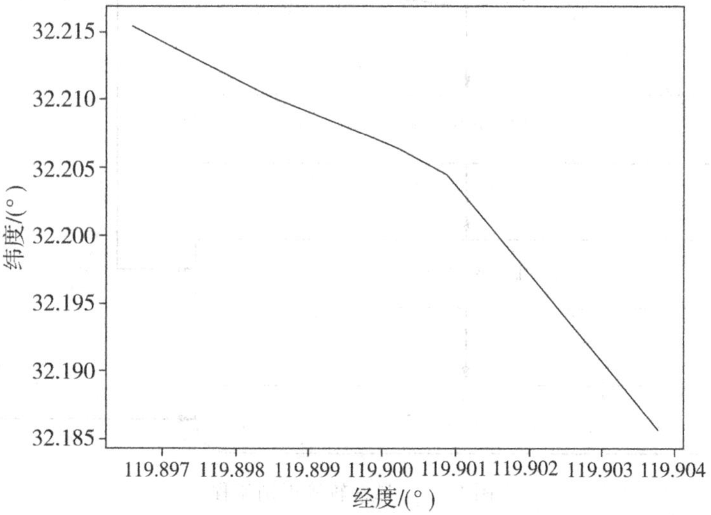

图 3.34　船舶 413768146 预测轨迹

3.6.4.2 异常轨迹识别

从 Kafka 主题中提取 JSON 格式封装的船舶轨迹信息数据，用于分析船舶航行路径及其行为模式，以识别是否存在偏离常规的异常航行行为。异常轨迹识别流程如图 3.35 所示。

为了深入分析船舶的实时航行状况并及时发现潜在的异常行为，首先提取拉取到的船舶轨迹信息 JSON 数据中的船舶航行状态，用于判断船舶是否在电子围栏区域内；如果在电子围栏区域内，则进一步提取航行数据里的 currentPosition 字段，判断当前船舶的航行数据是否超过了存储的航行特征数据阈值，如船舶航行速度是否在正常船舶航行速度的±2 节范围内；如果离开了电子围栏范围，就直接将当前的船舶与聚类结果中标记为正常轨迹的船舶进行比对。

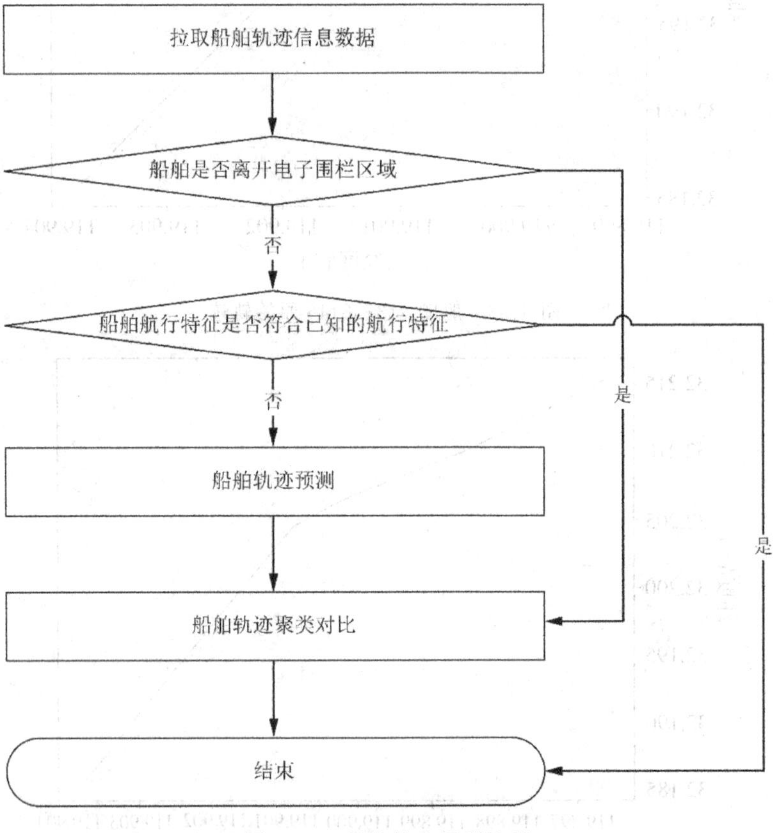

图 3.35 异常轨迹识别流程

如果船舶的航行行为不符合已知的航行特征，就按照轨迹预测流程进行船舶的轨迹预测，然后将预测出的船舶轨迹与聚类结果中标记为正常轨迹的船舶进行比对。假设预测后的轨迹为 $line_0$，历史船舶轨迹被聚类分为 $label_1$、$label_2$ 这两个聚类簇，每个聚类簇代表了特定的船舶航行模式或航行区域。算法采用以下步骤识别预测的船舶轨迹是否属于异常轨迹。

步骤 1：从每个标记为正常轨迹的聚类簇中随机挑选一条典型的船舶轨迹作为参照，$label_1$ 聚类簇中选取轨迹 $line_2$，$label_2$ 聚类簇中选取轨迹 $line_2$。

步骤 2：使用半正矢公式计算预测轨迹 $line_0$ 和历史轨迹 $line_1$、$line_2$ 的距离 $distance_1$、$distance_2$。

步骤 3：Eps 是设置 DBSCAN 算法聚类的邻域半径，代表了聚类的密度阈值，即船舶轨迹的。比较 $distance_1$、$distance_2$ 和 Eps 的大小关系，如果均大于 Eps，则说明预测轨迹 $line_0$ 不符合已知的船舶航行行为，属于异常船舶轨迹，触发预警。

步骤 4：如果 $distance_1$、$distance_2$ 均小于 Eps，则说明预测轨迹至少与已知的一个船舶航行行为符合。比较两个距离的数值大小，根据邻近算法（KNN）将预测轨迹归为距离更近的聚类簇中。

步骤 5：如果只有一个距离小于 Eps，预测轨迹被归为该距离更近的船舶轨迹聚类簇中。

3.6.4.3 数据可视化

数据可视化通过前后分离技术实现，后端接口数据如图 3.36 所示。后端部分结合 SpringBoot 技术，读取存储在 Hive、MySQL 中的船舶轨迹表、船舶聚类结果表、基本船舶信息表等数据，并将查询结果以 JSON 的格式返回给前端。


```
[{"lngLat":[[118.8948,32.1808],[118.895546,32.18078],[118.89929,32.180664],
[118.91564,32.17912],[118.916214,32.178997],[118.91928,32.17837],
[118.92,32.17822]],"mmsi":413423190},{"lngLat":[[118.89371,32.180862],
[118.89768,32.180767],[118.90292,32.180508],[118.91552,32.178585],
[118.916824,32.178383],[118.91748,32.17828],[118.91944,32.177998]],"mmsi":413557280},
{"lngLat":[[118.89387,32.1807],[118.89924,32.180527],[118.90504,32.17988],
[118.90557,32.179802]],"mmsi":413979218},{"lngLat":[[118.91887,32.18209],
[118.91384,32.18274],[118.90963,32.183693]],"mmsi":413996808},{"lngLat":
[[118.91978,32.18132],[118.914536,32.181976],[118.90539,32.183514]],"mmsi":413998653},
{"lngLat":[[118.92001,32.181046],[118.91593,32.18175],[118.91233,32.182228],
[118.90892,32.18318],[118.9056,32.183674],[118.90528,32.183716],
[118.89813,32.18446]],"mmsi":413999099}]
```


图 3.36 后端接口数据

可视化前端基于 Vue 框架，通过集成 Mapbox 地图服务以实现对改进的 DBSCAN聚类算法处理后的船舶轨迹数据进行直观展示。在 Vue 组件中初始化 Mapbox 地图，包括设置地图样式、中心点和缩放级别。前端在地图上为每类船舶轨迹添加单独的图层，设置包括线条颜色、宽度，以及船舶前进方向的箭头等图层的样式，根据不同类别的轨迹设置不同颜色，便于区分轨迹。另外，利用 Element 前端组件库，设计了一套响应式的异常轨迹信息弹窗。当用户点击显示信息的按钮时，便会出现异常船舶轨迹的相关航行信息，如船舶的 MMSI 号、当前的经纬度信息等相关数据。当用户再次点击该按钮时，信息弹窗便会被关闭。

当船舶初期驶入电子围栏区域时，所有船舶的航行行为均表现正常，没有出现船舶航行偏离正常航向等异常行为。根据目前的船舶轨迹信息数据，应用改进后的 DBSCAN 算法进行聚类分析，船舶的航迹数据被正确地归为代表正常航行轨迹的聚类簇中。此时，正常轨迹都被设置为绿色显示在前端可视化页面。

如果船舶在电子围栏区域内航行一段时间后，某艘船舶出现了偏离正常航行的行为，根据改进后的 DBSCAN 算法，该船舶轨迹也被归为异常轨迹类，在前端页面被标记为红色轨迹，而其他正常航行轨迹依然被标记为绿色，蓝色轨迹是根据已知船舶航行数据预测出的船舶轨迹。根据箭头方向可以看出，异常船舶轨迹的船舶航行方向在转弯时明显偏离正常的航行轨迹，海事管理部门可以着重关注相关船舶的航行情况，提高管理效率。

点击页面右上角的查看异常轨迹信息按钮后，在页面的左上角区域会显示一个异常船舶轨迹的相关信息弹窗（图 3.37），包括船舶 MMSI、船舶类型等基本信息和当前经纬度等船舶的航行信息。

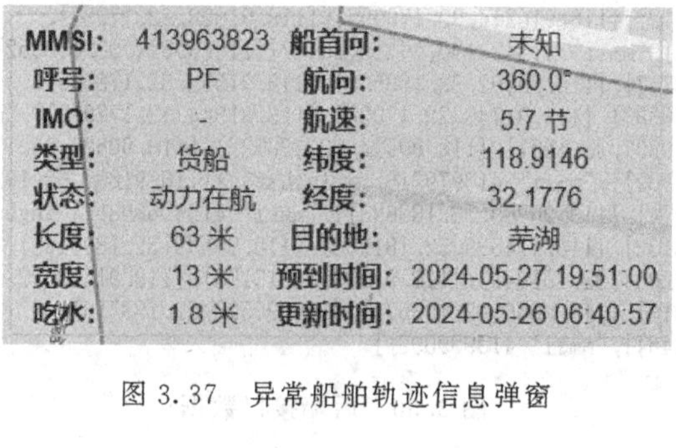

图 3.37 异常船舶轨迹信息弹窗

3.7 本章小结

为了提高 AIS 数据质量，实时分析 AIS 数据，本章提出了一种基于流式计算的实时 AIS 性能指标分析算法，设计并实现了 AIS 从数据采集、数据汇聚、数据清洗、数据分析到数据可视化全流程的实时 AIS 分析系统。基于长江某区域 AIS 数据对系统进行了验证。通过对 AIS 数据实时去重，有效改善了 AIS 数据质量。通过对轨迹和航行状态数据的修复，有效改善了船舶轨迹信息。通过对多轨迹的识别发现 MMSI 码复用问题，为海事监管提供支撑。通过对船舶丢包率、区域丢包率的实时分析，可以有效分析出船舶丢包原因，为海事管理和基站布局等提供借鉴。本章基于流式计算实时清洗和分析 AIS 数据，有效改善了 AIS 数据质量，为海事智慧管理提供了数据基石，但仍存在以下几个方面需要改进：本书主要对动态数据进行分析，没有对 AIS 静态数据进行分析，静态数据对于船舶交通组织具有重要意义。由于静态数据是由船员录入的，因此如何评估其可靠性成为需要解决的难点。通过 AIS 数据可以识别船舶异常行为，传统方式大部分基于离线检测。下一步需要研究如何利用流式计算，融合时空聚类算法，构建船舶间距、进出港、轨迹等异常实时识别模型，满足海事监管实时在线预警的需要。CCTV、VTS 雷达数据也是感知船舶位置的重要手段。下一步需要研究如何在流式计算框架下，在传感器不确定性概率模型的基础上，将多源数据在一定的规则下融合，实现多源异构数据的优势互补，以及更精准的船舶跟踪和行为分析。

AIS 数据对实现智能航运具有重要意义。针对通过岸基采集到的海量 AIS 数据，本章提出一种基于 HBase 和 Redis 的海量 AIS 数据存储和查询方案。通过 Kafka 消息队列完成 AIS 数据的转发，实现高效和高稳定的消息传递。通过 Redis 提供实时数据查询，能够实现毫秒级的查询。通过 HBase 实现历史信息实时查询，能够实现秒级查询，为数据分析提供支撑。在研究过程中，本章主要优化 HBase 的数据存储方案，下一步将围绕 HBase 和 Hadoop HDFS 平台优化做研究：①研究如何利用布隆过滤器减少不必要的磁盘输入输出来提高查询效率；②研究如何根据 AIS 数据访问模式，调整 Hadoop 分布式文件系统大小，以适应不同数据分区的存储需求；③研究如何优化 HBase 区域服务器与 HDFS 数据块的映射关系，提高数据访问的本地性；④研究如何优化 HBase 集群的负载均衡，避免节点过载。

WebGIS 在航运行业的应用越来越广泛，通过 WebGIS 技术实时显示船舶动态信息有助于海事监管、船舶管理和贸易分析。本章基于天地图和 GeoServer 搭建了电子航道瓦片矢量图作为地图底图。AIS 船舶实时信息存储在 Redis 中，轨迹信息存储在 HBase 中，能够实现快速数据查询。通过 Spring Boot 架构将数据转换为 GeoJson 格式返回给前端，前端通过 Openlayers 实现多图层的加载，完成船舶动态地图的显示。整个地图模块可以作为基础服务，与海事监管业务相结合，实现诸如风险船舶告警、船舶流量统计、船舶事故救助的应用功能，更好地服务海事监管。

本章对 AIS 船舶信号的频率分析进行了研究，并探讨了其在航运领域的研究背景和意义。通过对 AIS 船舶特征的分析，揭示了 AIS 数据信号的频率。尽管本书在 AIS 船舶信号的频率分析方面取得了一定的研究成果，但仍存在一些需要解决和扩展的问题：①对不同类型的船舶信号频率特征进行深入研究。不同类型的船舶可能会导致信号频率特征的差异，进一步研究不同类型的船舶信号的频率特征，可以提高对船舶进行准确分类和识别的能力。②将 AIS 船舶信号频率分析与异常检测技术相结合，对船舶信号异常进行研究。通过监测和分析异常信号，可以及时发现潜在的故障或安全风险，为航运安全提供更全面的保障。③将 AIS 船舶信号频率分析应用于更广泛的领域，如航线优化、船舶碰撞风险评估和环境保护等。通过与其他数据源的整合和分析，可以进一步提高航运管理的智能化水平。

船舶的安全航行需要监控与检测技术的支持，而及时的预警则是安全驾驶的保证。船舶跟踪技术是海上智能管理的重要手段之一，它能够有效地加强航运管理，减少交通事故。CCTV、AIS、VTS 等感知数据都可以用于船舶跟踪处理。如何整合多源异构数据已经成为船舶跟踪技术的重要研究方向。所提算法中运用了边云协同和多源异构数据融合技术，通过粒子滤波将 CCTV 和 AIS 数据进行融合，并基于流计算进行分布式计算，不仅保证了实时性，而且提高了船舶跟踪的精确度。

本章针对海量 AIS 数据，研究并提出一种基于 Flink 流式计算框架的异常轨迹实时判别的方案。通过 Flume 结合 Kafka 实现 AIS 数据的实时采集和传输，通过 Redis 实现船舶状态信息数据的快速读写。通过设置指定水域的虚拟边界，实时监控并存储船舶航行轨迹数据。改进的 DBSCAN 聚类算法结合半正矢公式，提高了船舶轨迹聚类的准确性。通过结合历史数据的聚类结果，以及新增船舶数据的轨迹预测，实现了异常航行行为的识别。通过 SpringBoot 读取 Redis 和 MySQL 中存储的船舶航行数据，转为 JSON 数据格式提供给前端，前端使用 Vue 框架结合 MapBox 等技术，实现了船舶轨迹的地图可视化展示。本章所提出的算法对船舶航线特征的提取是关注于某一类船舶轨迹的整体航行特征，而不是船舶轨迹各部分的航行特征。在实际航行过程中，各水域的水文情况各不相同，单一的航行特征不适用于判断船舶的航行是否存在异常。在后续的研究中，可以考虑将电子围栏区域范围进行网格化划分，提取各个网格范围内的船舶航行特征，以实现对复杂水域环境下船舶活动模式更精准、细化的理解与异常检测。

本章参考文献

[1] BAILEY N J. Training, technology and AIS: looking beyond the box [C]. In proceedings of the Seafarers International Research Centre's Fourth International Symposium (2005): 108－128.

[2] BANYS P, NOACK T, AND STEFAN GEWIES S. Assessment of AIS vessel position report under the aspect of data reliability [J]. Annual of Navigation, 19 (1): 5－16, 2012.

[3] 刘磊，蒋仲廉，钟诚，等．内河 AIS 服务性能指标研究与平台设计 [J]．水运工程，2019 (5): 152-158.

[4] 刘兴龙．内河 AIS 数据可用性保障方法研究 [D]．武汉：武汉理工大学，2017.

[5] ZHAO L B. SHI G Y, YANG J X. Ship trajectories pre-processing based on AIS data [J]. The Journal of Navigation 71. 5 (2018): 1210-1230.

[6] SANG L Z, WALL A, MAO Z, et al. A novel method for restoring the trajectory of the inland waterway ship by using AIS data [J]. Ocean Engineering, 2015, 110: 183-194.

[7] JASKÓLSKI K. Automatic Identification System (AIS) dynamic data estimation based on discrete Kalman Filter (KF) algorithm [J]. Zeszyty

Naukowe Akademii Marynarki Wojennej，2017，211 (4)：71-87.
[8] 马枫，严新平，初秀民，等．船舶自动识别系统信号失效与场强的相关性[J]．大连海事大学学报，2011，37 (3)：111-114.
[9] 刘畅．船舶自动识别系统（AIS）关键技术研究 [D]．大连：大连海事大学，2013.
[10] LIU C. Study of shore-based AIS network link capacity [J]. ICIC Express Letters (2010)：1747-1752.
[11] 张霄．AIS 发射机性能检测系统研究 [D]．大连：大连海事大学，2017.
[12] 谢文康．Kafka 流式计算性能优化算法研究 [D]．南京：南京邮电大学，2020.
[13] 刘磊，蒋仲廉，初秀民，等．基于历史数据的 AIS 基站覆盖特性研究 [C] //第十二届中国智能交通年会学术委员会．第十二届中国智能交通年会大会论文集．北京：电子工业出版社，2017：42-52.
[14] PETROV P, DIMITROV G, BYCHKOV O. Real time Big Data analysis by using Apache Kudu and NoSQL Redis in web applications [J]. Izvestia Journal of the Union of Scientists-Varna Economic Sciences Series, 2020, 9 (1): 26-34.
[15] 叶彤，黄毅，焦晨晨，等．墨卡托投影最佳基准纬线确定方法 [J]．海洋测绘，2021，41 (1)：41-46.
[16] 王桃苹．基于 AIS 数据的船舶轨迹时空数据挖掘与可视化——以珠江口水域为例 [D]．昆明：云南师范大学，2020.
[17] 于延辰．高性能 AIS 数据存取系统研究与实现 [D]．大连：大连海事大学，2014.
[18] 李常青，谷建华．一种用于跨数据库联接操作的分页预取模型 [J]．西北工业大学学报，2020，38 (6)：1225-1234.
[19] 吴华意，成洪权，郑杰，等．RS-ODMS：一种分布式遥感数据在线管理与服务框架 [J]．武汉大学学报（信息科学版），2020，45 (12)：1836-1846.
[20] 周艺华，李广辉，杨宇光，等．基于 GeoHash 的近邻查询位置隐私保护方法 [J]．计算机科学，2019，46 (8)：212-216.

[21] 储恒，王英杰，封博卿，等．基于 GIS 服务聚合和扩展技术的高速铁路地理信息系统应用研究 [J]．铁道运输与经济，2017 (5)：49-53.

[22] 吴建华，袁小芳，刘凌佳．基于 WebGIS 的船舶尾气遥测数据分析系统设计 [J]．现代电子技术，2020，43 (12)：111-114，118.

[23] 李显风，张玮，李芬，等．基于 WebGIS 的实况网格产品应用分析平台及关键技术 [J]．气象科技，2020，48 (2)：185-194.

[24] 凡甲甲，祁云嵩，葛霓琳．基于改进 BP 神经网络的船舶轨迹识别方法[J]．计算机工程与设计，2019，40 (12)：3639-3644.

[25] 兰玉芳，石小华，李宏韬，等．基于开源 GIS 的森林资源监测智慧云平台构建 [J]．林业资源管理，2020 (5)：133-137.

[26] 宋磊，霍亮，方敏，等．矢量瓦片支持下的在线交互可视化工具设计与实现 [J]．测绘通报，2018 (4)：125-130.

[27] 张刚．AIS 监控系统在长江引航安全中的作用 [J]．中国水运，2023 (1)：19-21.

[28] 韩鹏．基于 AIS 数据的船舶轨迹预测方法研究 [D]．大连：大连海事大学，2022.

[29] 刘磊，蒋仲廉，钟诚，等．内河 AIS 服务性能指标研究与平台设计 [J]．水运工程，2019 (5)：152-158.

[30] 陈晓琳，韦智珑．广西钦州：排查一起船舶 AIS 信号干扰 [J]．中国无线电，2021 (12)：63.

[31] 田五六，孟贝贝，廖作文，等．智能航运时代下应用型航海技术专业人才培养体系构建 [J]．交通企业管理，2023，38 (2)：93-96.

[32] GAO S，SHI S Q. Development suggestion of China inland water transportation in the new era situation [C] //Fifth International Conference on Traffic Engineering and Transportation System (ICTETS 2021)．SPIE，2021，12058：145-151.

[33] ZHOU F，PAN S D，JIANG J J. Verification of AIS data by using video images taken by a UAV [J]．The Journal of Navigation，2019，72 (6)：1345-1358.

[34] KIM B S，WOO Y T，Yu Y H，et al. Fundamental research for video-inte-

grated collision prediction and fall detection system to support navigation safety of vessels [J]. Journal of Ocean Engineering and Technology, 2021, 35 (1): 91-97.
[35] CHEN J X, WANG J, LU H. Information fusion structure of VTS sensors for multi-target tracking of vessels [C] //ITM Web of Conferences. EDP Sciences, 2022, 45: 01008.
[36] LV T, FENG M Y. An improved FastSLAM 2.0 algorithm based on FC&ASD-PSO [J]. Robotica, 2017, 35 (9): 1795-1815.
[37] Redmon J, Divvala S, Girshick R, et al. You only look once: Unified, real-time object detection [C] //Proceedings of the IEEE conference on computer vision and pattern recognition. 2016: 779-788.
[38] 康凯航. 基于机器学习的船舶轨迹聚类分析及异常检测 [D]. 大连: 大连海事大学, 2023.
[39] 张铂函. 基于深度学习的船舶轨迹异常检测 [D]. 大连: 大连海事大学, 2021.
[40] 陈立家, 周乃祺, 李世刚, 等. 基于 C-Informer 模型的船舶轨迹预测方法 [J]. 交通信息与安全, 2023, 41 (6): 51-60, 141.
[41] 李永, 成梦雅. LSTM 船舶航迹预测模型 [J]. 计算机技术与发展, 2021, 31 (9): 149-154.
[42] 牛雯钰, 梁茂晗, 刘文, 等. 多特征点驱动的船舶轨迹聚类方法 [J]. 交通信息与安全, 2023, 41 (1): 62-74.
[43] LEE H T, LEE J S, YANG H, et al. An AIS data-driven approach to analyze the pattern of ship trajectories in ports using the DBSCAN algorithm [J]. Applied sciences, 2021, 11 (2): 799.
[44] XIAO Y, LI X, YIN J X, et al. Adaptive multi-source data fusion vessel trajectory prediction model for intelligent maritime traffic [J]. Knowledge-Based Systems, 2023, 277: 110799.
[45] YANG C H, WU C H, SHAO J C, et al. AIS-based intelligent vessel trajectory prediction using bi-LSTM [J]. IEEE Access, 2022, 10: 24302-24315.

第4章 AIS数据分析在海事监管中的应用

AIS数据分析在海事监管中的应用广泛且重要，对于提高海事监管服务水平、保障船舶航行安全以及保护海洋环境都具有积极意义。

船舶虚拟围栏是指通过技术手段在特定水域内设立的虚拟边界，用于对船舶的航行进行限制和管理。船舶虚拟围栏作为一种创新性的监管手段，被越来越广泛地应用于船舶航行安全的保障中。随着智慧海事建设的发展，水上电子围栏在船舶进出港、桥区航行安全、卡口管理等方面都得到了应用。AIS可以实时提供船舶的位置、速度、航向等信息，这些数据可以被电子围栏系统所利用。电子围栏系统可以根据AIS数据设定一个虚拟的围栏区域，当船舶进入或离开这个区域时，系统会自动触发相应的警报或通知。AIS数据分析还可以用于船舶交通流量的统计和分析，帮助管理部门更好地了解船舶的航行规律和风险点，为电子围栏的设置和优化提供数据支持。本章结合水上电子围栏，基于流式计算技术，开发基于AIS数据的船舶跟踪平台，实现船舶在电子围栏区域的位置和航行状态的实时跟踪，可运用于船舶进出港、桥区航行、卡口等水上交通管理，能有效提高海事监管的智慧化水平。

船舶风险因素包括船舶航行、船舶配员、船舶标识、船舶排污、船舶管理等，忽略这些因素会对船舶航行安全、水上交通组织、水上生态环境构成威胁。AIS通过实时收集和处理船舶的动态和静态信息，包括位置、速度、航向等，为船舶风险的识别、评估和管理提供了强大的数据支持。为了实时处理船舶风险问题，本章设计并实现了一种基于流式计算的船舶运输风险实时数据处理系统。该系统基于流式计算技术，利用Flink平台实时处理船舶风险信息，并将处理后的风险信息存储在Redis中，以提供高效查询。历史船舶风险信息存储在Doris中，提供快速历史搜索。

船舶配员是海事部门监管的重点，船员配员不足会严重影响水上航行安全。

AIS 数据处理在船舶配员管理中的应用可以帮助管理部门实时监控船舶动态、验证船舶配员信息、分析航行规律和挖掘航行需求，以及建立预警机制和应急响应体系。这些应用有助于提高船舶配员管理的效率和准确性，确保船舶的安全航行和运营效率。为了更好地监管船舶配员情况，某海事管理部门研发了船舶配员管理系统，实现了基于 AIS 数据的船舶配员自助核查、自助任解职等功能。系统运行收集了海量的船舶配员数据和 AIS 数据。为了充分发挥数据的价值，本书基于 Canna 和 Kafka 实现船舶配员和 AIS 数据的采集，通过 Hive 构建数据仓库，通过 DolphinScheduler 实现任务的自动调度，通过 Vue + Echart 实现数据的可视化。对于船舶配员数据的分析有助于海事监管部门实时掌握船舶配员情况，分析船舶航行情况，提高水上交通管理水平。

危化品船舶运输的货物通常具有易燃、易爆、有毒、有害等特性，一旦发生事故，将对船员、周边居民以及环境造成巨大的威胁。危化品船舶安全监管对于保障人类生命和财产安全、维护海上航行秩序、保护环境和生态以及促进航运业可持续发展具有重要意义。AIS 数据处理在危化品船舶管理中的应用包括实时监控与预警、碰撞避免与危险预警、历史轨迹分析与风险评估以及应急响应与事故处理等方面。这些应用有助于提高危化品船舶的安全监管水平、降低事故风险，并保障航运安全。为了有效提高载运危化品船舶安全监管与信息化管理水平，某海事管理部门推进辖区危化品码头及航运公司开展基于人工智能的危化品船舶监控系统建设，实时采集 AIS 数据，识别船舶特定风险，实时将潜在风险传递给数据中心。为了实时分析数据，本书设计并实现了基于流式计算的危化品船舶风险数据分析系统。系统实时采集船舶 AIS、风险、基本信息等数据，基于 Flink 流式计算实时评估船舶风险状态，统计船舶风险数据，结果以图表的形式进行展示。危化品船舶风险数据的分析有助于海事管理部门实时跟踪重点船舶航行状态，及时发现潜在的安全隐患，有效提高安全监管的水平和效率。

随着科技的飞速发展和航运业的日益繁荣，船舶智能监控系统对于提高船舶的安全性和运行效率至关重要。船舶监控不仅仅是为了保障船舶和船员的安全，也是为了提升船舶运输的效率和经济效益。AIS 数据作为一种重要的信息来源，被广泛应用于船舶监控领域。为了实现船舶的实时监控和航行数据的深度挖掘，本书设计并实现了船舶智能监控平台。该平台以 AIS 数据为核心，通过持续且实时地采集 AIS 信息、船舶报港信息、船舶登记信息等，实时跟踪船舶的各项航行状态；通过对船舶位置进行实时监控，确保船舶在预定航线上安全行驶；通过分析船舶航行轨迹，优化航线规划，提升航行效率，还能在必要时为海事调查和搜救行动提供关键信息；通过跟踪船舶停泊状态，结合船舶登记信息，从而实现对船舶运营状态的了解；基于 Lambda 架构完成船舶数据的处理与分析，通过 Spark ＋ Hive 实现航行数据的离线数据，通过 Flink 实现数据的实时处理，同时满足了数据离线和实时处理的需求；基于 Redis、MySQL、HBase、Hive 等技术构建多级存储架构，实现了数据不同存储和查询要求；基于前后端分离技术实现数据可视化，通过 Spring Boot 构建后端接口，通过 Vue ＋ Echarts＋ Mapbox 等技术构建可视化界面。

4.1 AIS 数据分析在船舶电子围栏的应用

电子围栏是一种采用信息化技术的虚拟围栏系统，它能够限制或监控在特定区域内人或者物的移动与进出。这一技术在交通组织、安防监控、车辆管理以及边界防护等多个领域都得到了广泛应用[1]。随着全球贸易的繁荣发展，水上交通作为全球交通网络的重要组成部分，其安全性和效率性日益受到关注。国家战略的实施以及水路运输行业的持续增长进一步加剧了水上交通的繁忙程度，使得水上交通安全问题变得尤为突出。为了应对这一挑战，海事部门积极采用信息技术手段，如卡口监控、船舶跟踪、智能船舶以及大数据处理等，以提升水上交通的安全性和管理效率。其中，水上电子围栏技术扮演了至关重要的角色[2-4]。水上电子围栏利用信息技术手段，在特定水域设置虚拟边界，对船舶的进出和移动进行实时监控与预警。当船舶触及或越过这些边界时，系统会触发警报并采取相应措施，从而确保水域的安全和秩序[5]。这一技术在多个水上交通领域都展现出了其独特的应用价值。在港口安全管理中，电子围栏能够实时监控船舶的进出港情况，及时发现并处置未经授权的船舶，有效保障港口的安全运营。在桥区管理和敏感区域保护方面，电子围栏可以控制船舶的活动范围，防止船舶违规穿越桥区或进入敏感区域，确保这些重要水域的安全和生态系统的完整性。Sun 等人通过在港口周边设置电子围栏，监测船舶的进出港情况，并及时发出警报或触发其他安全措施，以防止未经授权的船舶进入或离开港口，保护港口的安全[6]。Read 等人基于 AIS 在保护区边界周围创建电子围栏，有效降低了保护区范围内的违规行为[7]。电子围栏可用于船舶管理，特别是船队和船只的实时监控。通过在船舶上安装电子围栏设备，可以实时追踪船舶的位置、航行状态和活动范围，这有助于提高船舶管理效率，确保船舶在规定区域内航行，并提供安全性和监控性能。融入电子围栏技术，Ballines 等人引入一种融合不同来源的船舶跟踪和管理的解决方案，为近岸船只管理的决策提供有用信息[8]。崔志伟等人用 AIS 数据聚类分析实现海上电子围栏的选址，使得海上电子围栏在需求覆盖率、流速稳定性和靠近航道距离等方面的性能都有较大的提高，具有较为广阔的应用前景，可为港口的精细化、科学化管理提供技术支撑[9]。

上述文献主要集中在电子围栏的应用层面研究，并未深入探讨其实时性和可靠性问题。为解决这一不足，本章设计并实现了基于 AIS 数据的船舶跟踪平台。平台利用 Flink 集群构建一个流式计算框架，Flink 集群构建了一个流式计算框架，该框架能够实时处理 AIS 数据，从而有效追踪电子围栏区域内的船舶轨迹，实现船舶的高效管理。通过流式计算技术，基于 AIS 数据的船舶跟踪平台能够实时监控水上电子围栏范围内的船舶进出情况，这对于船舶的安全管理、航线规划、调度以及环境保护都具有重要的实践意义。此外，本书的研究还为海量 AIS 数据的实时处理在水上交通智慧管理中的应用提供了有益借鉴，有助于推动水上交通管理的智能化进程。

4.1.1 系统功能

基于 AIS 数据的船舶跟踪（图 4.1）平台的功能模块主要由围栏管理、数据处理、报警处理和数据可视化组成（图 4.1）。围栏管理模块负责配置、维护虚拟围栏的参数和属性。数据处理模块负责接收和处理船舶 AIS 数据。报警处理模块监控数据流，在检测到船舶活动不符合设定规则时，触发报警并可能启动进一步的安全措施。数据可视化模块以可视化的方式呈现处理后的数据，帮助海事监管部门更好地理解和分析船舶活动。

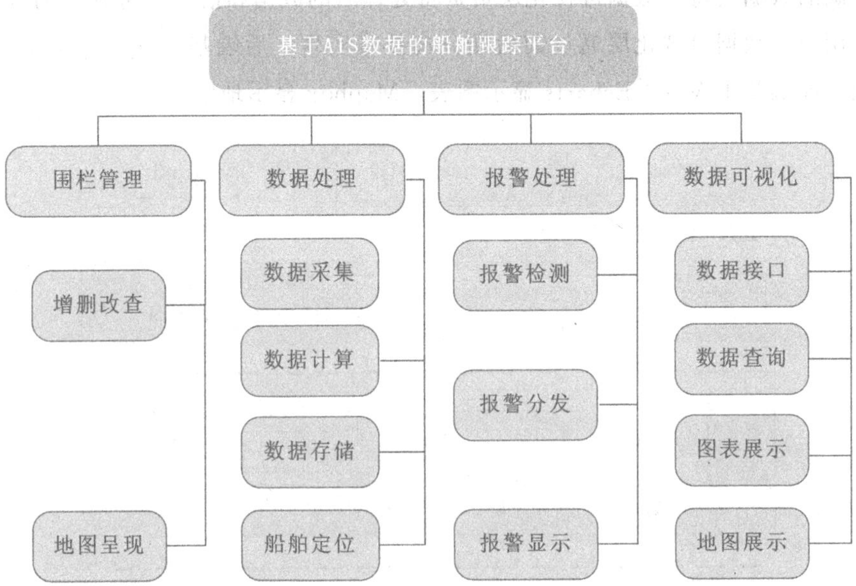

图 4.1　平台功能模块

4.1.2　平台架构

平台架构图如图 4.2 所示。平台由数据采集层、数据计算层、数据存储层和数据可视化层组成。数据采集层主要负责实时采集船舶 AIS 数据。采集的数据通过 Kafka 消息队列送到数据计算层。数据计算层对采集到的数据进行实时处理和分析，以检测和预警船舶。该层采用流式计算技术对船舶运输数据进行实时处理和分析。Flink 是一种流式计算引擎，可以在实时数据流上进行复杂的数据处理和分析。通过使用 Flink，转换实时采集的船舶数据格式。数据存储层负责存储处理后的数据和信息，提供数据可视化层查询和显示数据。对于船舶实时风险数据，采用 Redis 存储。Redis 是一种内存数据存储系统，可以快速地读取和写入数据。实时船舶数据存储在 Redis 中，提高了查询效率，满足实时查询和可视化的要求。历史船舶数据存储在 MySQL 中。MySQL 是一种流行的关系型数据库管理系统（RDBMS），被广泛应用于各种软件开发和数据管理场景中。通过将历史船舶数据存储在 MySQL 中，可以实现快速的全文检索，并为用户提供更全面和准确的数据支持。数据可视化层负责将处理后的数据和信息以可视化的方式展示给用户。数据可视化层通过前后端分离技术实现，后端基于 Spring Boot 框架实现，前端基于 Vue+Echarts 显示图表，Mapbox 显示地图。

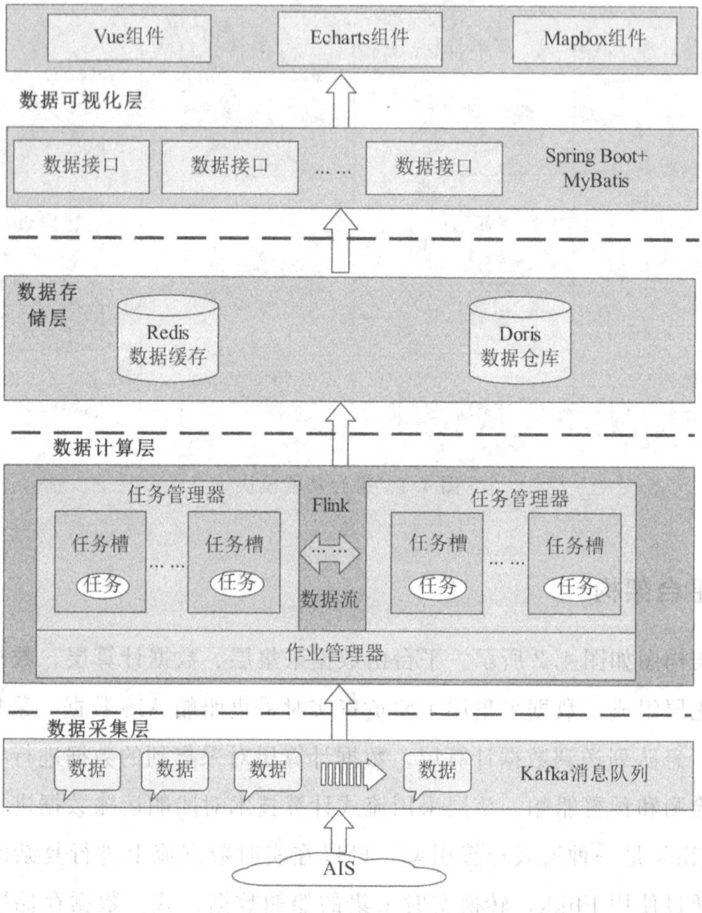

图 4.2　平台架构图

4.1.3　处理流程

4.1.3.1　数据采集

Kafka 是船舶 AIS 数据采集过程中数据处理和存储的中间件。它通过 Producer API 从 AIS 接收船舶位置数据，随后将数据分派到 Flink 集群。计算集群通过 Consumer API 从 Kafka 获取信息，并使用流处理引擎进行数据分析和计算，计算结果随后通过 Kafka 消息队列传送到 Doris 集群。

4.1.3.2 数据处理

流处理引擎 Flink 被用于处理和计算实时船舶位置数据。它在实时计算中判断船舶是否处于指定的虚拟围栏内，并触发相应的警报。AIS 流式计算流程图如图 4.3 所示。

平台通过 Flink 操作符执行各种任务，包括 AIS 数据去重、解码、分析和统计。通过 Filter 过滤操作符，删除重复数据。平台基于用户自定义函数，通过 Mapping 映射操作符将原始 AIS 数据转换为基于逗号分隔的纯文本。要想评估虚拟围栏内的船舶状态，跟踪船舶轨迹至关重要。每当船舶轨迹与虚拟围栏的边界相交时，就表示船舶进入或离开虚拟围栏。将此信息与船舶进出港规则、港口记录和船舶类型数据进行联合查询。如果发现船舶行为不符合规定，平台会生成警报消息。

4.1.3.3 数据存储

实时计算结果分为两类，实时数据存储在 Redis 缓存中，历史信息存储到 Doris 中。Redis 中存储船舶实时位置、船舶告警信息。为了提高 Redis 使用效率，设置 TTL 失效时间，如船舶实时位置设置为 2 h，2 h 内如果没有更新船舶位置，表示已经失去船舶位置信息，可以推送报警信息。电子围栏区域的船舶告警信息存储 24 h，24 h 以外的船舶告警信息可以到 Doris 中查询。船舶轨迹信息和船舶历史告警信息存储在 Doris 中，基于 Doris 的高并发处理性能，平台可以快速查询出历史信息。

4.1.3.4 数据可视化

平台采用前后端分离架构实现数据可视化。后端架构图如图 4.4 所示，后端采用了分层的架构模式，通过使用 Spring Boot 框架来实现业务处理和数据访问等功能，使得系统的开发、维护更加简单和高效。

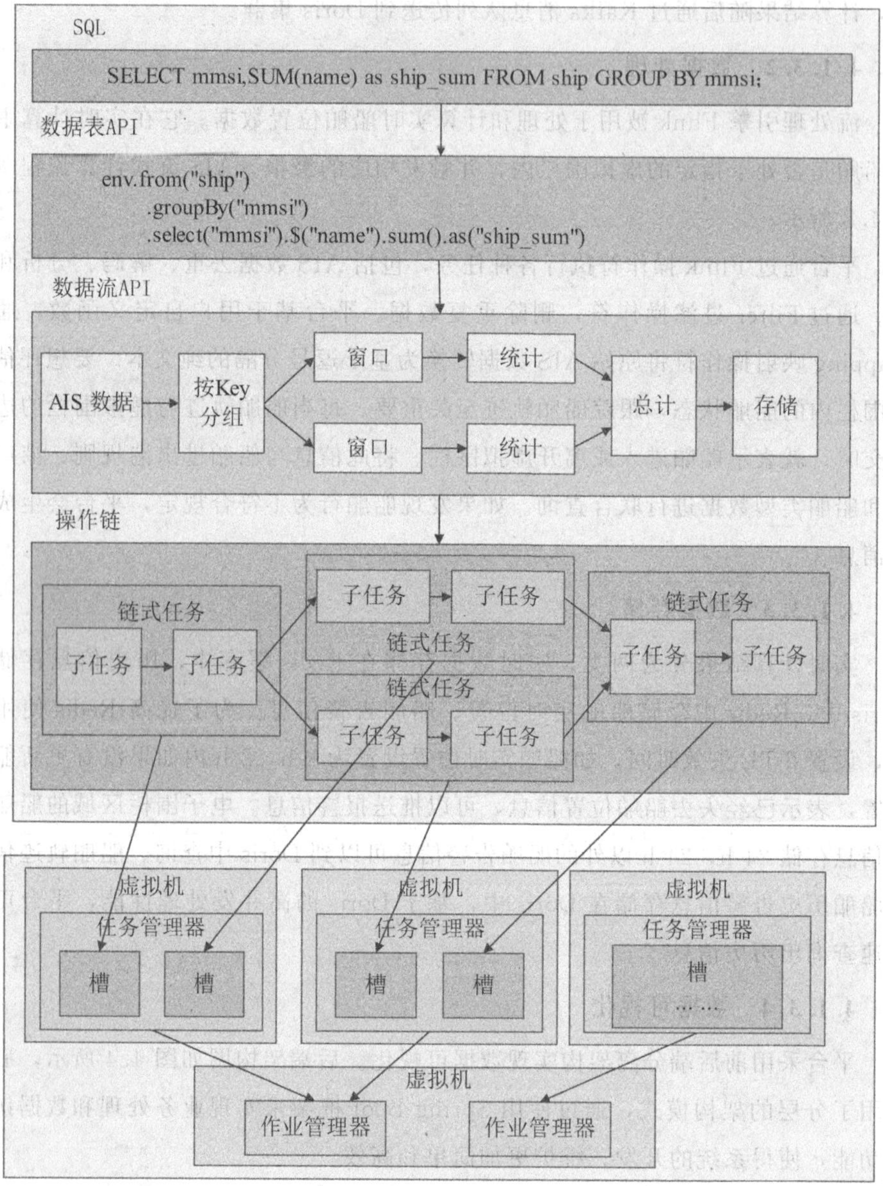

图 4.3　AIS 流式计算流程图

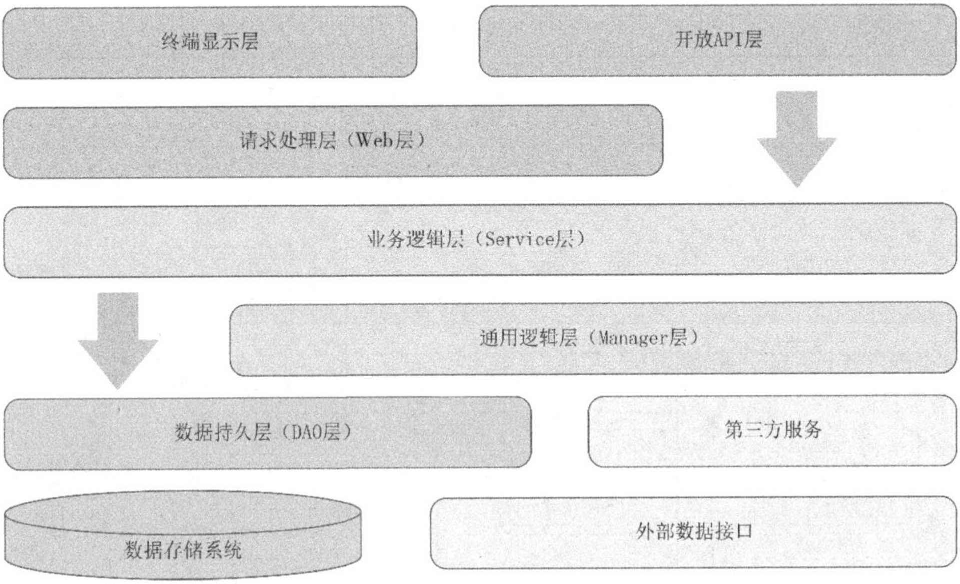

图 4.4　后端架构图

前端架构图如图 4.5 所示，前端采用 Vue 架构，基于 Vue.js 框架进行搭建，主要组件包括路由、状态管理、Ajax 等。

4.1.4　运行分析

4.1.4.1　电子围栏的绘制

电子围栏的绘制分为以下 4 个步骤。

步骤 1：在页面上引入地图 API 的绘制工具；

步骤 2：设置绘制工具的绘制模式为多边形模式；

步骤 3：监听绘制完成事件，获取绘制的多边形的坐标点；

步骤 4：将多边形的坐标点发送给后端进行存储，并在地图上绘制多边形。

使用 BMAP_DRAWING_POLYGON 设置为绘制多边形模式。使用 drawingToolOptions 设置工具栏的位置、偏移量和可用的绘制模式。电子围栏绘制图如图所示。

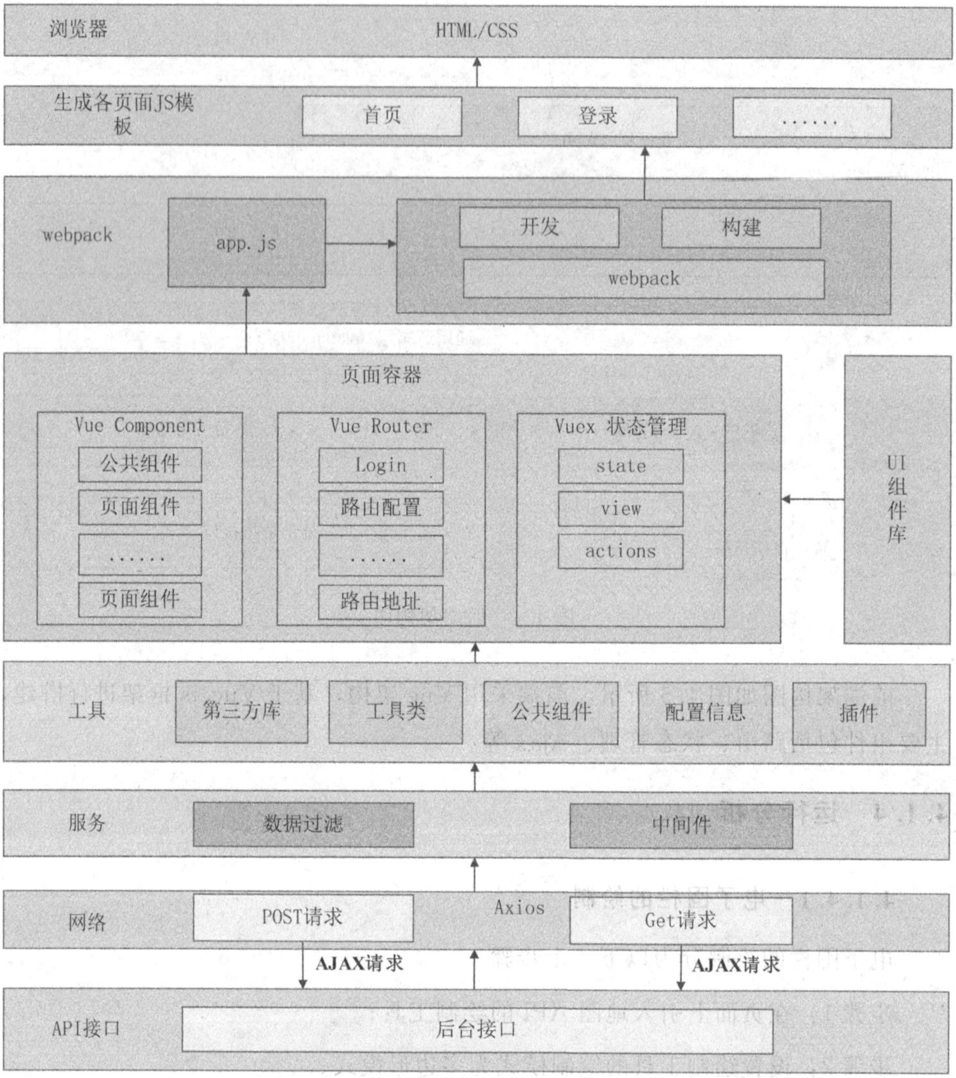

图 4.5　前端架构图

```
vardrawingManager = new BMapLib. DrawingManager (map, {
  isOpen: false,
  drawingType: BMAP_DRAWING_POLYGON,
  enableDrawingTool: true,
```

```
drawingToolOptions：{
... ... ...
}
} )；
```

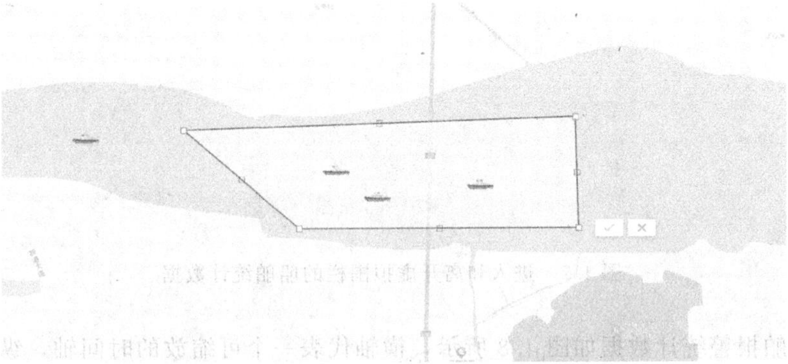

图 4.6　电子围栏绘制图

4.1.4.1　电子围栏船舶数据统计

基于虚拟围栏的船舶 AIS 数据分析平台的索引页面，展示了与虚拟围栏相关的 AIS 统计数据。页面的概述部分，用户可以看到一些关键指标，如当前管辖区域内的船舶总数、设置的虚拟围栏数量、位于虚拟围栏内的船舶数量，以及过去 1 h 内每秒接收的 AIS 数据包数。用户可以通过点击左下角的 3 个按钮来查看 AIS 信息、警报和船舶统计数据。同时，页面左侧还有 3 个按钮，可用于检索过去 1 h 内进入或离开虚拟围栏的警报信息、AIS 数据以及船舶动态。在页面的中央部分，展示了一张带有船舶标记的地图。船舶以点的形式呈现，其中绿点代表位于虚拟围栏外的船舶，蓝点则代表位于虚拟围栏内的船舶。虚拟围栏的边界则以多边形形式展示，并用红色边框加以区分。

点击“船舶统计”按钮，将显示进入和离开虚拟围栏的船舶统计数据（图 4.7）。横轴表示进出围栏的船舶数量，纵轴表示时间。横轴上的时间刻度是可调整的。从图 4.7 中可以明显看出，在大部分观测时间内，虚拟围栏内的船舶数量主要集中在 100～200 艘。

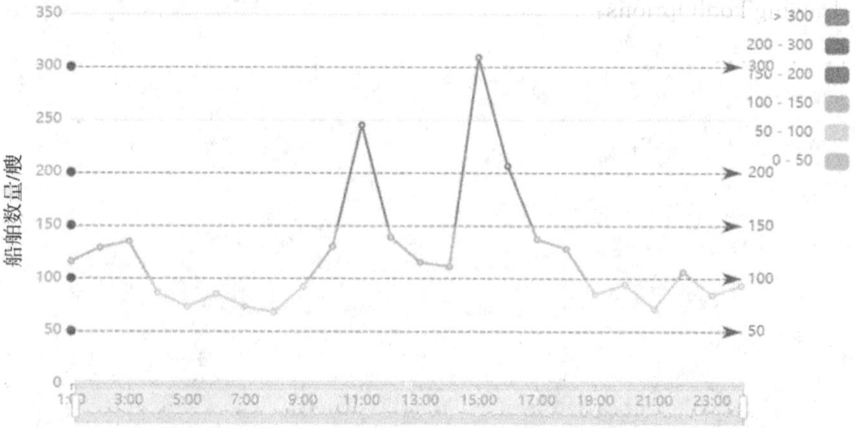

图 4.7　进入和离开虚拟围栏的船舶统计数据

船舶报警统计数据如图 4.8 所示，横轴代表一个可缩放的时间轴，纵轴代表报警数量。从图 4.8 中可以看出，每天报警量大概在 100 条左右，高峰时候能达到 200 条以上。

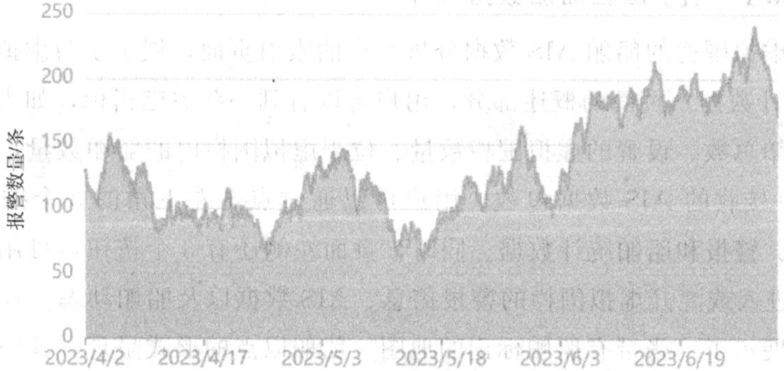

图 4.8　船舶报警统计数据

4.2　AIS 数据分析在船舶风险管理中的应用

船舶运输风险指的是在航运过程中，因各种原因引发的船舶、货物、乘员及环境受损或危害的潜在威胁。这些风险涉及船舶的安全航行、合规证书、正确标志展示、AIS 的开启，以及污染物的排放等多个方面[10-11]。未能及时应对这些风险可能会带来不可估量的损失。例如，若船舶未在指定位置悬挂必要的标志和信号灯，可能会使其他船只难以准确判断并采取避让措施，进而增加碰撞事故的风险。同样，若船舶未能开启或正确使用 AIS，也可能导致其他船只无法有效识别和避让[12-13]。此外，船舶若违反相关法规和规定，如非法排放废水、废气或固体废物，将对当地环境和生态造成严重的负面影响[14]。鉴于船舶运输风险的多样性，相关部门和船舶管理者必须加强风险管理和监管措施，采取必要的预防措施，以确保航运安全并保护生态环境。

船舶运输风险已成为航运领域的研究热点，涉及船舶安全管理、航行计划、AIS 数据分析以及船舶证书等多个维度。针对这一复杂问题，学者们从不同角度进行了深入研究。Liu 等研究者提出了一种基于 AIS 数据的智能模型，用于对船舶运营风险进行全面分析和评估[15]。该模型融合特征工程和分类器训练技术，能够准确识别船舶运营过程中潜在的各类风险，进而实现风险的精准预测和预警。这一成果为船舶运营安全管理提供了新的方法和思路。针对船舶身份认证方式存在的易被伪造、篡改等安全隐患，Hu 等人创新性地提出了一种基于区块链技术的船舶身份认证安全模型。该模型利用区块链技术的不可篡改性和去中心化特性，实现了船舶身份信息的可信记录和安全传递，从而确保了船舶身份的真实性和完整性[16]。这一研究为船舶身份认证提供了新的安全保障。在船舶污水处理方面，Chen 等人建立了一种基于 AIS 数据的船舶污水产生清单模型[17]。该模型能够根据不同时段和区域内的船舶运营情况，准确估算产生的污水量和种类。这一成果不仅为长江流域水环境管理提供了科学依据，也为全球范围内的船舶污水处理和监管提供了有益参考。Alizadeh 等人则通过对历史 AIS 数据的深入挖掘和分析，成功提取了船舶运动特征、航线信息和环境因素等关键特征[18]。基于这些特征，他们构建了一个基于线性回归的轨迹预测模型。该模型能够预测船舶未来的航行轨迹，为船舶航行安全和效率提供了新的技术支持。

上述研究主要从船舶轨迹、船舶排污、船舶证书等方面对船舶运输中隐藏的风险进行研究，缺乏对船舶风险数据的实时处理与分析。本书基于流式计算技术，构建分布式船舶风险数据处理系统，实时采集、处理和可视化船舶运输风险。该系统能够为海事监管部门和其他利益相关者提供可靠的数据支持，促进船舶运输行业的可持续发展。

4.2.1 系统架构

系统由数据采集层、数据处理层、数据存储层和数据可视化层4个主要组件构成，以实现船舶运输风险的实时检测与预警。数据采集层主要负责实时采集各类船舶相关数据，包括AIS数据、污染物排放数据、岸电数据、船舶证书、进出港报告以及船舶配员等关键信息。这些数据通过Kafka消息队列高效地传输到数据处理层，确保了数据的实时性和完整性。数据处理层是整个系统的核心，它采用流式计算技术对接收到的数据进行实时处理和分析。该层引入了Flink流式计算引擎，利用其强大的实时数据处理能力，对船舶运输风险数据进行复杂转换和分析，生成相应的风险信息和报告。这种处理方式不仅提高了数据处理的速度，还增强了系统对船舶运输风险的实时检测和预警能力。数据存储层负责将处理后的数据和信息进行安全存储，并为数据可视化层提供查询和显示支持。为了满足实时查询和可视化的需求，系统采用了Redis内存数据存储系统来存储船舶实时风险数据。Redis的高效读写性能确保了数据的快速访问和响应。同时，历史船舶运输风险数据被存储在Doris数据库中，这是一种支持海量大数据快速分析的MPP数据库。Doris的引入实现了历史数据的快速全文检索，为用户提供了更全面、准确的数据支持。最后，数据可视化层负责将处理后的数据和信息以直观、易理解的方式展示给用户。该层采用前后端分离技术实现，后端基于Spring Boot框架构建，前端则利用Vue＋Echarts进行图表展示，结合Mapbox实现地图的可视化。这种技术架构不仅提高了系统的可扩展性和可维护性，还为用户提供了友好、交互式的数据可视化体验。

4.2.2 处理流程

4.2.2.1 数据采集

船舶风险数据采集是指收集和获取与船舶运输风险相关的数据。这些数据用于评估船舶运输的安全性、可靠性和环境影响等方面的风险。采集的数据包括AIS、船舶航行计划、CCTV卡口、船舶进出港报告、船舶证书信息、黑名单船舶、船舶岸电使用、船舶污染物排放等。AIS是一种广泛应用于船舶的自动识别和位置报告系统。它通过卫星和地面基站接收和发送船舶的位置、航向、速度等信息。AIS 数据是获取船舶实时位置和运行状态的重要数据源。

数据采集以 AIS 数据为核心，以船舶航行状态的变化实时从各业务系统采集船舶运输相关的数据。各业务系统通过 Kafka 将消息传递给 Flink 处理平台。Kafka 是一个分布式的消息发布订阅系统，具有高吞吐量、可持久化存储和可扩展性等特点，非常适合在大规模数据流处理中作为消息中间件使用。在此架构下，海事各业务系统产生的消息发送到 Kafka 的主题（topic）中，而 Flink 作为消费者，从 Kafka 的主题中订阅并消费这些消息进行实时处理。

4.2.2.2 数据处理

Flink 实时处理数据主要分为两类，一类是 AIS 数据，一类是其他业务数据。AIS 数据的处理主要包括船舶航行信息和 AIS 相关的风险处理。AIS 数据的处理流程分为 5 个步骤。

步骤 1：为了提高传输效率，AIS 报文进行压缩编码传输。为了获取报文中包含的真实信息，需要按照规定格式进行解码。平台通过 map 算子实现 AIS 原始数据的解码，map 算子转换过程是将 AIS 原始报文转换为基于逗号分隔的 AIS 明文。

步骤 2：判断该船舶是否为新进入辖区的船舶，如果是新进入辖区的船舶，需要通过 Kafka 给相关业务系统发送消息，业务系统收到信息后，会通过 Kafka 将船舶证书、船舶安全、船舶进出港报告、船舶配员等信息发送给计算平台。将船舶基本信息保存到 Redis 中，并且将船舶进入辖区的信息存储到 ES 中。

步骤 3：判断船舶是否要离开辖区，如果船舶离开了辖区，则清除 Redis 中存储的船舶信息，并在 Doris 中记录船舶离开辖区的信息。

步骤 4：判断船舶是否存在航行风险。船舶航行风险分为两类：第一类是航行的航道、速度以及转向角等不符合航行要求，第二类是上报的船名、船长、船宽、型深等信息与船舶登记库中的信息不一致。当船舶存在航行风险时，更新 Redis 中的船舶状态，并将船舶航行风险信息存储到 Doris 中。

步骤 5：更新船舶轨迹信息到 Redis 缓存中，并保存轨迹信息到 Doris 中。

对于其他业务数据包含的船舶运输风险信息，根据信息内容更新 Redis 中的船舶状态，并将业务信息更新到 Doris 中。例如，收到一条船舶污染物 72 小时未排放风险，在 Redis 中标记船舶存在污染物排放风险并记录到 Doris 中。当收到该条船舶污染物排放信息时，则将Redis中的排放风险删除并记录到Doris中。

4.2.2.3 数据存储

Flink中计算的结果分为两类：实时数据存储在Redis缓存中，历史信息存储到Doris中。Redis中存储的船舶排放、船舶岸点、船舶轨迹等数据设置TTL。通过程序实时监控数据失效事件，当发送失效事件时，通过Kafka给计算平台发送消息。例如，船舶污染物排放记录设置72 h的保存时间，当收到一条污染物排放数据时，更新TTL时间。如果72 h还没有收到污染物排放记录，则该污染物排放数据失效，给计算平台发送船舶污染物72 h未排放的风险。AIS中断超2 h、船舶岸电未使用等风险计算方式与船舶污染物72 h未排放风险类似。

4.2.2.4 数据可视化

船舶风险统计的可视化是通过采用前后端分离架构来实现的，这种架构将前端用户界面与后端数据处理逻辑进行有效分离，从而极大地提高了系统的开发效率和可维护性。在后端部分，系统利用Spring Boot框架的强大功能，从Redis和Doris数据库中高效地获取船舶风险统计数据。经过必要的计算和处理后，这些数据被转换成JSON格式，以便于前端进行展示。前后端之间的数据传输则是通过Axios库来实现的，保证了数据传输的稳定性和效率。前端采用了Echarts这一功能强大的可视化组件库，它能够以直观、易理解的方式展示复杂的数据关系。同时，结合Mapbox这一先进的地图组件，系统能够在地图上准确地标注出船舶的位置和风险状态，为用户提供一个全面、直观的船舶风险统计视图。

4.2.3 运行分析

基于流式计算的船舶风险统计图表通过总览模块展示了所关注辖区内的船舶基础信息与风险概况。在总览区域，海事监管部门可以直观地获取当前辖区内的船舶总数、AIS数量、当前存在的船舶运输风险数量，以及已成功消除的风险数量。这些关键数据为快速评估辖区船舶运输安全状态提供了重要依据。船舶风险统计图表的左下角设计了三个按钮，用于进一步的风险分析。点击这些按钮，系统将弹出基于风险发生时间、风险类型及船舶类型的详细统计弹窗，为深入研究风险模式和船舶运输特性提供了便捷途径。在船舶风险统计图表右侧，有4个排列整齐的功能按钮，分别用于查询船舶信息、风险详情、AIS 数据和船舶报告信息。这些按钮的设计使得用户能够迅速访问所需数据，提升了信息检索的效率。船舶风险统计图表的中心位置是一幅地图，该地图上清晰地标绘了辖区内的船舶分布情况。每一艘船舶在地图上由一个点表示，其中绿色点代表无风险的船舶，而红色点则代表存在风险的船舶。这种直观的视觉呈现方式使得观察者能够迅速识别风险船舶的位置和数量，为及时采取安全措施提供了有力支持。

点击“按时间统计船舶风险”按钮后，系统会弹出一个船舶运输风险统计曲线图（图 4.9）。图 4.9 清晰地呈现了过去 24 h 内，船舶运输风险的发生与消除情况的时间分布。通过该图可以发现船舶风险的发生在大多数时间段内都相对均匀，但在晚上 22：00 至次日凌晨 6：00 的时间段内，风险发生的次数明显减少。

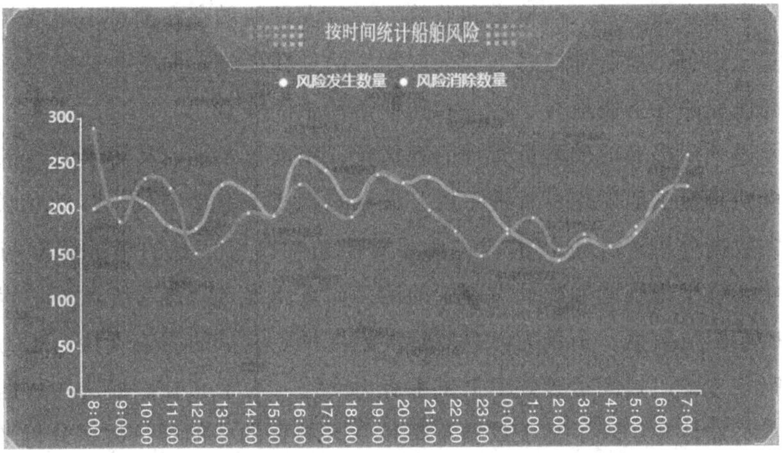

图 4.9　按时间统计船舶风险

地图支持缩放功能，当缩小至一定比例时，船舶将以点的形式呈现。当把地图放大至一定比例时，船舶则以多边形展示，箭头所指的方向就是船舶航行的方向。红色多边形表示存在风险的船舶，绿色多边形表示不存在风险的船舶，点击具体船舶将弹出船舶的基本信息。在多边形中，显示了船舶的海上移动通信业务标识（MMSI）。

4.3 AIS 数据分析在船舶配员管理中的应用

随着全球化进程的加速推进，国际贸易与人员流动日益频繁，水上交通作为连接世界各地的关键枢纽，其战略地位日益提升。船舶作为水上交通的主要载体，其安全、高效地运行至关重要。确保船舶拥有足够数量且具备相应资质的船员，则是保障船舶安全航行、停泊及作业的核心要素。任何船舶配员不足或船员资质不符的情况，都可能对水上交通安全构成严重威胁，甚至酿成重大事故[19-20]。因此，海事监管部门一直将船舶配员问题视为水上交通安全监管的重中之重。为了切实维护水上交通安全，海事监管部门采取了一系列严格措施，对船舶配员实施全面、深入的检查和监管。一旦发现船舶存在配员不足或船员证书不符等安全隐患，监管部门将立即采取相应的处罚措施，并责令船舶立即进行整改，以确保船舶在各类航行、停泊和作业活动中的安全。

为了进一步提升船舶配员管理的智能化、精准化水平，某海事管理部门积极创新，成功研发了船舶配员管理系统。该系统集成了卫星定位、移动互联、人脸识别、大数据分析等先进技术，实现了对船舶和船员信息的精准感知与高效管理，有效破解了传统船舶配员管理中的诸多痛点和难点。该系统运行过程中收集的大量船舶配员数据，不仅为海事监管部门提供了宝贵的决策支持，也为航运企业优化配员方案、提高运营效率提供了有力支撑。为了充分挖掘这些数据的潜在价值，本书设计并实现了基于数据仓库和 AIS 数据的船舶配员数据分析平台。该平台通过完善的数据采集、存储、分析和可视化流程，实现了对海量船舶配员数据的高效处理与深度挖掘，为海事监管部门制定更加科学、合理的政策标准和监管措施提供了坚实的数据基础，同时也为航运企业优化运营策略、提升竞争力提供了有益的参考和借鉴。

4.3.1 系统架构

船舶配员数据分析平台系统包括数据采集层、数据分析层和数据可视化层（图 4.10）。数据采集层将业务数据和船舶 AIS 数据采集到数据仓库中。船舶配员系统将业务数据存储在 MySQL 数据库中，本书采用 Canal 实现业务数据库和

Hive 数据仓库的数据同步。AIS 数据是通过 AIS 基站实时采集的，通过 Kafka 消息队列实时采集到数据仓库中。数据分析层主要基于 Hive 数据仓库实现船舶配员数据的清洗、转义、分类、统计等功能。Hive 是基于 Hadoop 的一个数据仓库工具，用来进行数据存储、提取、转化、查询和分析存储在 Hadoop 中的大规模数据的机制。数据可视化层通过 MySQL 存储统计结果，通过 Presto 提供即席查询，通过 Spring Boot 将计算结果进行转化，以接口的形式提供服务。数据可视化层通过 Vue+ Echarts 实现，以图表的方式将分析结果展示给用户。

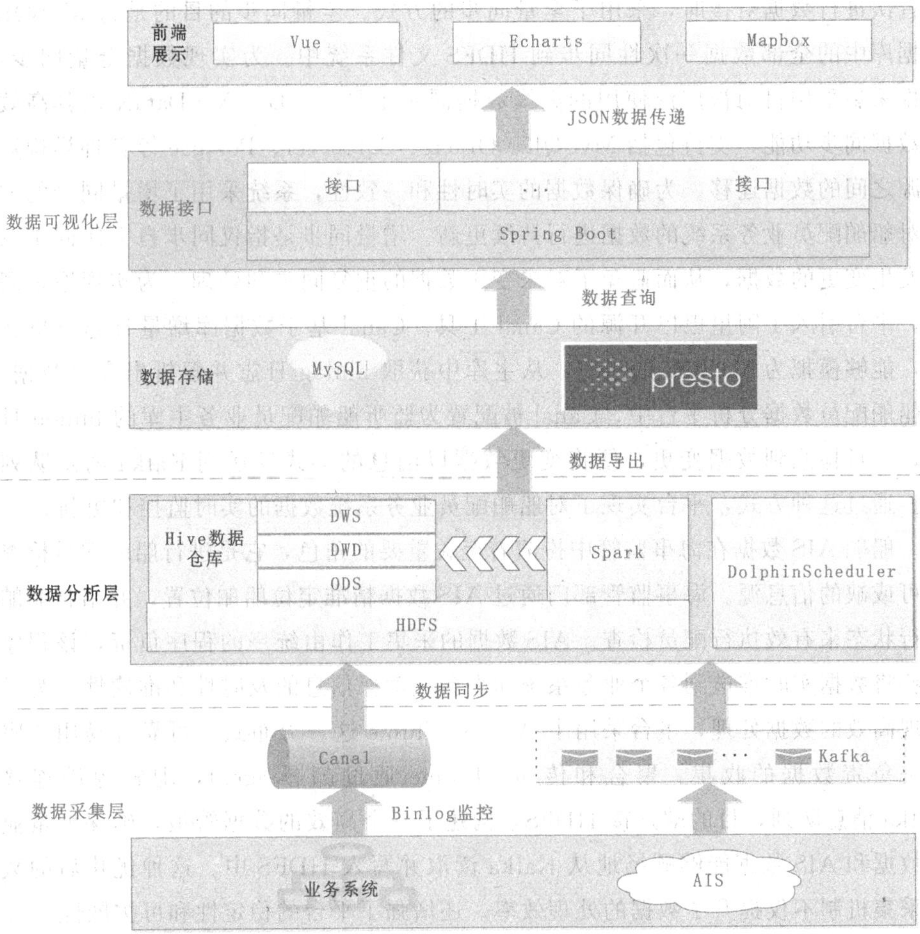

图 4.10　船舶配员数据分析平台系统架构

4.3.2 处理流程

4.3.2.1 数据采集

在船舶配员数据分析平台中，数据采集是确保数据准确性和时效性的关键环节。为实现高效的数据采集，平台采用了全量同步、增量同步及实时同步相结合的策略。船舶配员业务系统作为数据源之一，其船舶信息、船舶配员信息、船舶配员检查信息等核心数据被存储在MySQL数据库中。在平台与船舶配员业务系统首次进行数据对接时，采用了全量同步的方式。全量同步的目的是将MySQL数据库中的全部数据一次性同步到HDFS文件系统中。为实现数据全量同步，数据采集采用目前被广泛使用的离线数据同步工具——DataX。DataX以其高效的数据同步功能，支持包括MySQL、Oracle、SqlServer、Postgre等各种异构数据源之间的数据迁移。为确保数据的实时性和一致性，系统采用了增量同步的方式对船舶配员业务系统的数据进行持续更新。增量同步是指仅同步自上次同步以来发生变更的数据，从而避免了对未变更数据的重复同步和处理。为实现增量同步，平台引入了阿里巴巴开源的Canal工具。Canal基于数据库增量日志解析技术，能够模拟为MySQL的从库，从主库中获取binlog日志并解析出变更数据。在船舶配员数据分析平台中，Canal被配置为监听船舶配员业务主库的binlog日志，一旦检测到数据变更，便将变更数据以消息的形式发送到Kafka消息队列中。通过这种方式，平台实现了对船舶配员业务系统数据的实时监控和更新。

船舶AIS数据在海事监管中扮演着至关重要的角色，它是进行船舶配员检查不可或缺的信息源。海事监管部门通过AIS数据精准定位船舶位置，并结合船舶航行状态来有效执行配员检查。AIS数据的采集工作由统一的程序负责，该程序能够将数据实时推送到各个业务系统和平台，确保信息的及时性和准确性。为了实现高效的数据处理，平台采用了Apache Flume这一分布式、可靠且易用的服务来负责数据的收集、聚合和传输。Flume通过部署agent，配置源端连接Kafka消息队列，目的端连接HDFS，构建了一个高效的数据管道，确保增量业务数据和AIS数据能够顺畅地从Kafka读取并写入HDFS中。这种优化后的数据采集机制不仅提升了数据的处理效率，还增强了平台的稳定性和可扩展性。

4.3.2.2 数据分析

数据分析层主要基于Hive、Spark和DolphinScheduler实现，它们共同支撑着船舶配员数据仓库的高效运作。Hive 作为元数据的管理枢纽，不仅实现了数据仓库的清晰分层，还确保了元数据信息的精准管理与跟踪。为了提高船舶配员数据仓库的健壮性、可扩展性，依托 Hive 的强大功能，平台将数据仓库细分为数据运营层、数据明细层和数据服务层，从而显著提升了船舶配员数据管理的健壮性和可扩展性。

在数据运营层，平台将 MySQL 中的船舶配员数据原封不动地存储下来，通过以“O _”为前缀的命名规则对表名进行标准化管理，为后续的数据加工提供了可靠的来源。数据明细层则负责对数据运营层中的原始数据进行深度清洗，同时结合维度退化和维度建模技术，优化了数据表结构，有效减少了多表 Join 操作带来的性能损耗。在这一层中，平台遵循星形模型的设计原则，通过严谨的业务过程选择、粒度声明、维度确定和事实确定等流程，构建了以业务过程为驱动的主题表，如船员任职表、船舶配员表、配员检查表等，并采用“D _”为前缀的命名规则对表名进行统一管理。数据服务层是数据仓库对外提供服务的窗口，它根据不同的业务需求和主题角度，对数据明细层的数据进行了全面的汇总和聚合，生成了丰富的统计数据。在这一层中，表名采用“T _ 主题 _ 统计类型”的命名方式，既体现了数据的主题特征，又清晰地标识了统计类型，极大地方便了用户的数据查询和分析工作。

平台的数据分析方法灵活多样，主要分为定时离线处理和流式实时处理两大类。在定时离线处理方面，平台采用 Spark on Hive 的集成模式，充分利用了 Spark 强大的执行引擎能力和 Hive 优秀的元数据管理能力。这种模式下，平台能够高效地处理业务数据的增量部分，确保数据分析的准确性和时效性。在数据处理流程中，Spark 从数据运营层开始，经过数据明细层，最终到达数据服务层，每一层都发挥着关键的作用。在数据明细层，平台利用 Spark SQL 的 API 对船舶配员数据进行细致的清洗工作，包括过滤无效数据、妥善处理缺失值及必要的数据类型转换等，确保数据的准确性和一致性。同时，根据具体的业务逻辑，平台还使用 Spark 对数据进行进一步的处理和整合，形成符合业务需求的主题表。在数据服务层，平台借助 Spark 的聚合操作对数据进行高效的聚合处理，生成业务所需的各类汇总指标。这些指标不仅为业务决策提供了有力的数据支持，还通过 DataX 工具被顺畅地导出到 MySQL 数据库中，便于后续的数据查询和分析工作。通过这种优化后的数据分析方法，平台不仅提升了数据处理的效率和准确性，还进一步增强了数据的可用性和业务价值。

船舶 AIS 数据的处理需要流式实时分析，以确保对船舶动态的即时响应。基于 Spark Streaming 框架，系统构建了船舶配员的数据实时处理流程（图 4.11）。每当收到一条 AIS 数据时，系统会迅速判断该船舶是否为新进入辖区的船舶。若为新进船舶，则立即将其标记为待核查状态，并迅速推送给业务系统，以便及时进行配员核查工作。而对于离开辖区的船舶，系统也会实时更新其状态为离开，确保船舶状态的实时性和准确性。这种流式实时处理方式不仅提升了船舶监管的时效性，也为海事管理部门提供了有力的数据支持。

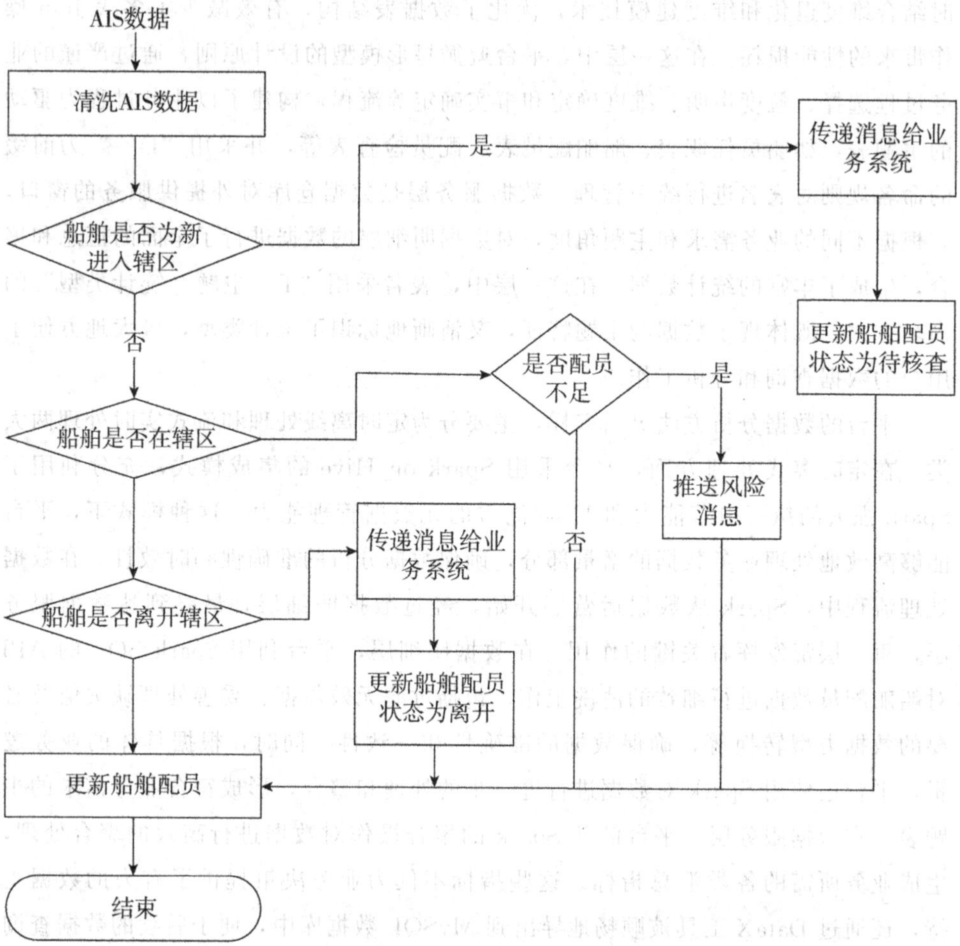

图 4.11　船舶配员的数据实时处理流程

DolphinScheduler 是一个功能强大的分布式、易扩展的可视化 DAG 工作流任务调度平台。它能够高效地解决数据处理流程中复杂的依赖关系，为调度系统提供即插即用的便捷性。为了全面提升船舶配员数据处理的自动化水平，并实现从原始数据到统计结果数据的全流程高效管理，平台采用 DolphinScheduler 这一业界领先的任务调度解决方案。通过 DolphinScheduler 的引入，平台能够自动化地处理船舶配员数据，确保数据处理的准确性和时效性，从而为用户提供更加优质的数据服务。

4.3.2.3　数据可视化

数据可视化层分为数据存储模块、数据接口模块和前端展示模块。数据存储模块包括 MySQL 数据库和 Presto 即席查询引擎。MySQL 数据库存储数据统计结果。Presto 是一个开源的分布式 SQL 查询引擎，旨在处理大规模数据集的快速查询。Presto 整合 Hive，实现船舶配员数据的快速查询。数据接口模块分为接口层，业务层和持久层。接口层通过 Spring Boot 提供 Restful 接口模块通过 Spring Boot 提供 Restful 接口，返回 JSON 格式的数据。接口根据用户请求，调用业务层提供相应的业务处理。业务层通过 Spring 框架进行业务组件的组装关联。持久层通过 MyBatis plus 框架实现船舶配员统计数据库或者 Presto 的访问。前端展示模块基于 Vue+ Echarts+Mapbox 实现数据可视化。

4.3.3　运行分析

船舶配员数据分析系统首页如图 4.12 所示，左上角提供功能菜单，可以按照不同维度实现船舶配员数据的统计和查询。首页分为 6 个子界面，左上角是按部门统计的任务核查数量，左下角是按船舶类型统计的有承诺书的船舶数量。中间上方是船舶配员基本情况和船舶配员地图。当某船舶配员核查不通过时，该船舶显示为红色；正在核查的船舶显示为黄色；配员核查通过的船舶显示为绿色。中间下方显示近一周的船舶配员人工核查数量。最右边以滚动的形式显示了最新的船舶配员核查情况和船员任/解职情况。

当中间地图进行放大操作时，船舶将以多边形的形式清晰展现。每个多边形上均标注有船舶的 MMSI 码，以便用户快速识别。此外，多边形的方向精准反映了船舶当前的航行方向，为用户提供直观的航行轨迹信息。

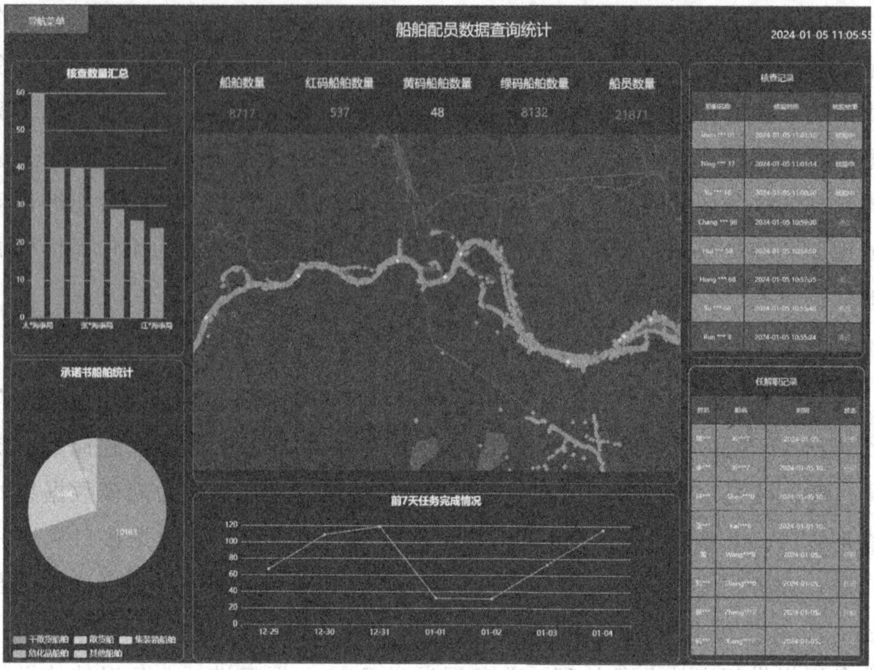

图 4.12　船舶配员数据分析系统首页

在放大后的地图上可以点击某点船舶，系统会以弹框的形式显示该船舶的船员配员标准和配员实际情况（图 4.13）。

腾****-在船船员 ×

配员比对

职务名称	标准配员	实际配员	是否达标
轮机长	1	1	是
大管轮	0	0	是
二管轮	0	0	是
大副	1	1	是
普通船员	1	1	是
轮机员	0	0	是
船长	1	1	是
驾驶员	0	0	是
三管轮	1	1	是
二副	0	0	是
三副	1	1	是

在船船员			
船员姓名	身份证号	职务	任职时间
刘*	3408****15	普通船员	2023-11-01 09:03:34
陆*	3408****28	轮机长	2023-10-12 11:29:50
何*	3428****17	船长	2023-12-07 11:26:35
李*	3428****13	大副	2023-11-07 11:27:54
刘*	3408****2X	三管轮	2023-10-17 14:19:43
左*	3408****17	三副	2023-11-16 11:15:29

图 4.13　船舶配员情况

当点击首页某个栏目标题的时候，会出现相应的弹框。例如，点击船舶配员核查标题时，会弹出所有船舶配员核查信息，可以看到目前系统中已经收集到 148295 条船舶配员检查数据（图 4.14）。用户可以通过页面跳转查看所有数据。

船舶名称	船白识别号	船白类型	核查类型	缺员类型	检查部门	是否通过核查定位	核查状态	通行蓝码	意见	上报时间	是否有效	操作
皖*86	CN20121051657	干货船	远程核查	正常	**海事局		待核查	否		2024-01-06 12:41:18	有效	查看详情 人工审核 通行蓝码
鲁**18	CN20095052528	干货船	远程核查	正常	**海事局		待核查	否		2024-01-06 12:40:56	有效	查看详情 人工审核 通行蓝码
皖**60	CN20022661902	干货船	远程核查	正常	**海事局		待核查	否		2024-01-06 12:40:40	有效	查看详情 人工审核 通行蓝码
浙**89	CN20107186897	干货船	远程核查	正常	**海事局		待核查	否		2024-01-06 12:40:04	有效	查看详情 人工审核 通行蓝码
芜**67	CN20149420397	干货船	远程核查	正常	**海事局		待核查	否		2024-01-06 12:39:24	有效	查看详情 人工审核 通行蓝码
惠**99	CN20119120201	干货船	远程核查	正常	**海事局		待核查	否		2024-01-06 12:37:25	有效	查看详情 人工审核 通行蓝码
亚**88	CN20203186798	散货船	远程核查	正常	**中心		待核查	否		2024-01-06 12:23:16	有效	查看详情 人工审核 通行蓝码
明**99	CN20137247521	干货船	远程核查	正常	**单元		待核查	否		2024-01-06 11:56:56	有效	查看详情 人工审核 通行蓝码
盘**02	CN20232158733	多用途船	远程核查	正常	**单元		待核查	否		2024-01-06 11:54:38	有效	
芜**99	CN20149904660	干货船	远程核查	正常	**单元		待核查	否		2024-01-06 11:54:12	有效	查看详情 人工审核 通行蓝码

共 148295 条　10条/页 ∨　<　1　2　3　4　5　6　···　14830　>　前往　页

图 4.14　船舶配员核查数据

4.4 AIS数据分析在危化品船舶管理中的应用

危化品船舶是专门用于运输具有易燃、易爆、腐蚀、有毒等特性的危险化学品的船舶[21-22]。这些危险化学品在运输过程中一旦发生爆炸、泄漏等事故，将会对人员、财产和环境造成极大的危害。对于危化品的监管，国内国际都出台了相关的政策法规，如《中华人民共和国船舶载运危险货物安全监督管理规定》详细规定了船舶载运危险货物的相关要求和管理措施。海事管理部门对危化品船舶的有效监管采取了一系列措施，包括加强船舶安全检查、提高船员素质、完善应急预案等。随着新一代信息技术的快速发展，诸如人工智能、大数据、云计算等技术被广泛应用于危化品船舶的监管中。曹盛文等人[23]基于AIS数据挖掘危化品船舶，运用层次分析法构建危化品风险评价模型，及时进行风险预警，为有关部门决策管理提供参考。夏冠群[24]研发了全周期可视化的五级联动云监管系统，采用云计算、大数据等技术实现船舶实时跟踪，通过智能视频监控掌握船员值班、操作和实际航行情况，通过控制中心掌握货物情况和所处环境来实现动态实时监督管理。Zhang等人设计并实现了基于船联网和云计算的危化品船舶管理系统，通过无线网络对危化品的温度、湿度、压力等状况进行监控，从而达到对危化品船舶的有效监管[25]。

长江某海事监管部门构建了基于人工智能的危化品船舶监控系统，通过AIS和人工智能技术实现了精准的风险识别能力和高效的响应机制。该系统采集装卸区域和码头全区域的实时监控，捕捉到船载危险货物在航行、装卸过程中的各种潜在风险，如船岸通道的安全隐患、管道的异常情况、围油栏的完整性等；采集船舶上的实时监控，能有效监控和纠正人的不安全行为，如装卸作业人员的违规操作、未穿戴安全装备等了规范了危化品船舶操作的全流程，提升了危化品船舶运行的安全性。危化品船舶监控系统在运行过程中收集了危化品船舶轨迹、船舶安全隐患、船舶运行风险等蕴含丰富价值的数据。为了充分挖掘这些数据的价值，本书设计并实现了基于流式计算的危化品船舶风险数据实时分析平台，实时采集船舶轨迹、运行和风险数据，基于Flink平台实时计算，计算结果通过可视化技术展现出来。危化品船舶风险数据分析不仅有助于提升船舶运行的安全性和效率，还能为危化品航运业的可持续发展提供有力支持。

4.4.1　系统架构

流式计算可以实时处理来自不同数据源的数据，具有持续性、低时延、事件驱动的特性。基于危化品船舶风险数据的大规模、高速性、低价值密度等特征，本书采用流式计算技术实时处理船舶风险数据。对比主流流式计算框架 Storm、Spark Streaming、Flink，Flink 具备更高吞吐量、低延迟、方便的状态管理、强大的容错机制。基于此，本章选择 Flink 作为流式计算引擎，构建危化品船舶风险数据实时分析平台。该平台由数据汇聚层、数据计算层、数据统计层、数据存储层和数据可视化层组成（图 4.15）。数据汇聚层收集风险数据、船舶数据、AIS 数据等，通过 Kafka 消息队列实现。Kafka 是流处理平台，可以存储和持续

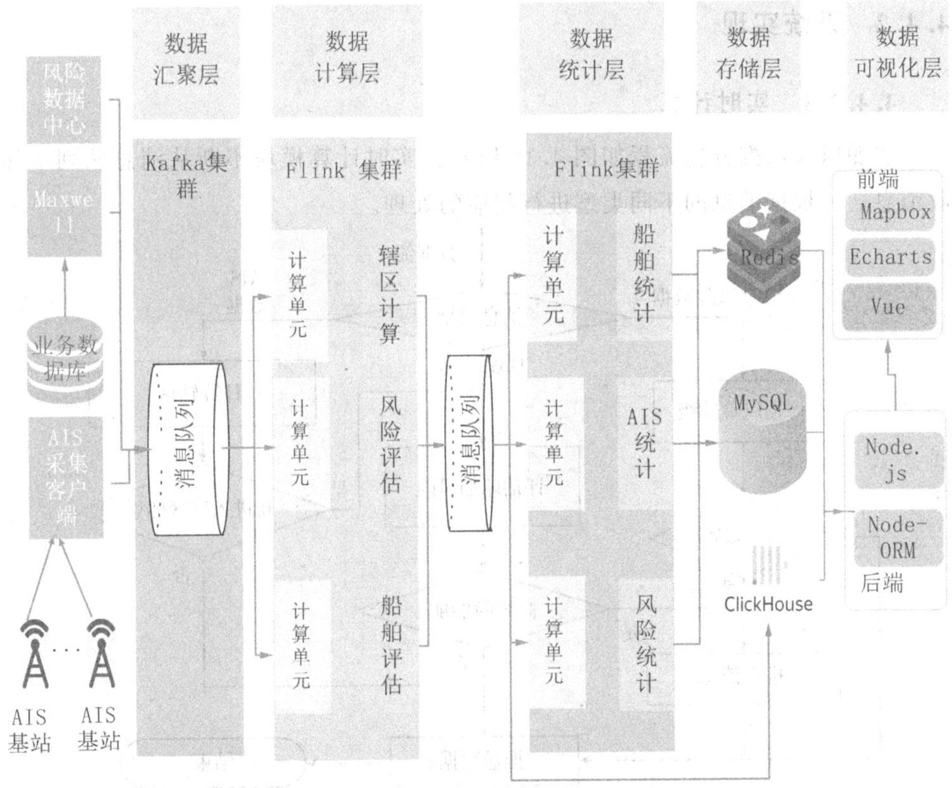

图 4.15　危化品船舶风险数据实时分析平台系统架构

处理大型的数据流。船舶数据是由 Maxwell 从 MySQL 业务数据库中同步过来的。Maxwell 是一个通过监控 MySQL 的 Binlog，实现数据增量采集的工具。风险报警中心采集各种风险数据，推送到消息队列中。客户端程序汇聚各基站 AIS 数据，推送到消息队列中。为了确保数据实时处理的稳定性，将数据计算和数据统计分别运行在两个 Flink 集群中。第一个 Flink 集群主要计算船舶的位置、风险等级等，计算结果推送到下一个集群中，同时也推送到 ClickHouse 实时数据仓库中供用户实时查询。ClickHouse 是一个开源的、面向联机分析处理的列式数据库管理系统，适用于大数据的存储和查询，被广泛应用于各种业务场景。第二个 Flink 集群实现船舶风险信息的统计，统计结果推送到 Redis 和 MySQL 数据库。数据可视化是通过前后端分离技术实现的，后端基于 Node. js 实现，前端基于 Vue 实现。

4. 4. 2 系统实现

4. 4. 2. 1 实时计算

船舶风险数据分析流程如图 4. 16 所示。实时计算模块不断从消息队列中接收消息，并根据消息的不同类型进行相应的处理。

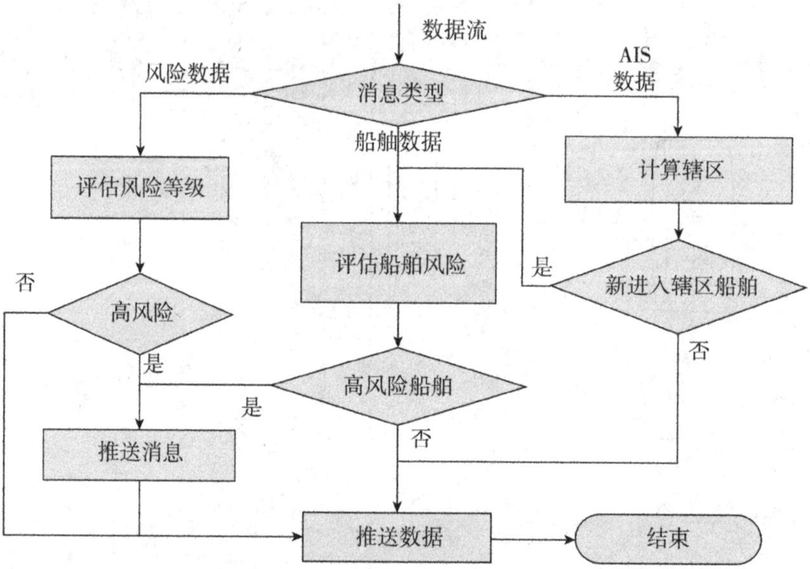

图 4. 16 船舶风险数据分析流程

对于船舶AIS数据，模块会通过其中的经纬度信息来确定船舶所在辖区。一旦发现船舶新进入某个辖区，系统将对其进行评级操作。如果船舶被评定为高风险，系统会自动将相关消息推送给报警中心以进行后续处理。另外，当船舶的基本信息发生变更时，系统也会重新对该船舶进行评级。针对接收到的风险数据，实时计算模块会先进行风险评估，一旦识别出高风险数据，便会立即推送给风险报警中心以确保及时处理。通过这些流程，系统能够实现高效、准确的船舶风险数据分析。

(1) AIS数据处理.

流式计算平台当接收的消息是AIS数据时，会计算AIS数据对应的船舶是否为新进入辖区。辖区由多边形组成，每个顶点都有对应的经纬度坐标值，辖区数据在计算程序启动时加载，作为全局变量步骤。辖区计算步骤是通过Flink的filter算子实现的，自定义一个FilterFunction来处理数据流中的每一条AIS数据，具体步骤如下。

步骤1：判断该船舶AIS坐标是否在辖区最大和最小经纬度范围内，即取得辖区最大的经纬度坐标。判断船舶AIS是否在四边形之内，如果在四边形之外，表示该坐标不在该辖区范围内；否则，执行步骤2。

步骤2：从船舶AIS坐标点水平向右引出一根射线，遍历多边形的每条边，计算这条射线与多边形边的交点数量。当射线正好经过多边形的一个顶点时，或者多边形的一条边与射线重合时，需要避免重复计数或遗漏计数。

步骤3：根据上一时刻船舶状态和当前状态判断是否是新进入辖区的船舶。

(2) 评估船舶风险等级。

平台会依据船龄、船舶尺寸、所载货物类型、船舶信誉以及历史事故与险情等多重风险评估标准，对船舶进行细致的风险等级评定。一旦某一项评估条件被满足，便会给予相应的评分。最终，根据这些累积的评分，平台会将船舶划分为高、中、低不同的风险等级，以便更精准地实施管理和安全措施。

(3) 评估风险程度。

平台会综合考虑风险类型、船舶种类及船舶的风险级别等多重因素，对风险进行全面细致的等级评定，并据此确定处理的紧急程度，以确保安全管理的高效与精准。

4.4.2.2 数据统计

第一个 Flink 集群对单条数据进行处理，处理结果通过 Kafka 集群推送到第二个 Flink 集群中。第二个 Flink 集群根据窗口将连续不断的数据按照一定的规则拆分成大量的片段，在片段内进行统计和计算。平台采用 Tumbling Windows，数据流中的每一条数据仅属于一个窗口。每个窗口都有固定的大小，同时窗口间彼此之间不会出现重叠的部分。平台采用一个大小为 1min 的 tumbling 窗口，每分钟启动一个窗口实现数据的统计，统计结果存储到数据库中。对于每个数据流的窗口，平台会进行全量统计，即等到窗口关闭或窗口内的所有数据都到达后，再进行统计操作。平台使用了 Reduce 算子，它是一种聚合算子，用于对同一组内的数据进行聚合处理。通过这种方式，平台能够实现对 1min 内区域船舶数量、各类船舶数据及船舶风险的全量统计。

4.4.2.3 数据可视化

可视化模块通过前后端分离的模式实现，后端借助 Node.js 和 Node-ORM 组件从数据存储层高效获取数据，前端则运用 Vue、ECharts、Mapbox 等技术实现数据的直观展示。Node.js 作为基于 JavaScript 的运行环境，采用事件驱动和非阻塞式 I/O 模型，为快速搭建响应迅速、易于扩展的网络应用提供了坚实基础。得益于 Node.js 的快速构建特性，平台轻松构建了后端 Restful 接口，为前端提供稳定的数据服务。前端采用 Vue 架构并基于 Vue.js 框架进行搭建，实现了灵活的路由管理和状态管理功能。前后端之间通过 Axios 组件实现高效的数据交互，确保数据的实时性和准确性。

4.4.3 运行分析

平台打造了一张综合视图，以直观方式全面展示危化品船舶的实时状态。地图区域清晰标注了危化品船舶的风险评估结果，红色、黄色和绿色标识分别对应高风险、中风险和低风险船舶，使得风险等级一目了然。在视图左上角，平台准确统计并展示了各类风险船舶的具体数量，为管理者提供了风险分布的快速概览。视图正上方则详细列明了船舶在不同作业状态下的数量分布，包括作业中、锚泊中及航行中的船舶，为管理者提供了船舶动态分布的全面视角。此外，视图左侧还详细列出了当前正在处理的各类风险数量，使管理者能够迅速把握风险处理进展。这一综合视图不仅实现了对危化品船舶风险状况的实时监控，更有助于提升管理效率，确保船舶运输的安全与高效。

实时、单日及近 7d 内危化品船舶的风险评估统计情况如图 4.17 所示。

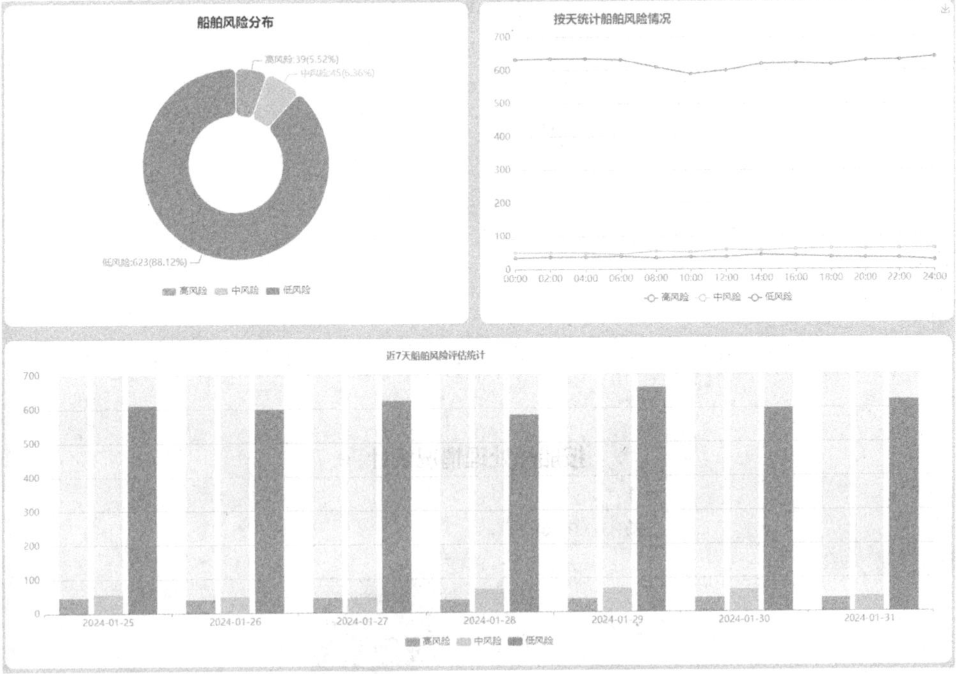

图 4.17　实时、单日及近 7d 然化品船舶的风险评估统计情况

从图中可以明显看出，大部分船舶被归类为低风险船舶，这表明船舶运输的整体安全状况较为稳定。然而，高风险船舶的占比亦不容忽视，这提醒海事监管部门需要持续关注并加强对这类船舶的监管，以确保其运输安全，避免潜在风险的发生。

各类风险占比和风险处理统计如图 4.18 所示。

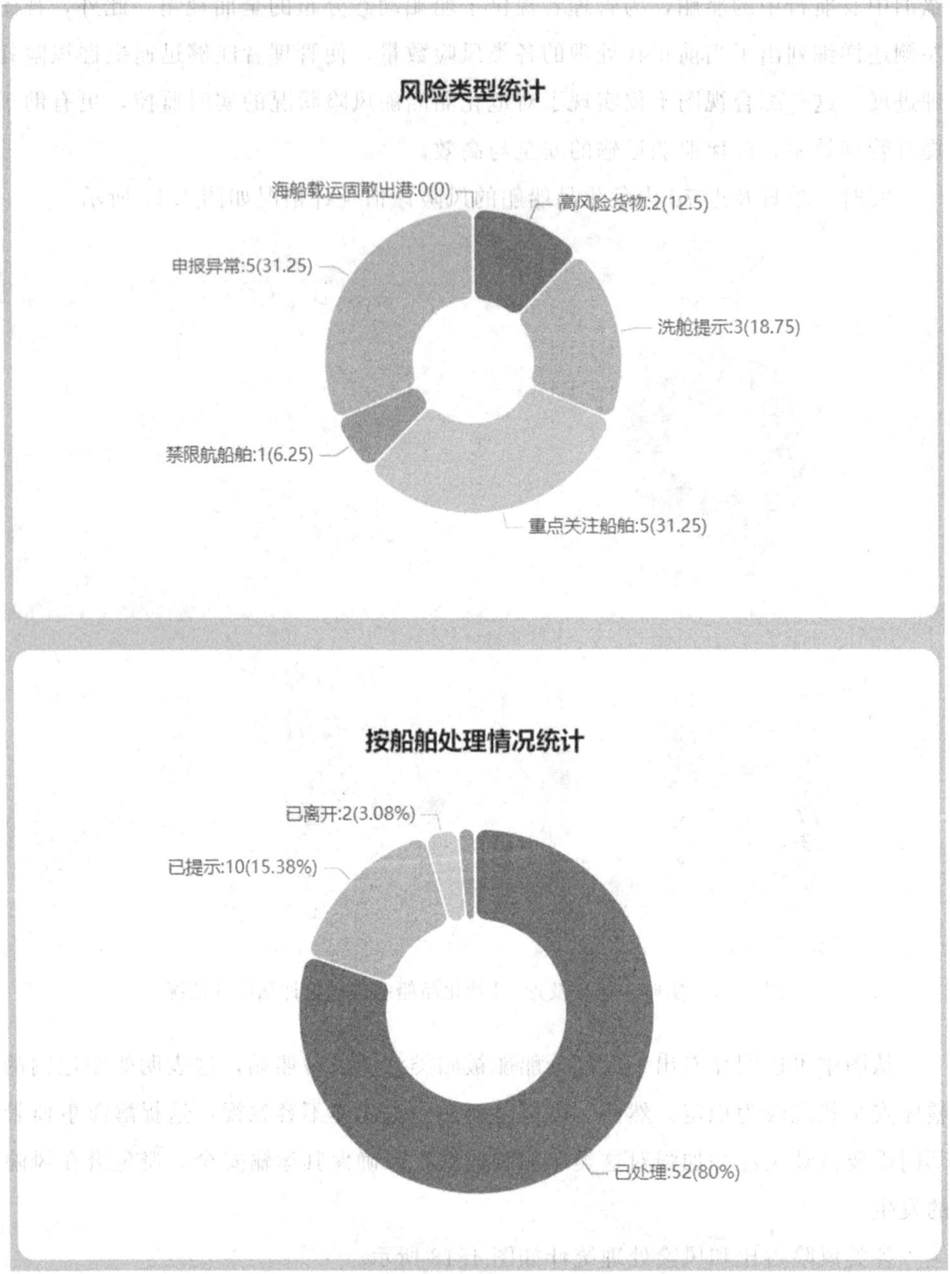

图 4.18　各类风险占比和风险处理统计

4.5　AIS 数据分析在船舶智能监控中的应用

随着全球贸易的持续增长，航运业在国际贸易中的地位日益凸显。然而，航运业的快速发展也伴随着船舶数量的激增和航运线路的日趋复杂，这无疑给船舶管理与监控带来了巨大的挑战和压力。在这样的背景下，船舶智能监控在提高水上交通安全、优化船舶管理与运营效率以及应对航运业挑战等方面具有显著的重要性。随着技术的不断进步和应用范围的扩大，智能监控系统将在航运业中发挥更加关键的作用。AIS 作为国际海事组织（IMO）规定的大型船舶必备设备，扮演着至关重要的角色。AIS 通过无线电频率自动交换船舶的身份、位置、速度、航向等信息，为船舶提供实时的动态数据。这些数据不仅用于船舶之间的相互识别和避碰，还为岸基管理部门提供了重要的监控信息。AIS 成为现代航运业不可或缺的一部分，为船舶的航行安全和效率提供了有力的保障。以 AIS 数据为基础，融入船舶报港、船舶登记等信息实现船舶的实时监控有助于提升船舶航行安全性、提高船舶航行效率、强化应急响应与救援能力、促进商业应用与市场分析。

多雷达组网系统、AIS、卫星监控、闭路电视视频监控等是船舶监控中广泛采用的技术。AIS 技术由岸上基站和船载设备共同工作，通过 GPS 精准获取船舶位置，实现了船舶动态和静态信息的实时传输。国内外对基于 AIS 数据开展船舶监控开展了广泛的研究，包括行为特征挖掘、智能感知系统结合、数据质量与应用局限性分析以及监控系统的优化与创新等。这些研究为航海领域的安全、效率和智能化发展提供了有力支持。基于 AIS 的船舶监控研究已经历经多年的深入探索，随着航运产业对智能化需求的日益增长以及新一代信息技术的迅猛进步，这一领域的研究依然保持着活跃的发展态势。目前，多源异构数据的融合、机器学习算法的创新应用，以及海量数据的实时处理等技术难题，正成为该领域的研究焦点和前沿挑战。

多雷达组网系统、AIS、卫星监控和闭路电视视频监控在船舶监控中均扮演着重要角色，然而，它们各自也存在一定的缺陷。为了克服这些缺陷并提升监控效能，融合多源异构数据成为一个重要的研究方向。Kim 等人[47]融合卫星 SAR、高频雷达、无人机和AIS等系统构建了船舶实时监控系统，有效检测非法船舶。Xiao等人[26]提出了一种基于多源AIS数据的自适应数据融合（ADF）模型，用于预测海上交通中的船舶轨迹。该模型使用相同的海上移动通信业务标识符（MMSI）和时间戳来融合多源AIS数据。同时，采用深度学习方法进行特征学习，以提高适应性。张卫成等人[28]面对船舶碰撞航标受损后难以主动监测和取证的挑战，研究结合雷达、AIS、摄像头等多种传感器及物联网技术的综合解决方案。该方案通过应用雷达图像帧差分技术、卡尔曼滤波以及匈牙利匹配算法等高级信息融合方法，设计了一个集多传感器数据于一体的智能航标碰撞监测系统，显著提高了航标碰撞监测和预警的即时性。

轨迹预测与轨迹分类在船舶监控中扮演着至关重要的角色，机器学习算法已经在轨迹预测与轨迹分类得到了广泛应用。早期的船舶轨迹预测普遍依赖卡尔曼滤波技术、贝叶斯估计方法等传统方法，即利用船舶动力学原理、统计分析技术来构建运动及行为模型，进而对未来轨迹进行预测[29]。人工神经网络、LSTM、Transformer等技术目前被广泛应用于船舶轨迹预测。白响恩等人[30]将BP神经网络与粒子群算法融合，通过历史轨迹对船舶未来航行进行预测，对船舶危险预警、船舶异常监测等方面具有重要的指导作用。Gao等人[31]基于MP-LSTM方法，采用3次样条插值和历史轨迹来实现船舶轨迹的预测，提高了船舶轨迹预测精度。柯研等人[32]提出了一种多模态轨迹预测模型，以舟山港AIS数据加对模型进行训练，实现了对船舶轨迹的预测。DBScan[33]、深度学习[34]等算法实现了船舶轨迹的分类，可以识别和区分不同类型的船舶行为。

随着AIS覆盖率的不断扩大和持续时间的延长，AIS数据量呈现出海量增长的趋势。传统的AIS数据处理方式主要依赖于传统的应用程序和数据库来实现管理，但随着数据量的激增，已无法满足数据处理的需求。为了更高效可靠地处理海量AIS数据，大数据技术逐步应用于AIS数据处理[35]。本书构建基于Lambda架构的AIS数据处理架构，提高AIS数据处理的容错性、查询灵活度和扩展性，能够满足真实生产环境的应用。

4.6.1 基于Lambda架构的数据处理

基于Lambda的数据处理架构图如图4.19所示，分为数据采集层、数据汇聚层、数据存储层、数据计算层和数据服务层。数据从业务系统和基站收集，并通过 Kafka 消息队列或 Sqoop 等数据采集工具推送到数据仓库。根据 Lambda 架构，数据处理的核心模块为离线计算模块、实时计算模块和数据服务层。离线计算模块负责存储和处理离线历史数据集，通过预计算生成特定查询视图（批处理视图），以确保数据的准确性和完整性。实时计算模块处理增量生成的实时数据流，生成具有低延迟的实时数据视图（实时视图）。由于它处理的是增量数据，因此结果可能不如批处理层准确，但它可以填补批处理层因高延迟而产生的数据空白。数据服务层将批处理层和加速层生成的结果集进行组合，并响应用户的查询请求。

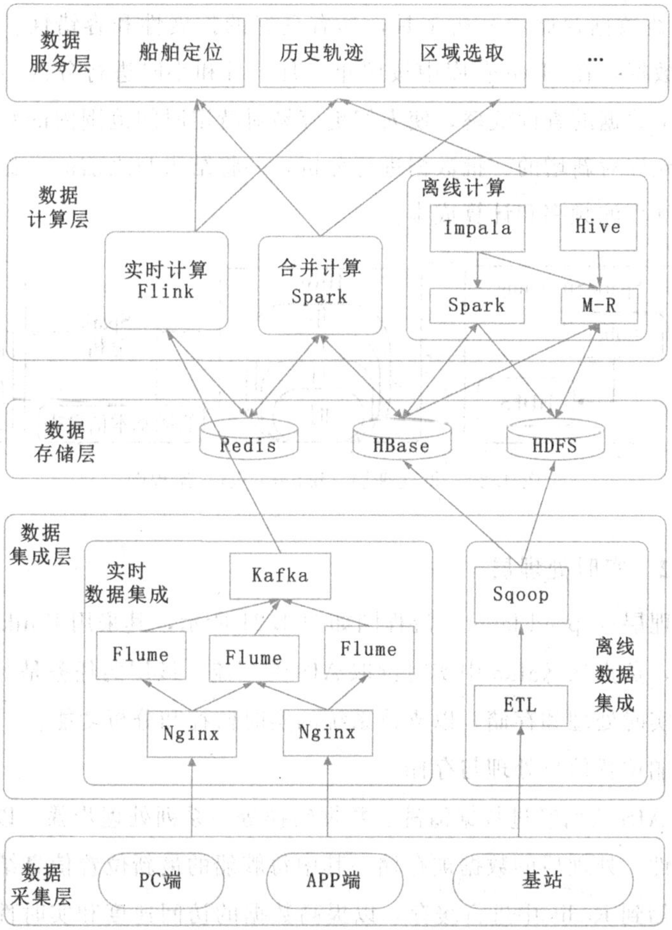

图 4.19　基于 Lambda 的数据处理架构图

4.6.1.1 批处理层

批处理层（batch layer）流程图如图 4.20 所示，是处理大量历史数据的关键组成部分。在这一层，利用 Spark Streaming 框架连接到 Kafka，实时接收 AIS 数据流。接收到的数据流经过 Spark Streaming 的处理和转换后，首先被存储到 HDFS（Hadoop 分布式文件系统）中。在 HDFS 中，按照时间将每小时的数据分别存储到不同的目录中。

系统利用 Spark 进行增量抽取，将每日的数据按照时间分区存储到 Hive 数据仓库中。将数据存到 Hive 的原因是它占用内存较少且适合存储大量数据。Hive 作为离线数据存储和分析工具，具有良好的扩展性和容错性。为了更好地管理和查询数据，在 Hive 仓库中按照年、月、日和小时进行分区。这种分区方式不仅提高了数据的查询效率，使人们更容易对特定时间范围内的数据进行分析和挖掘，还允许对新增的一批数据进行分析，并将结果与之前的数据合并，从而减少大规模计算的频率和计算成本。

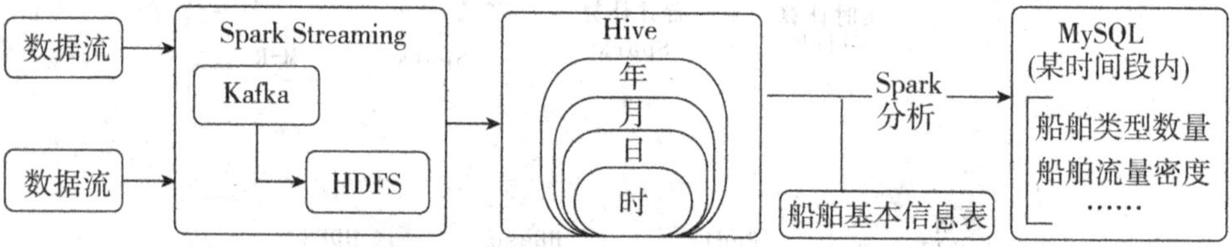

图 4.20 批处理层（batch layer）流程图

4.6.1.2 实时处理层

实时处理层（speed layer）流程图如图 4.21 所示，其采用 Flink 作为流式数据处理引擎，负责从 Kafka 中实时读取 AIS 数据流。该层的任务是对接收到的船舶数据进行实时处理和存储，以支持系统的实时监控和分析功能。

（1）船舶位置信息处理与存储。

收到的 AIS 数据经过数据清洗、数据转换等一系列处理步骤，以确保数据的质量和一致性。处理后的数据被存储，其中每艘船的最新位置信息结合船舶基本信息表，存储到 Redis 中进行缓存，以提高数据的访问速度和实时性。同时，每艘船的历史轨迹数据被存储到 HBase 中，以支持后续的轨迹分析和可视化。

(2) 闯禁区和违法关闭船台(信号丢失)处理。

实时处理层负责对船舶的行为进行实时监测。通过 Flink 流式数据处理引擎,系统实时监测船舶位置,检测是否有船舶进入预先定义的禁航区域。同时,系统也实时检测船舶因违法关闭船台信号的丢失情况,及时发现船舶信号异常或中断的情况。处理后的计算结果被存储到 MySQL 数据库中,以便后续的分析和处理。这样的实时处理和存储机制,保证了系统对船舶状态的及时监测和响应,为航行安全提供了重要的支持和保障。

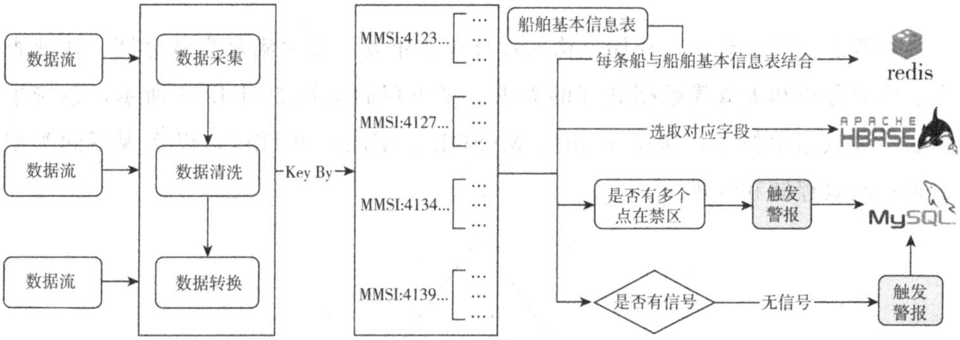

图 4.21 实时处理层(speed layer)流程图

4.6.1.3 服务层

服务层(serving layer)流程图如图 4.22 所示,其负责整合批处理层和实时处理层的数据。通过 Spring Boot 框架搭建后端服务,系统从 Redis、HBase 和 MySQL 中读取并整合数据。

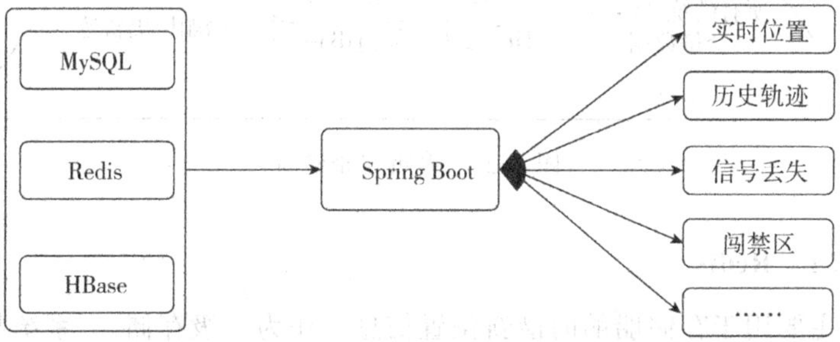

图 4.22 服务层(serving layer)流程图

服务层通过统一接口整合批处理层生成的历史数据和实时处理层生成的实时数据，确保用户能够随时获取最新的船舶信息和历史数据。服务层为前端应用提供高效的数据访问接口，支持多种展示和分析需求，包括实时位置、历史轨迹、闯禁区和违法关闭船台等事件记录。前端应用使用 Vue、Mapbox 和 ECharts 进行地图绘制和图表展示，用户可以直观查看船舶的动态信息和历史数据分析结果。

4.6.2 基于多级架构的数据存储

在智能监控平台中，存储架构的设计至关重要，需要满足高效存储、快速查询、实时分析和大规模数据处理的需求。多级存储架构如图 4.23 所示，系统采用了多种数据库技术，包括 Redis、MySQL、HBase 和 Hive，以实现不同类型数据的高效存储和管理。

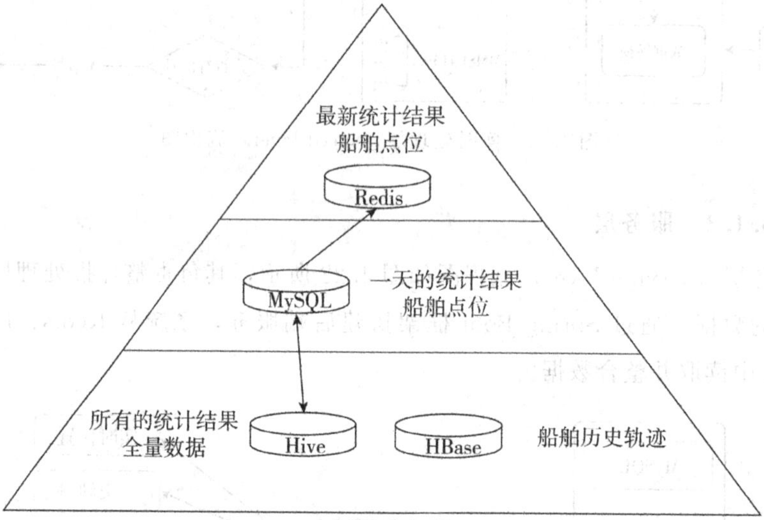

图 4.23 多级存储架构

4.6.2.1 Redis

Redis 主要用于存储船舶的最新位置信息（作为一级存储）。系统将每艘船的最新位置信息结合船舶基本信息表存储到 Redis 中，以确保数据的快速访问和更新。

在 Redis 中，数据以哈希表的形式存储。每个船舶的最新位置信息存储在一个 field 为 MMSI 的键中，其值为包含详细位置信息和船舶基本信息的 JSON 对象。例如，每当接收到新的 AIS 数据时，系统会将数据解析后存储到 Redis 中。对于相同的 MMSI，Redis 会更新相应的值；对于新的 MMSI，则会添加新的键值对。通过这种方式，确保系统能够即时获取和展示最新的船舶位置信息。

4.6.2.2 MySQL

MySQL 用于存储通过 Flink 实时分析得到的结果，如闯禁区和违法关闭船台的数据（作为二级存储）。Flink 通过 addSink 将分析结果实时存储到 MySQL 数据库中，包括船舶的 MMSI、相关事件的时间、位置等关键信息。

4.6.2.3 HBase

HBase 作为分布式数据库，主要用于存储和管理船舶的历史轨迹数据（作为三级存储）。由于 HBase 的良好扩展性和对大规模数据的高效处理能力，使其适合存储大量时间序列数据。船舶的轨迹数据量大且增长迅速，HBase 的分布式存储特性确保了系统在处理与查询这些数据时的性能和可靠性。通过 HBase，系统能够高效存储和查询每艘船的历史航行轨迹，支持后续的轨迹分析和可视化。

4.6.2.4 Hive

Hive 作为数据仓库，主要用于存储批处理层处理后的历史数据（与 HBase 一同作为三级存储）。利用 Spark 对接收到的 AIS 数据流进行处理和转换后，将数据首先存储到 HDFS（Hadoop 分布式文件系统）中，再按照时间分区将数据增量存储到 Hive 中。Hive 的优势在于其占用存储空间少且适合存储大量数据，特别适用于离线分析和处理。通过 Hive，系统能够对大量历史数据进行高效管理和查询，支持复杂的离线数据分析和报告生成。

4.6.3 基于前后端分离的数据可视化

4.6.3.1 基于 Spring boot 的后端

后端服务层负责获取批处理层和流处理层存好的数据，并通过 Spring Boot

提供 RESTful API 接口，将这些数据发送到前端进行展示和分析。服务层主要包括 3 个控制器：MySQLController、RedisController 和 HBaseController，分别处理来自 MySQL、Redis 和 HBase 的数据请求，将用户请求转为 JSON 格式传递给前端。例如，RedisController 提供前端船舶实时位置的查询，输入参数为区域坐标，输出 JSON 数据（图 4.24）。

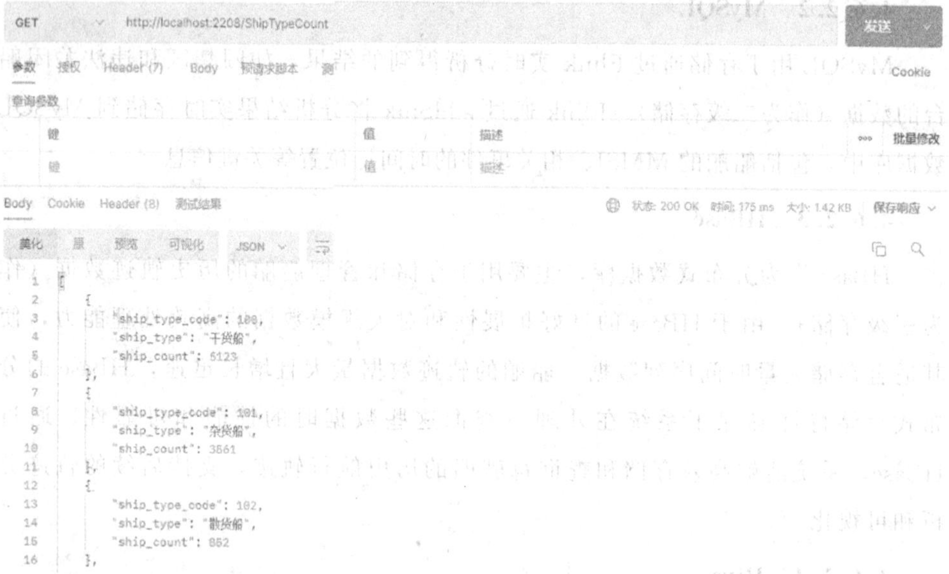

图 4.24 后端基于 JSON 格式的数据接口

4.6.3.2 基于 Vue 的前端展示

在前端实现中，采用了 Mapbox 作为地图渲染引擎，结合 Vue.js 框架和 ECharts 库实现了前端交互和数据可视化。除此之外，还整合了其他渲染 Vue 框架的组件库，如 Ant Design Vue、Element Plus 等，以提升用户界面的交互性和美观性。系统能够实时跟踪辖区内每条船舶的实时信息，点击某条船舶后，可以显示该船舶的详细信息及其航行轨迹。

船舶的详细信息窗口如图 4.25 所示，船舶的航行轨迹如图 4.26 所示。

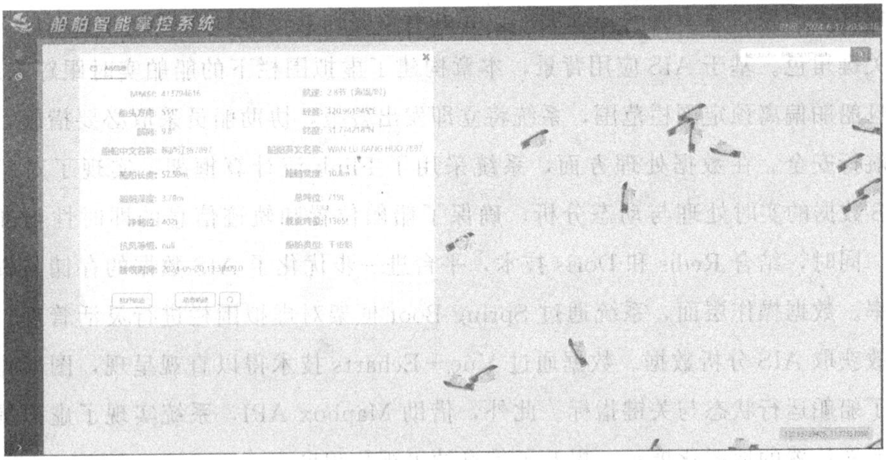

图 4.25　船舶的详细信息窗口

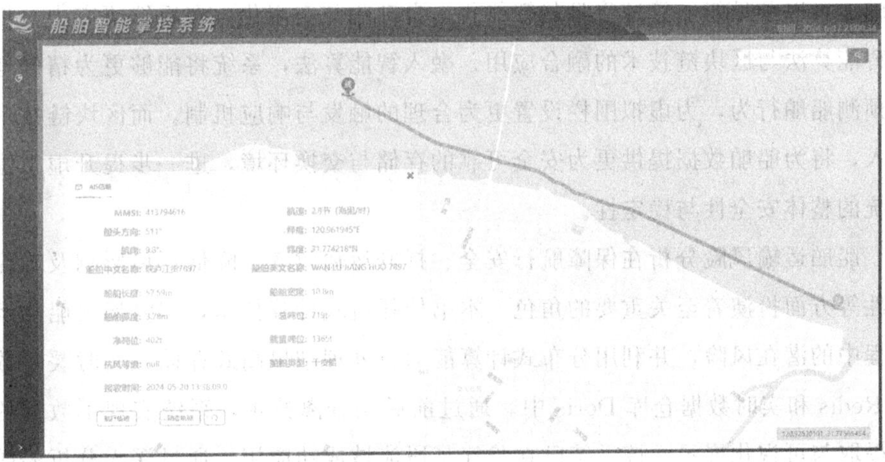

图 4.25　船舶的航行轨迹

4.7　本 章 小 结

AIS 数据分析在海事监管中发挥着重要作用，其应用涵盖了船舶实时监控、船舶配员管理、船舶电子围栏、船舶危化品管理等多个方面。水上运输中，虚拟围栏技术的核心在于实时追踪船舶位置并有效监控其进出行为，而 AIS 在此扮演了关键角色。基于 AIS 应用背景，本章构建了虚拟围栏下的船舶实时跟踪系统。一旦船舶偏离预定围栏范围，系统将立即发出警报，协助船员采取必要措施，确保航行安全。在数据处理方面，系统采用了 Flink 流计算框架，实现了对船舶 AIS 数据的实时处理与动态分析，确保了船舶位置和轨迹信息的即时性与准确性。同时，结合 Redis 和 Doris 技术，平台进一步优化了 AIS 数据的存储与查询效率。数据操作层面，系统通过 Spring Boot 框架对虚拟围栏进行灵活管理，并高效获取 AIS 分析数据。数据通过 Vue＋Echarts 技术得以直观呈现，图形化展示了船舶运行状态与关键指标。此外，借助 Mapbox API，系统实现了虚拟围栏与船舶位置的地图化展示，提升了信息的可视化程度。

展望未来，船舶虚拟围栏技术将迎来更为广阔的应用前景。随着科技的不断突破，可以预见船舶管理将日趋智能化、自动化与实用化。在后续研究中，将探索智能算法与区块链技术的融合应用。融入智能算法，系统将能够更为精确地分析预测船舶行为，为虚拟围栏设置更为合理的触发与响应机制。而区块链技术的引入，将为船舶数据提供更为安全可靠的存储与交换环境，进一步提升虚拟围栏系统的整体安全性与稳定性。

船舶运输风险分析在保障航行安全、提升运输效率、降低环境影响及确保合规性等方面扮演着至关重要的角色。本书依托流式计算技术，实时捕获船舶运输过程中的潜在风险，并利用分布式计算能力将处理结果高效存储在实时缓存数据库 Redis 和实时数据仓库 Doris 中。通过前后端分离技术，系统实现了数据的便捷提取与可视化展示。该系统已在长江某段流域成功应用，通过深入分析船舶运输过程中的各种因素，不仅揭示了运输中的潜在问题和改进空间，还显著提升了海事监管的效能和水平。

船舶配员不足会给船舶安全带来极大的隐患，严重时可能造成水上交通安全事故。为了提高船舶配员的精准性，提升船舶配员核查效能，某海事监管部门上线了船舶配员管理系统。船舶配员的信息化管理为监管部门收集了海量的船舶配员及配员核查数据。为了充分挖掘配员数据，更有效、快捷地查询配员数据，本书设计并实现了船舶配员数据分析平台。该平台基于 AIS 数据的船舶配员数据仓库，通过对数据的自动化流程操作实现了数据的清洗、处理和统计等操作。平台通过 Presto＋Hive 实现了海量配员数据的即时查询，满足监管部门的查询要求。平台通过前后端分离技术实现可视化模块，后端基于 Spring Boot 实现，前端基于 Vue＋Echarts 实现，前后端通过 Axios 实现数据通信。平台的实现能够帮助监管部门实时了解船舶配员情况，有效提高船舶配员管理的智慧化水平。船舶配员智能化监管成为趋势，而数据分析技术在其中将扮演着重要的角色。未来的研究工作将围绕着机器学习和深度学习算法对船舶配员数据进行深度挖掘。通过对数据的挖掘，增强船舶配员核查的精准性，分析船舶配员存在的安全隐患，提升船舶配员管理的智能化水平。

伴随着水上运输的发展，危化品的运量和事故风险性随之增大，也是海事监管部门管理的重点之一。为了更好地监管危化品船舶，海事监管部门构建了结合人工智能、物联网、云计算、大数据等技术的危化品船舶监管系统。系统在运行中积累了宝贵的数据。为了实时处理和分析这些数据，本书设计并实现了基于 AIS 的危化品船舶风险数据实时分析平台。平台基于 Flink 集群，构建了分布式流式计算平台。风险数据作为流数据，通过 Kafka 消息队列进行传递。两级 Flink 集群分别实现数据的计算和统计功能。计算和统计的结果存储到不同级别的存储系统中，然后通过前后端分离技术进行可视化展现。本书将大数据技术应用于危化品船舶的监管中，提高了危化品船舶管理的智能化水平。

在智能航运领域，AIS 数据处理对提升航运效率和安全性至关重要。本书利用高效稳定的 Kafka 消息队列传递 AIS 数据，结合 Spark、Flink 等多种数据处理技术和多级存储架构构建基于 Lambda 的高效数据处理架构。为了实时跟踪船舶位置，系统采用 Mapbox 作为地图底图，实现 AIS 船舶实时信息存储在 Redis 中、轨迹信息存储在 HBase 中，通过 Spring Boot 将数据转换为 GeoJson 格式返回给前端。前端采用 OpenLayers 进行多图层加载，实现船舶动态地图的实时显示。系统与海事监管业务相结合，具有丰富的应用场景和潜在价值。它能实现风险船舶告警、船舶流量统计和船舶事故救助等功能，提高海域安全性和航运效率。随着航运数据规模的不断扩大，未来可以进一步优化系统架构和算法，引入更先进的硬件设备和技术，以提高系统的处理能力和效率。随着船舶监管智能化需求的发展，本书将进一步研究深度学习算法，对海事数据进行更精细化的分析和预测，提前发现潜在的安全隐患和风险，为决策提供更可靠的参考。

随着技术的不断发展和创新，AIS 数据分析将在海事监管中发挥更大的作用，为保障水上交通安全和航运事业的发展贡献更大的力量。

本章参考文献

[1] 苏斌，王有军，李星．浅谈 AIS 海上电子围栏系统及在海上风电场的应用［J］．航海技术，2021（5）：38-41.

[2] 吴坤阳．虚拟“电子围栏”在船舶进出港报告监管中的应用［J］．交通企业管理，2020，35（2）：98-100.

[3] 岳玮，余锦源．融合航标、AIS 与视频分析的电子围栏对于桥区船舶偏航预警应用系统研究［J］．珠江水运，2022（16）：114-116.

[4] 崔凯．海上风电场虚拟电子围栏技术的研究与应用［J］．水利信息化，2021（4）：60-63.

[5] 苏斌，王有军，李星．浅谈 AIS 海上电子围栏系统及在海上风电场的应用［J］．航海技术，2021（5）：38-41.

[6] SUN W. Study on the application of intelligent security technology in ports ［C］//International Conference on Smart Transportation and City Engineering 2021. SPIE，2021，12050：648-653.

[7] READ A D，MCBRIDE C，SPENCER T，et al. Preventing noncompliance in marine protected areas using a real-time alert system ［J］. Ocean & Coastal Management，2019，173：123-130.

[8] BALLINES BARRERA S，LÓPEZREVERÓN L，Santana-CEDRÉS D，et al. Maritime surveillance by multiple data fusion：An application based on deep learning object detection，AIS data and geofencing ［J］. VISIGRAPP，2023：846-855.

[9] 崔志伟，张宇琳，张飞舟，等．基于 AIS 数据的海上电子围栏选址［J］．

导航定位学报，2023，11（4）：49-55.
[10] 王哲，雷永新，薛冰清，等．船舶运输风险分析与应对策略［J］．船舶物资与市场，2023，31（7）：1-3.
[11] ZAIB A，YIN JB，KHAN R U. Determining role of human factors in maritime transportation accidents by fuzzy fault tree analysis（FFTA）［J］．Journal of Marine Science and Engineering，2022，10（3）：381.
[12] 张金奋，游斌，蔡明佑，等．AIS 数据驱动下的渡船横越场景识别与碰撞风险建模［J］．中国航海，2023，46（2）：46-53，59.
[13] RONG H，TEIXEIRA A P，SOARES C G. Ship collision avoidance behaviour recognition and analysis based on AIS data［J］．Ocean Engineering，2022，245：110479.
[14] 朱坤，龚旭平，吴富民，等．船舶污染物接收信息化监管系统设计分析［J］．船舶物资与市场，2022，30（11）：77-79.
[15] LIU Z，ZHANG BY，ZHANG MY，et al. A quantitative method for the analysis of ship collision risk using AIS data［J］．Ocean Engineering，2023，272：113906.
[16] Hu Q，Han W，Zhang H. Ship identity authentication security model based on Blockchain［C］//2021 4th International Conference on Data Science and Information Technology. 2021：135-142.
[17] CHEN RC，LIU C，XUE QQ，et al. Research on fine ship sewage generation inventory based on AIS data and its application in the yangtze river［J］．Water，2022，14（19）：3109.
[18] ALIZADEH D，ALESHEIKH AA，SHARIF M. Vessel trajectory prediction using historical automatic identification system data［J］．The Journal of Navigation，2022，74（1）：1-19.
[19] HANNAFORD E，HASSEL E V. Risks and benefits of crew reduction and/or removal with increased automation on the ship operator：A licensed deck officer's perspective［J］．Applied Sciences，2021，11（8）：3569.
[20] 王兴琦．我国船舶安全配员管理问题与建议［J］．世界海运，2023，46（10）：18-21.

[21] 姚亮，蒋夕良，张黎光，等．面向数据赋码分级的危化品船舶精准监管研究［J］．中国海事，2024（1）：72-75.

[22] 陈永．内河危化品船舶货物运输风险控制标准研究［D］．大连：大连海事大学，2020.

[23] 曹盛文，姜晓铁，宋丽丽，等．基于 AIS 数据的海上危化品移动风险源环境风险评价模型研究与应用［J］．海洋信息技术与应用，2021，36（4）：15-24.

[24] 夏冠群．内河危化品船舶的五级联动云监管系统［J］．中国水运，2022（12）：60-62.

[25] ZHANG D，HUANG，FAN X B. Water transportation management system of dangerous goods based on RFID/GPS/GIS［J］. in Proceedings of the International Conference of Logistics Engineering & Management 2010：2312-2317.

[26] KIM S W，KIM D，LEE Y K，et al. Operational ship monitoring based on multi-platforms（Satellite，UAV，HF radar，AIS）［J］. Korean Journal of Remote Sensing，2020，36（27）：379-399.

[27] XIAO Y，LI CX，YIN JJ，et al. Adaptive multi-source data fusion vessel trajectory prediction model for intelligent maritime traffic［J］. Knowledge-Based Systems，2023，277：110799.

[28] 张卫成，王永涛，刘兴龙．多传感器融合的航标碰撞智能监测系统设计应用［J］．中国海事，2023（6）：59-61.

[29] 谭楠．基于轨迹预测的船舶监管系统的设计与实现［D］．华东师范大学，2023.

[30] 白响恩，陈诺，徐笑锋．基于 IPSO-BP 的船舶航迹预测研究［J］．包装工程，2024，45（9）：201-209.

[31] Gao D，Zhu Y，Zhang J，et al. A novel MP-LSTM method for ship trajectory prediction based on AIS data［J］. Ocean Engineering，2021，228：108956.

[32] 柯研，陈姚节．基于 S-Transformer 的多模态船舶轨迹预测［J］．计算机系统应用，2024，33（3）：273-280.

[33] 邱文轩，许志远，翟泽宇，等．基于改进 DBSCAN 算法的船舶轨迹聚类与可视化应用 [J]．中国水运，2023 (8)：59-61.

[34] 常吉亮，谢磊，魏志威，等．基于深度卷积神经网络的船舶轨迹分类研究 [J]．武汉理工大学学报（交通科学与工程版），2022，46 (1)：160-165.

[35] 黄琛，陈德山，吴兵，等．船舶航行交通事件实时检测技术研究现状与展望 [J]．交通信息与安全，2022，40 (6)：1-11.

[36] LV T Z，HE CY，ZHANG J，et al. Massive AIS data storage and query based on Hadoop platform [C] //Journal of Physics：Conference Series. IOP Publishing，2021，1948 (1)：012016.

[37] LV T Z，TANG P Y，ZHANG J. A real - time AIS data cleaning and indicator analysis algorithm based on stream computing [J]．Scientific Programming，2023 (5)：1-12.

第 5 章　AIS 数据分析在环境保护中的应用

在环境保护方面，AIS 数据可以提供有关船舶活动、交通流量和航行模式的信息，从而有助于更好地理解和管理海洋环境。AIS 数据可以用于估算船舶的燃油消耗和排放，从而对环境影响进行评估。通过对 AIS 数据中的船舶位置、速度和航向等信息进行分析，可以估算出船舶的航行距离和燃油消耗，进而推算出其排放的污染物量。这有助于识别和监测高排放船舶，以便采取必要的措施来减少其对环境的影响。AIS 数据可以用于监测和保护海洋保护区。通过分析 AIS 数据中的船舶轨迹，可以确定哪些船舶进入了保护区，以及它们在保护区内的活动情况。这有助于及时发现和制止非法捕捞、污染等破坏海洋生态的行为，保护海洋生态环境。通过对 AIS 数据的分析，可以评估特定区域的航行安全水平和环境影响程度。例如，可以分析船舶的碰撞风险、航行密度等因素，以确定需要采取的安全措施和环境保护措施。AIS 数据处理在环境控制中的应用正在不断拓展和深化。随着技术的进步和数据的丰富，未来 AIS 数据将在水上环境保护和管理中发挥更加重要的作用。

为了监控船舶水污染物排放，海事管理部门依托 AIS 数据，在长江干线上建立了船舶水污染排放监控系统。该系统每天产生数万条船舶水污染排放数据，对于水污染排放数据的分析和可视化有助于监控部门掌握排放情况，提高监管的精准性。本书基于数据抽取技术实时将数据抽取到数据仓库，基于三级存储架构提高查询效率，基于流式计算技术实时统计排放情况，基于前后端分离技术实现数据可视化展现。

水路运输不仅是现代运输系统的重要组成部分，也是空气污染的重要来源。船舶造成的内河、港口和沿海地区空气污染日益严重。对船舶大气污染物排放进行实时计算和预警，可以为相关部门的快速决策提供依据。为实现大气污染物排放的实时监测，本书提出了一种大气污染物排放实时计算平台。该平台采用动态功率法，基于 AIS 数据计算船舶大气污染。该平台利用 AIS 数据的动态性和

Flink 的实时性，提高了对船舶大气污染物排放量监测的实时性，为蓝天保卫战提供数据支持。

船舶岸电技术是实现水上交通节能减排，控制船舶停靠期间大气污染和减少二氧化碳排放的有效手段。AIS 数据处理在船舶岸电中的应用主要体现在提供船舶实时信息、监测和优化岸电系统运行以及评估岸电使用效果和节能减排效果等方面。为了更加有效地保障船舶岸电科学使用，优化船舶岸电桩布局，本书基于 Doris 数据仓库技术，设计并实现了船舶岸电数据分析系统。该系统基于 Doris 数据仓库和 AIS 处理来实现数据的实时统计与查询，基于前后端分离技术实现可视化展现。

5.1　AIS 数据分析在船舶水污染中的应用

中国境内拥有众多的江河湖泊，丰富的水域资源，为内陆交通提供了有利的交通条件[1]。近几年，随着我国经济和社会的飞速发展，水上交通的兴起，对船舶水污染的排放提出了更高的要求。为了完善船舶排污监测、控制船舶排污，建立更加便捷、高效的船舶污染物排放与接收服务的信息沟通渠道，长江流域建立了船舶水污染物联合监管与信息服务平台。

随着内河航运的快速发展，传统的、粗放的水上交通管理已经影响了内河航运的比较优势发挥。大数据分析是信息技术领域的一场革命。在当今的商业领域、政府管理、技术应用等领域中，数据分析都是不可或缺的组成部分[2]。船舶水污染物联合监管与信息服务平台每天产生数万条船舶污染物排放数据，如何充分利用这些数据，挖掘其中规律就显得尤为重要。通过对水污染排放数据的分析可以提高水污染排放监管的精准性，提升运行和管理水平。

船舶水污染物排放数据存储在 MySQL 系统中，本书基于 ETL 工具实时将增量数据抽取到 Kafka 消息队列中，将排放详细数据存储到 Doris 数据仓库中，同时通过 Flink 流式计算平台实时统计数据并存储到数据库中，通过 Redis 实时缓存机制提高查询效率。数据可视化模块基于前后端分离技术实现。船舶水污染数据分析系统通过数据分析和可视化，构建了智能化的船舶水污染监控体系，实时掌握船舶水污染排放情况，有益于提升船舶水污染管理水平，建立高效、监管有力的污染物接收和处理布局。

5.1.1 系统设计

船舶水污染数据分析系统由数据采集模块、数据汇聚模块、数据统计模块、数据存储模块和数据可视化模块组成（图 5.1）。

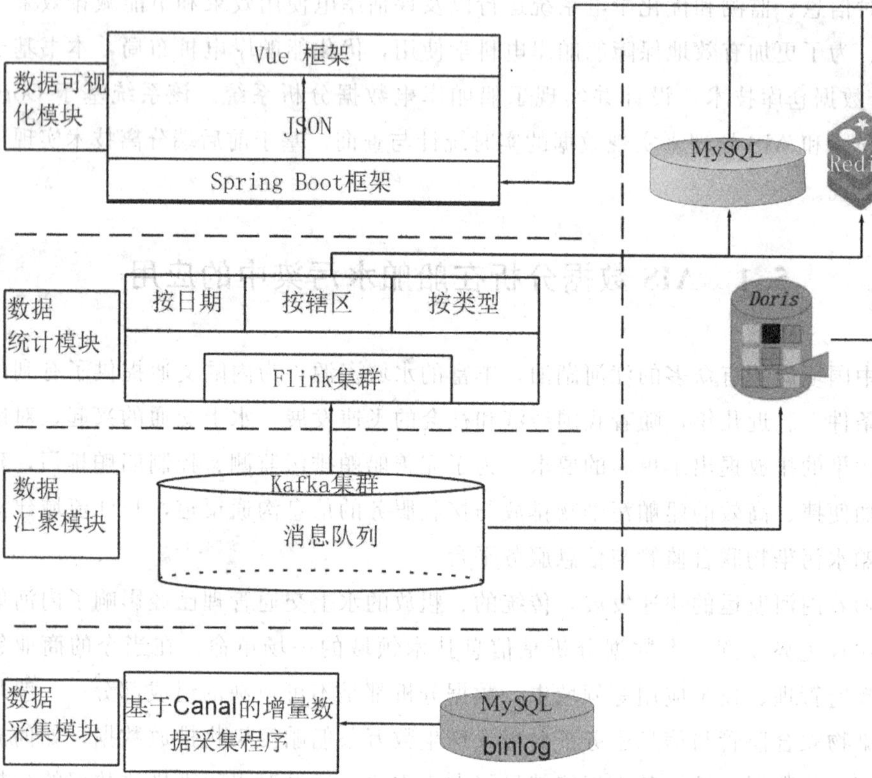

图 5.1 系统架构

MySQL 二进制日志 binlog 以事件形式记录 MySQL 的 DDL 和 DML 操作语句[3]。Canal 是阿里巴巴公司提供的，用于基于 MySQL 数据库增量日志解析，提供增量数据订阅和消费服务。数据采集模块基于 MySQL 的 binlog 日志，采用 Canal 增量的方式将新修改的数据发送到 Kafka 集群中。基于 Apache Kafka 的高吞吐/低延迟、持久性/可靠性、高并发、容错性等特点[4]，数据汇聚模块将采集到的船舶污染物排放数据汇聚起来提供给 Flink 流式计算平台统计和 Doris 数据仓库存储。

基于流式计算技术，数据统计模块采用 Apache Flink 实现按辖区和日期的统计，并将计算结果推送到 MySQL 数据库和 Redis 缓存中。数据存储模块采用三级数据存储架构，第一级是 Redis 缓存，存储诸如船舶实时坐标位置、中间计算结果等信息。第二级是 MySQL 关系型数据库，存储数据仓库中计算的统计结果，方便用户快速查询。第三级是 Doris 数据仓库，支持大规模数据的数据处理，实现了分布式存储，具有高可用性。

数据可视化模块采用前后端分离技术实现。后端基于 Spring Boot 完成，提供 Restful 接口，部署在 Docker 容器中，通过弹性计算架构提高了后端服务的可靠性。前端基于 Axios 获取数据，通过 Vue 组织页面，通过 Mapbox 显示地图，通过 Echarts 显示图表。

5.1.2 数据仓库模型

本书选择星形架构构建数据仓库。星型模型由一张事实表和多张维度表组成。事实表里包括维度表的主键，以及其它没有放进维度表的内容。维度表里存储对应维度的详细信息[5]。数据仓库模型如图 5.2 所示。系统将联单排放表作为事实表，通过申请单号、接收单号、转运单号、处理单号、辖区 ID 等关联到船舶污染物申请信息、接收信息、专业信息、处理信息以及所在辖区等。

5.1.3 功能模块

功能模块如图 5.3 所示。用户通过船舶水污染数据分析平台从从多个维度查询、统计、分析本辖区船舶水污染物接收、转运、处置各环节数据，如联单数量统计、污染物种类统计、公司排名统计，以图表的形式显示船舶水污染物交付量，用户可以非常直观地了解本辖区情况，包括月度接收联单数量统计、月度转运联单数量统计、月度处置联单数量统计、月度污染物接收数量统计、月度污染物转运数量统计、月度污染物处置数量统计等。

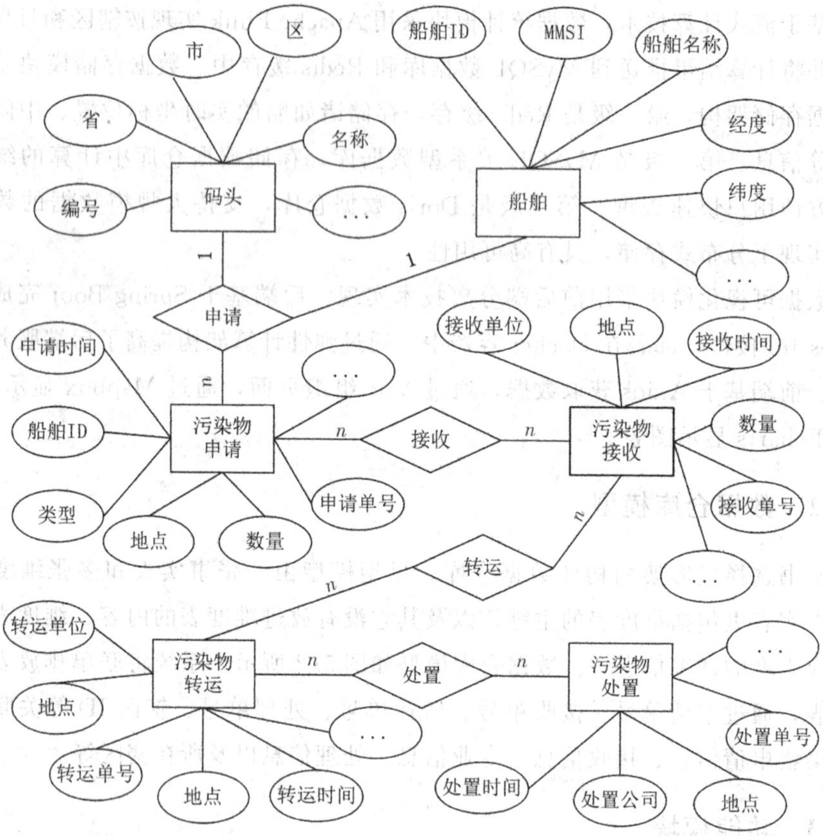

图 5.2　数据仓库模型

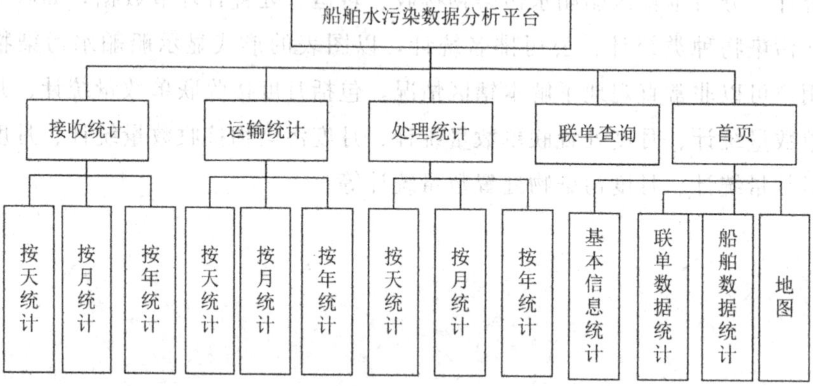

图 5.3　功能模块

5.1.4　系统实现

5.1.4.1　数据抽取实现

系统基于 Canal 实现船舶水污染物排放数据增量同步到 Doris 数据仓库中。采集客户端模拟 MySQL slave 的交互协议向 MySQL Mater 发送 dump 协议，MySQL mater 收到 canal 发送过来的 dump 请求，开始推送 binary log 给 canal，然后 canal 解析 binary log，再推送到 Kafka 消息队列中。数据采集流程如下。

（1）订阅需要同步的数据表，包括船舶污染物排放的申请单、接收单、接收-转运单、转运单、处置单以及分析所需的辖区表、码头表、用户表等信息。

（2）获取指定数量的数据。

（3）遍历处理获得每条数据，数据同时发送到 Flink 集群和 Doris 数据仓库中，传递给 Flink 集群的数据加上是新增还是修改的标记。

5.1.4.2　基于流式计算的数据统计实现

数据统计主要分为两部分内容，一部分是所在辖区船舶污染物排放相关设施、单位的数量，一部分是辖区所在的船舶污染物排放数据统计。

（1）设施、单位统计。

污染物接收设备、服务车船、港口作业单位等数据进入 Flink 集群中，如果是新增数据，以所在辖区 ID 值为键值查询 Redis 缓存，然后将相应设施和单位数量加 1。如果是新修改数据，由于系统中都是假删除，根据删除标记判断是需要对应数量减 1 还是保持不变。

（2）船舶污染物排放统计。

污染物排放申请单进入 Flink 集群中，判断是新增数据还是删除数据，更新所在辖区和上级辖区所在的船舶污染物申请数量，新增加的船舶申请单同时缓存到 Redis 中。污染物排放接收单进入 Flink 集群中，根据缓存中的船舶申请单和接收单构建船舶联单数据，设置状态为已接收状态，联单数据存储到 Doris 中，如果是新增接收单，更新接收单数量。船舶转运单进入 Flink 集群中，更新所在辖区转运单数量，同时更新联单数据状态为已转运。船舶处置单进入 Flink 集群中，更新所在辖区处置单数量，同时更新联单数据状态为已处置。

5.1.4.3 可视化后端实现

后端由控制层、业务逻辑成、持久层组层。控制层由后端Spring Controller实现，Controller接收前端请求，调用业务逻辑层，返回处理结果给前端。业务逻辑层实现岸电设备分析、岸电数据统计和基础配置。持久层由MyBatis实现，完成与数据库的交互。MyBatis Generator工具自动生成相应的实体类、Mapper映射文件和Mapper类[6]。根据业务需求在Mapper映射文件和Mapper类进行编辑，实现模型类和数据操作类的功能。

5.1.4.4 可视化前端实现

前端基于Model-View-ViewMode（模型—视图—视图模型）模式，由可视化层实现。Vue是基于MVVM模式实现的渐进式的JavaScript框架，能够快速构建前端应用[7]。系统图表展示基于ECharts图表库实现。ECharts是一款基于JavaScript的数据可视化图库，能够将非线性的数据以图形的方式展示[8]。在数据可视化中，地图可视化是高频应用的一种。系统采用可视化地图可以直观地展现岸电设施的布局情况。Mapbox是一款是地理信息数据可视化工具，通过在Mapbox地图图层上叠加岸电布局图层实现地图可视化功能。前端基于Axios异步请求来发送请求，后端返回JSON数据，数据绑定到Model中，通过View-Model同步到Echarts可视化图表中。

5.1.5 运行分析

船舶污染物统计概览，通过数据分析统计出各辖区船舶污染物申请艘次、接收艘次、转运次数和处置次数。右边是船舶污染物设施和组织的统计，包括作业地点、污染物接收设备、管道、服务车船、第三方服务单位、港口作业单位、接转处作业人员和监管用户。右边显示所在辖区船舶、目前在申请的船舶、在接收的船舶以及零申报的船舶。中间是地图，基于AIS地图展示船舶污染物排放的实时情况，其中绿色表示进入辖区后72h内已排放过船舶污染物或者申请过零排放。蓝色表示120h内排放过船舶污染物，红色表示120h内未排放过船舶污染物。

将地图放大后，可以具体看到每条船舶的污染物排放情况。

图5.6显示了2022年12月到2023年11月份某辖区内1年内接收船舶污染

物接收的放的数量。固态污染物的统计单位是 t，液态污染物的统计单位是 m^3。船舶垃圾按照右边的 Y 轴统计，每个月为 200～400t。液体污染物按左边 Y 轴统计，可以看出洗舱水在液体污染物中最多。

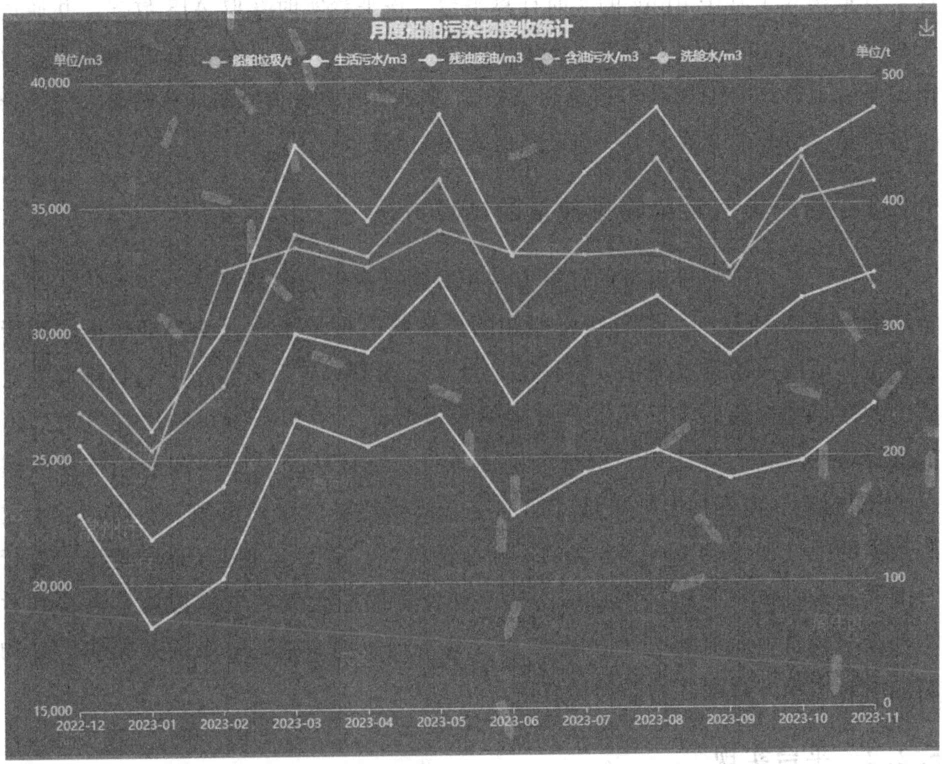

图 5.4　月度船舶污染物接收统计

5.2　AIS 数据分析在空气污染治理中的应用

水上交通因其大运量、低成本的特点，在运输散装货物方面占有显著优势，成为运输行业的重要组成部分。然而，作为水上交通主体的船舶，在运营过程中会向水体和空气排放多种有害物质，包括废气、有毒物质、生活污水和垃圾等，对大气造成了不容忽视的污染[9]。因此，需要相关部门和机构不断加大资源和技术投入，深入研究船舶大气污染防治措施。通过实时计算船舶大气污染排放清单，有助于实现更为精准和动态的船舶排放控制与管理。

传统的大气污染物排放量计算方法是基于静态统计的，无法实现船舶大气污染物排放的实时统计，造成时间滞后。为了实现船舶大气污染物排放量的实时统计，本章构建了基于 Flink 的实时计算平台。该平台实时获取 AIS 数据，并通过一级 Flink 平台对 AIS 数据进行分析和校正。二级 Flink 平台在修正后的 AIS 数据的基础上，结合船舶基本信息和 AIS 轨迹，采用动态功率法计算船舶大气污染物排放量。计算结果存储在 Doris 实时数据仓库。

5.2.1 船舶大气污染物排放量的计算方法

船舶大气污染物排放量的计算方法主要包括燃料法、贸易法、统计法、动力学法和动态功率法[10]。燃料法将船舶的总燃料消耗量作为活动水平数据，用于获得全球范围内的排放清单。贸易法是基于全球贸易与历史船舶污染物排放量之间的关系，建立船舶空气污染排放量估算模型[11]。燃料法和交易法是自上而下的统计方法。它们仅适用于宏观级别的统计。统计法是基于一些船舶统计数据（如船舶到达和离开报告）来估计船舶空气污染物排放量的模型。然而，由于这些数据的统计误差较大，该方法的不确定性较大。动力学法基于航行速度、航行时间和发动机负载等相关因素。这是一种计算船舶大气污染物排放量的精细方法，是一种自上而下的统计方法[12-13]。基于动态功率法，本书通过船舶信息和船舶航行信息计算大气污染物排放量。

5.2.2 平台实现

船舶大气污染物排放实时计算平台是基于 Flink、Kafka、Doris、Redis 等技术构建的。客户端程序从岸基站获取 AIS 数据。采集的数据发送到 Kafka 消息队列，并推送到 Flink 集群。两级 Flink 平台实时计算每艘船每分钟的空气污染物排放量，计算结果存储在实时数据仓库 Doris 中。可视化模块通过前后端分离技术实现船舶空气污染物的实时显示。

该平台通过数据采集与解码、实时计算和数据可视化 3 个模块实现了从 AIS 数据中实时显示船舶空气污染物排放情况。数据采集与解码模块负责从岸基站获取 AIS 数据，并将其解码为可用于后续处理和分析的格式。实时计算模块利用 Flink 等技术对解码后的 AIS 数据进行处理，计算每艘船每分钟的空气污染物排放量。这个模块是整个平台的核心，它能够在短时间内处理大量的数据，并提供准确的计算结果。最后，数据可视化模块通过前后端分离技术将实时计算得到的船舶空气污染物排放数据以直观的方式展示出来。

5.2.2.1　数据采集与解码模块

AIS 客户端程序将采集到的 AIS 数据推送到 Kafka 消息队列中，Flink 从 Kafka 消息队列中接收数据。原始 AIS 数据经过压缩和编码处理。为了获取船舶位置信息，平台通过 Flink 的 map 操作符对 AIS 数据进行解码。数据解码是根据 VDM 协议，从给定的起始位找到对应的起始字节，连续取出具有宽度指定位置信息的数据，然后将其转换并组合成所需信息。

5.2.2.2　数据实时计算模块

设定一个 5min 的时间窗口来计算船舶空气污染物排放量，实时计算模块根据船舶 AIS 信息在该时间窗口内执行此计算。处理流程如图 5.5 所示，该模块分为 4 个步骤：数据预处理、数据融合、排放量计算和数据存储。

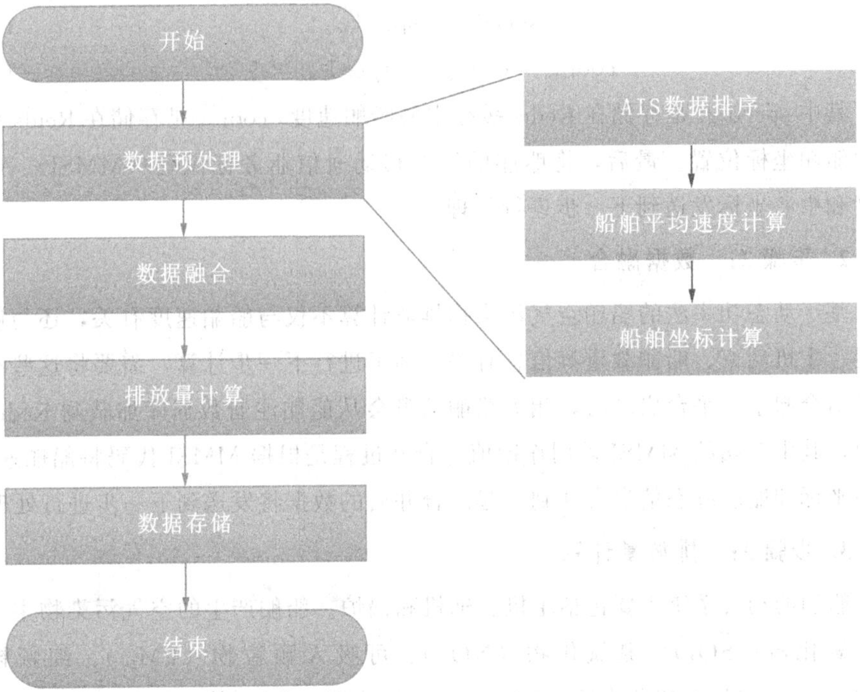

图 5.5　处理流程

1. 步骤1： 数据预处理

由于AIS数据来源于多个基站，导致数据的发送顺序可能不一致，存在后生成的AIS数据先被接收，先生成的数据后被接收的现象[14]。为了保证统计的准确性，需要按照船舶航行方向对时间窗口内的AIS数据进行排序。排序后的数据用 $x1$，x2，…，xn 表示，并将最后的AIS数据 xn 存储在Redis缓存中。接着计算该时间窗口内船舶的平均速度和中心坐标。平均速度的计算公式为：

$$\text{speed}_{\text{avg}} = \frac{1}{n}\sum_{i=1}^{n} \text{speed}_{xi} \tag{5-1}$$

其中 speed_{xi} 是第 i 个AIS数据的船舶速度。

$$\text{coor}_{\text{cent}} = \frac{1}{n}\sum_{i=1}^{n} \text{coor}_{xi} \tag{5-2}$$

其中 coor_{xi} 是第 i 个AIS包的船舶坐标。

如果在该时间窗口内没有接收到某艘船的AIS数据，则根据Redis缓存中的数据计算该船的速度和中心坐标，具体计算方法为

$$\text{speed}_{\text{avg}} = \text{speed}_{\text{redis}} \tag{5-3}$$

$$\text{coor}_{\text{avg}} = \text{coor}_{\text{redis}} + \text{speed}_{\text{redis}} \times 5 \tag{5-4}$$

其中 $\text{speed}_{\text{redis}}$ 是存储在Redis缓存中的船舶速度，coor_{avg} 是存储在Reids缓存中的船舶坐标位置。最后，将船舶的海上移动通信业务标识码（MMSI）、航行速度和中心坐标发送到下一步进行处理。

2. 步骤2： 数据融合

基于动态功率法的船舶空气污染物排放计算不仅与船舶速度有关，还与船舶类型、主机功率、船舶载重等信息有关。为了进行下一步计算，需要将这些相关信息结合起来。平台启动时，相关船舶信息会从船舶注册数据库加载到Redis缓存中，其中船舶的MMSI被用作键值。合并过程是根据MMSI代码将船舶速度、中心坐标和船舶静态信息合并到一起。合并后的数据将发送到下一步进行处理。

3. 步骤3： 排放量计算

船舶的动力系统主要包括主机、辅机和锅炉。船舶产生的空气污染物主要包括二氧化硫（SO_2）、氮氧化物（NO_x）、可吸入颗粒物（PM_{10}）、细颗粒物（$PM_{2.5}$）、挥发性有机化合物（VOC_s）、一氧化碳（CO）等。空气污染物的排放

量都是根据公式（5-5）～（5-9）来计算的，不同之处在于针对不同的空气污染物，会使用不同的系数。

$$Em = \sum_{i=1}^{3} E_i \tag{5-5}$$

这里 i 是一个索引，取值为 1、2、3，分别代表主机、辅机和锅炉。Ei 则表示这些不同设备（主机、辅机、锅炉）的排放量。船舶的主机是为船舶提供动力的发动机。目前，主机主要是柴油机。船舶主机空气污染物排放量的计算公司为

$$E_1 = MCR_1 \times LF \times EF_1 \times CF \times T \tag{5-6}$$

其中 E_1 表示主机的排放权重，其单位为克。MCR_1 是主机的额定功率。LF 是主机的负载系数，其值计算为

$$LF = speed_{avg} / speed_{max} \tag{5-7}$$

其中，$speed_{max}$ 是船舶的最大航行速度。EF_1 是某种污染物的船舶排放因子。LF 是低负载修正因子。当发动机负载率低于 20%时，燃料燃烧效率会降低，污染物排放会相应增加。因此，需要引入低负载修正因子来细化和修正排放因子。CF 就是低负载修正因子。T 是船舶航行时间。

船舶辅机是一组发电机组，主要用于为电子设备、仪器、仪表和其他电气设备提供电能[15]。空气污染物的排放量由排放因子、额定功率和航行时间决定，具体计算为

$$E_2 = MCR_2 \times EF_2 \times T \tag{5-8}$$

其中 E_2 是辅机的排放权重，MCR_2 是辅机的额定功率，EF_2 是辅机在某种污染物下的船舶排放因子。

锅炉的功率通常较小，一般用来加热水和产生蒸汽。空气污染物的排放量由排放因子、额定功率和航行时间决定。

$$E_3 = MCR_3 \times EF_3 \times T \tag{5-9}$$

其中 E_3 是锅炉的排放权重，MCR_3 是锅炉的额定功率，EF_3 是锅炉在某种污染物下的船舶排放因子。

4. 步骤 4：数据存储

污染物排放结果被存储在 Doris 数据库中。Doris 是一个新一代的企业级大规模并行处理（MPP）数据库，它是一个分析型数据库，能够在大数据规模下实现灵活的在线扩展[16]。存储的排放信息包括船舶 MMSI 码、船名、计算时间、

经度、纬度、空气污染物排放量及航速。在 Doris 数据库中的存储是通过 Flink 用户自定义的 sink 算子来实现的。

5.2.2.3 数据可视化模块

数据可视化模块采用前后端分离技术实现。后端采用 Spring Boot 框架，由数据访问对象层、业务逻辑层和业务控制层组成。数据访问对象层通过 MyBatis Plus 框架实现船舶排放数据的读取功能。业务逻辑层实现业务逻辑处理，将船舶空气污染物排放数据转换为 JSON 格式数据。业务控制层响应用户请求并返回相应结果。Vue 实现前端页面，使用 Ajax 请求后端数据，以天地图的地图作为地图底图。天地图是国家地理信息公共服务平台，可以确保基础道路、河流和区域的准确性[17]。船舶动态数据通过 OpenLayer API 动态叠加在底图上。

5.2.3 运行分析

平台构建船舶大气污染物排放动态地图，动态地图中每条船舶以绿色箭头表示。在动态图中，点击某一船舶，通过点击某一船舶，可以查看船舶信息，再点击大气污染物排放情况按钮可以显示该船舶的空气污染物排放量。

在船舶大气污染物排放动态地图上，可以通过多边形区域绘制查询该区域的船舶空气污染物排放清单。

5.3 AIS 数据分析在船舶岸电中的应用

经济的发展是一把双刃剑，大规模的货物吞吐量在促进经济贸易发展的同时，也为港口地区带来了严重的废气污染和噪声污染。船舶靠港使用岸电，是减少靠泊期间大气污染物和二氧化碳排放的最有效措施，是促进水运行业减污排碳、绿色转型发展的重要抓手，是深入打好污染防治攻坚战、加快建设交通强国的重要举措[18]。在 20 世纪 90 年代，欧洲开始了船舶岸电的建设与应用。Vaishnav 等人[19]采用两个综合评估模型来量化岸电使用情况，发现船舶岸电的使用将会显著减少 NO_X、SO_2、$PM_{2.5}$ 和 CO_2 的排放，通过对停靠在美国港口的所有船舶中的 1/4～2/3 进行改造，每年可以获得 7 000 万～1.5 亿美元的空气质量效益。Zis 等人[20]通过评估证明，在目前燃料价格下，船舶经营者使用岸电具有经济动机。如果监管机构推动船舶经营者和港口进一步采用岸电技术，可以帮助港口和船舶运营商减少航运污染物的排放。2009 年，中国青岛港首次完成了 5 000t 级的集装箱港口岸电改造，从此，船舶岸电技术在中国港口逐渐开始普及。近年来，在相关部门的支持和港航电企业的大力推动下，靠港船舶使用岸电工作取得了显著成效，2019 年《港口和船舶岸电管理办法》的发布与实施是我国在防治船舶大气污染方面迈出的重要一步，对于推动绿色航运发展具有重要意义[21]。截至 2020 年年底，中国具备岸电供应能力的泊位达到 7 500 余个，船舶岸电设施数量增加也逐步提高了船舶岸电的使用。盛进路等人[22]提出，船舶岸电政策的制定应综合考虑国家强制命令、地方统筹规划和部门任务协同，辅以补贴优惠和引导鼓励，以推动港口岸电发展方向的全面优化。周海英等人[23]构建了集中决策和分散决策情形下港航企业使用船舶岸电减排决策博弈模型，比较了不同情形下的价格、利润和排放量，分析了供应链权力结构、运营成本和政府补贴对减排决策的影响，为绿色港口发展与管理提供了理论支持。

为了能够更好地推动船舶靠港使用岸电，进一步提高岸电使用率，对于船舶使用岸电设施布局和岸电使用数据进行分析具有十分重要的意义。建立船舶岸电数据分析系统，可以支撑港口和航运企业加强对岸电设施的管理，提升港航企业的岸电管理水平，同时也可以为交通、海事等管理部门实时掌握岸电设施的使用情况，加强岸电建设和使用执法监管，利用大数据分析方法为岸电相关政策的制定提供依据。何浩等人[24]提出，船舶岸电受电数据的采集和分析能有效监控船舶岸电使用情况，消除数据融合障碍，获取全面信息，是提升岸电使用率、增强监管效率的重要手段和便捷方法，并可依此制定有效的激励措施。

为了提高船舶岸电设施的利用率和船舶岸电的管理水平，本书设计并实现了船舶岸电数据分析系统。该系统通过数据抽取技术将岸电使用信息实时导入 Doris 数据仓库中；通过前后端分离技术实现系统，后端通过 Spring Boot＋MyBatis 技术从 Doris 中取出数据，转换为 JSON 格式返回前端，前端通过 Axios 发送请求获取数据；通过 Vue＋ECharts 实现可视化展现；地图通过 MapBox 实现。

5.3.1　系统设计

船舶岸电数据分析系统采用前后端分离技术实现，分为前端、后端和数据存储层，部署在不同服务器上，提高系统的可靠性。前端部署在 Nginx Web 服务器上，负责静态资源解析。后端部署在应用服务器上，实现数据查询，通过弹性计算架构提高了后端服务的可靠性。数据存储层实现数据的存储，采用分布式架构提高查询的性能和可靠性。数据存储层包括分布式 Doris 集群、分布式 Redis 集群和 MySQL 数据库。船舶岸电数据分析系统架构图如 5.6 所示。

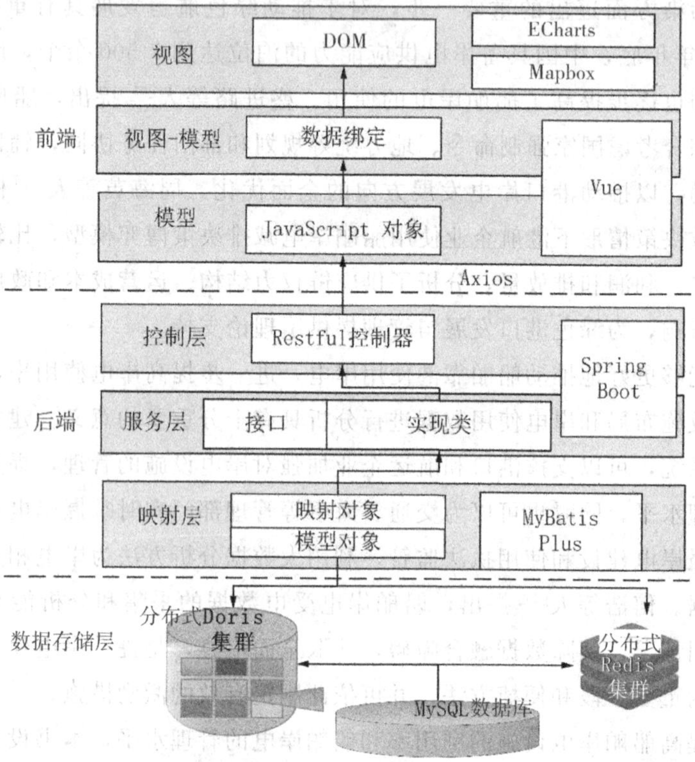

图 5.6　船舶岸电数据分析系统架构

前端采用 MVVM 模式的 Vue 框架构建，结合 ECharts 图表库，实现了强大的数据可视化功能。通过 ECharts，船舶岸电用户可以更轻松地洞察使用数据中的潜在规律。在数据可视化的多种应用中，系统通过 Mapbox 地图与岸电布局图层的叠加，直观展现岸电设施的分布情况。前端利用 Axios 发送异步请求，接收后端返回的 JSON 数据，并将其绑定到 Model 中，再通过 ViewModel 实时更新到 ECharts 图表上。

后端架构清晰分明，由控制层、服务层和映射层组成。控制层由 Spring Controller 实现，负责接收前端请求并调用业务逻辑层，然后返回处理结果。服务层专注于岸电设备分析、数据统计及基础配置。映射层则由 MyBatis 负责，与数据库进行高效交互。为简化开发流程，系统使用了 MyBatis Generator 来自动生成实体类、Mapper 映射文件及 Mapper 类，并根据业务需求进行了相应的定制。

在数据存储层，系统整合了分布式 Doris 集群、分布式 Redis 集群和 MySQL 数据库。虽然业务数据主要存储在 MySQL 中，但考虑到传统数据库在处理海量数据实时查询和统计上的局限性，引入了 ETL 工具来实时抽取船舶岸电使用数据，并通过 Kafka 消息队列将其导入 Doris 以进行高效分析。同时，由于船舶岸电设施数据较为稳定，数据被导入 Redis 缓存以实现快速查询。系统通过数据库触发机制，确保任何变化的岸电设施数据都能实时推送到 Redis 中。

5.3.2　功能模块

船舶岸电数据分析系统功能模块包括业务统计、设备统计、概览，主要实现对岸电设备类型的分析、船舶岸电使用数据量分析、替代措施分布等的统计分析（图 5.7）

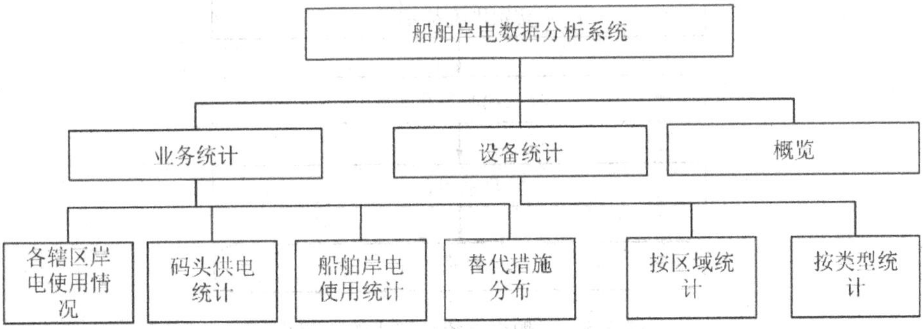

图 5.7　船舶岸电数据分析系统功能模块

5.3.3　系统实现

5.3.3.1　后端实现

后端实现主要依赖 Spring Boot、MyBatis 和 Doris。通过 applicaton. yml 配

置后端服务地址、服务名称和端口号等信息。通过 Spring Boot 提供 Restful 形式的接口，通过 MyBatis 操作数据，数据存储在 Doris 数据库中。通过注解的方式将 Java 类注解为 RestController，将相应方法注解为 RequestMapping 实现地址的映射。接收参数中包含操作码，可以实现相关操作，其他参数分配到一个 Map 对象中。接口通过 MyBatis 框架实现数据操作。通过 MyBatis 框架实现对象关系的映射，简化了 Java 语言对数据库的操作。

5.3.3.2 前端实现

在 Vue 中使用 Echarts，首先需要通过 NPM 安装 Echarts 库，然后使用 require 指令导入 Echarts 图表库，最后在 Vue 的 mount 方法中绘制图表。船舶岸电统计图表绘制流程如图 5.8 所示。

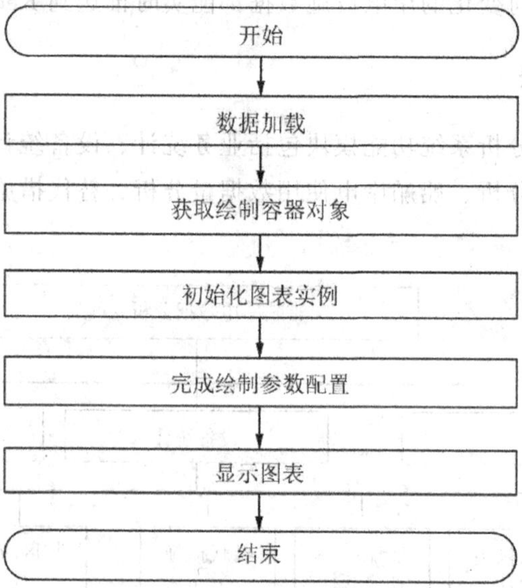

图 5.8　船舶岸电统计图表绘制流程

前端通过 Axios 异步调用后端接口获得数据。后端返回数据后，前端调用回调函数来绘制图表。图表是在 DOM 容器中绘制的。容器的宽度、高度和唯一 ID 值被设定。通过容器的 ID 值，初始化一个与 DOM 容器绑定的 Echarts 实例。配置对象用于指定图表配置项和数据。最后，通过调用 Echarts 实例的 setOption

方法，根据指定的配置显示图表。

MapBox 通过不同的图层实现地图可视化。系统底图采用街道视图地图，上面叠加了船舶岸电设施的图标。船舶岸电设施的数据是通过 Axios 方法获得的。数据以 GEOJSON 模式提供，其中包括每个船舶岸电设施的位置信息。GEOJSON 数据与地图对象绑定，通过 addLayer 和 loadImage 方法显示船舶岸电设施的布局。

5.3.4　运行分析

船舶岸电监管平台的左上角呈现了岸电使用的总体数据，如设备总数、用电船舶的总艘次、总电量及总时长等关键指标。左下角则提供了 5 个功能按钮，涵盖靠港船舶、设备统计、用电艘次等数据的详细统计，点击后会弹出相应的图表分析。右侧区域实时展示了近 2h 的预警信息、正在使用的设备数量以及设施故障等统计数据，方便用户快速查询详情。图中央以直观的图形方式展现了船舶岸电设施和船舶的分布状态：绿点代表船舶，绿色充电桩标志代表空闲设备，蓝色充电桩标志代表正在使用的充电桩。放大地图，可以查看每艘船舶的具体名称及其充电状态。

点击设备统计按钮，会弹设备统计信息（图 5.9）。船舶岸电设备类型分为智能化设备、半智能化设备和非智能化设备，分别占比为 31.23%、17.56% 和 51.21%。

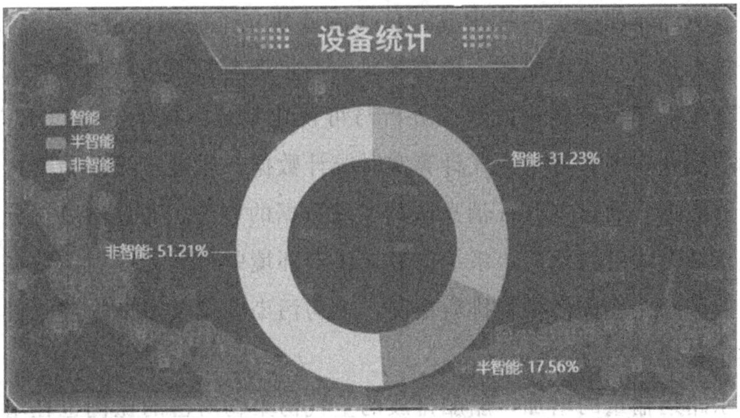

图 5.9　岸电设备统计信息

点击设备总数量，会弹出码头岸电设施使用数（图 5.10），以折线图的形式展示，显示了近 7 日的岸电设施使用数量，每天使用的设施数为 700 左右。

图 5.10　码头岸电设施使用数统计

5.4　本章小结

船舶污染物的排放严重影响了水上生态，对船舶污染物的控制变得越来越重要。为了有效监管船舶污染物排放，长江流域建立了船舶污染物联合监管平台。为了充分挖掘平台生成了船舶污染物排放数据，提高船舶污染物监管水平，本书设计并实现了船舶污染物排放数据分析与可视化系统。该系统通过 ETL 工具同步数据到数据仓库中，通过流式计算实时统计数据，通过三级存储架构存储海量污染物排放数据，通过 Kafka 消息队列实现数据的传递，通过前后端分离技术实现数据分析结果的可视化。该系统已经在生产环境中得到了应用，数据分析的结果不仅有效跟踪了船舶污染物排放情况，也为污染减排及污染物接收设施的规划建设提供了科学的指导。

随着水路运输量的增加，船舶排放的空气污染物所占的比例也在增加。船舶空气污染物排放清单的建设是控制船舶污染物排放的重要依据。基于流式计算，本书构建了船舶污染物排放清单的实时计算平台。该平台融合了 AIS 数据和船舶基本信息，采用动态功率法计算船舶排放。整个过程在 Flink 计算平台上运行，实现了从数据采集、实时计算到可视化的实时性能。数据采集模块从岸站实时获取 AIS 数据，并通过去重和解码对数据进行清洗。实时计算模块设置了一个时间窗口，将在 5min 内接收到的 AIS 数据转换为平均速度和中心坐标。然后根据动态功率法计算船舶空气污染物排放，并将结果存储在 Doris 中。数据可视化模块通过前后端分离技术向用户显示计算结果。该平台的建设不仅可以提高船舶空气污染防治的智能化水平，还可以提高控制船舶污染物排放的管理水平。该平台的相关系数是基于相关研究经验获得的，如何根据区域、大气环境、船舶使用寿命和船舶负荷等动态信息建立更准确的模型需要进一步研究。

本章参考文献

[1] 李扬．对交通强国建设背景下水运发展的认识［J］．中国水运，2018（9）：6-7.

[2] KIBRIA M G，NGUYEN K，VILLARDI G P，et al. Big data analytics，machine learning，and artificial intelligence in next-generation wireless networks［J］．IEEE access，2018，6：32328-32338.

[3] Rokhmah S，Utomo I C. Binary Log Analysis on MySQL to Help Investigation Process Against Database Privillege Attacks［J］．International Journal of Computer and Information System（IJCIS），2020，1（1）：11-15.

[4] LV T Z，TONG L，ZhANG J，et al. A real-time physiological signal acquisition and analyzing method based on fractional calculus and stream computing［J］．Soft Computing，2021，25（22）：13933-13939.

[5] 吴丹，夏润亮，李涛，等．黄河水沙变化数据仓库构建关键技术研究［J］．人民黄河，2022，44（10）：159-162.

[6] LI Y Z，GAO S，PAN J，et al. Research and application of template engine for web back-end based on MyBatis-Plus［J］．Procedia Computer Science，2020，166：206-212.

[7] Kentaro N，Satoshi F. Browser-Based manipulation of virtual objects

through MVVM architecture with data binding [C] //2021 ninth international symposium on computing and networking (CANDAR). IEEE, 2021: 134-140.
[8] Xie J, Yang Z, Jun Z, et al. Design and implementation of epidemic big data visualization platform based on Vue+ ECharts [C] //2023 IEEE 2nd International Conference on Electrical Engineering, Big Data and Algorithms (EEBDA). IEEE, 2023: 1347-1352.
[9] 汪承杰，环久峰，张洪朋，等. 2018 年大连海域船舶大气污染物排放特征及影响分析 [J]. 中国环境监测，2022，38 (4)：165-173.
[10] FAN Y V, PERRY S, KLEMEŠ J J, et al. A review on air emissions assessment: Transportation [J]. Journal of cleaner production, 2018, 194: 673-684.
[11] 曹亚丽. 典型区域船舶及港区大气污染物排放清单及特征研究 [D]. 上海：上海大学，2021.
[12] TOSCANO D, MURENA F, QUARANTA F, et al. Assessment of the impact of ship emissions on air quality based on a complete annual emission inventory using AIS data for the port of Naples [J]. Ocean Engineering, 2021, 232: 109166.
[13] SAKURAI T, ITO M, HANAYAMA S. Development of air pollutants emission inventories for ships around Japan on a high geographical resolution [J]. Asian Journal of Atmospheric Environment, 2021, 15 (1): 2020102.
[14] ANDROJNA A, PERKOVIČM, Pavic I, et al. AIS data vulnerability indicated by a spoofing case-study [J]. Applied Sciences, 2021, 11 (11): 5015.
[15] 王侃，李琳. 船舶辅机电气设备节能技术探析 [J]. 船舶物资与市场，2022，30 (1)：22-24.
[16] Zhang J, Zhang L, Tang P, et al. A web log real-time analysis platform based on stream computing [C] //Third International Conference on Computer Vision and Data Mining (ICCVDM 2022). SPIE, 2023, 12511: 471-476.
[17] 黄蔚. 国家地理信息公共服务平台天地图 [J]. 卫星应用，2014 (1):

41-44.
[18] 强新星．沿海船舶靠港使用岸电现状分析与使用率提升对策研究——以 M 港为例 [J]．交通建设与管理，2023 (5)：132-134.
[19] VAISHNAV P，FISCHBECK P S，MORGAN M G，et al. Shore power for vessels calling at US ports：benefits and costs [J]．Environmental science & technology，2016，50 (3)：1102-1110.
[20] ZIS T P V. Prospects of cold ironing as an emissions reduction option [J]．Transportation Research Part A：Policy and Practice，2019，119：82-95.
[21] 交通运输部．港口和船舶岸电管理办法 [EB/OL]．(2021-09-13) [22024-10-24]．https：//www. gov. cn/zhengce/2021-09/13/content _ 5711540. htm
[22] 盛进路，唐柳，郑婉媚，等．船舶岸电政策量化评价研究 [J]．中国航海，2023，46 (4)：132-140.
[23] 周海英，张文静．绿色港口建设下港口与船舶减排决策研究 [J]．科技管理研究，2022，42 (7)：205-214.
[24] 何浩，徐知海，谢志刚．船舶岸电监测系统建设研究与应用 [J]．中国水运，2022 (4)：84-87.

第6章　AIS数据分析在航运中的应用研究

AIS数据分析在港口管理中具有广泛的应用，为港口的安全、效率和环保等方面提供了重要支持。AIS数据提供了船舶的实时位置、航速、航向等信息，使港口管理部门能够实时监控和追踪船舶的动态。这有助于确保船舶在港口内的安全航行，避免碰撞和搁浅等事故的发生。通过对AIS数据的分析，港口管理部门可以了解船舶的进出港流量、停留时间和航行路线等信息。这有助于优化港口的船舶调度和交通组织，提高港口的吞吐量和运营效率。为更好地服务港口管理，充分发挥AIS数据的价值，本书基于数据仓库技术，融入AIS数据处理，构建港口船舶数据分析平台，专注于船舶动态的实时跟踪与码头作业的全面监控。该平台设计精细，层次分明，全面覆盖数据采集、处理、存储及可视化等核心环节，从而优化了数据处理流程，大幅提升了系统的稳定性和灵活性。在数据采集方面，该平台借助消息队列技术实现AIS数据的实时采集。在处理环节，该平台通过流式计算确保数据的即时分析与处理。处理后的数据会根据其不同的粒度，被智能地分类存储至相应的数据存储服务中，便于后续的查询与分析。该平台采用前后端分离的设计模式，确保了用户界面的友好性和交互性。通过直观、清晰的图表展示，用户可以轻松掌握船舶的到达、作业情况，以及泊位分配、航道管理和人员调度的实时动态。通过AIS数据的深入分析，为港口管理提供了有力的数据支持，有助于优化各项运营决策，进而提高港口的整体运营效率。

6.1　数据分析在港口管理中的应用

随着中国水上航运的不断发展，进出港口的船舶日益密集化使得航道拥堵、船舶碰撞风险增加，对港口水上交通安全提出了更高的要求[1-2]。同时，港口需要应对更多的船舶进出和货物装卸需求，对港口运营效率和服务质量也提出了更高的标准。此外，环境保护和节能减排的压力也在不断加大，要求港口管理必须更加注重绿色、可持续发展。船舶密集化也为水上交通和港口管理带来了发展的机遇。一方面，促进了相关技术的创新和应用，如 AIS 数据分析、智能化港口管理系统等技术的引入和应用，可以提高水上交通和港口管理的智能化水平，提升安全和效率[3]。另一方面，船舶密集化也推动了港口基础设施的升级和改造，如深水航道、大型泊位等建设，为港口发展提供了更广阔的空间。

AIS 为港口管理提供了强大的数据支持，极大地提升了港口的运营效率和安全性。通过 AIS，港口管理部门可以实时掌握进出港船舶的动态信息，包括船舶位置、航速、预计到达时间等[4-6]。这有助于港口对船舶进行精确调度，优化泊位分配，减少等待时间，提高港口吞吐量。AIS 可以协助港口安全监管部门对船舶进行身份识别和轨迹追踪。通过对 AIS 数据的分析，可以及时发现异常行为或潜在的安全隐患，为港口安全提供有力保障。通过对 AIS 数据的深入挖掘和分析，港口管理部门可以获得丰富的运营统计信息，如船舶流量、货物吞吐量、船舶在港停留时间等。这些数据为港口规划、建设和管理提供了重要的决策支持。AIS 数据分析在现代航运业中发挥着举足轻重的作用，它不仅提高了港口的运营效率和安全性，还为港口的可持续发展提供了有力保障。

本书基于数据仓库和流式计算技术，构建船舶航行和港口作业实时计算和查询平台，实时采集、处理和可视化船舶航行和作业数据。该平台为海事监管部门和其他利益相关者提供可靠的数据支持，促进港口行业的可持续发展。

6.1.1 系统架构

船舶航行和港口作业实时计算和查询平台由数据采集层、数据处理层、数据存储层和数据可视化层组成（图 6.1）。数据采集层采集船舶 AIS 数据、船舶报港数据和船舶作业、船舶基础信息等数据。AIS 数据通过采集程序推送到 Kafka 消息队列中，报港数据、船舶作业等数据通过 Maxwell 从 MySQL 业务数据库中同步过来。Maxwell 是一个通过监控 MySQL 的 Binlog，实现数据增量采集的工具[7]。所有数据通过 Kafka 消息队列实现汇聚传递到数据处理层。数据处理层基于流式计算技术对船舶相关数据和 AIS 数据进行实时处理和分析。对比主流的流式计算平台 Storm、Spark Streaming、Flink，Flink 具备更高吞吐量、低延迟、方便的状态管理、强大的容错机制[8]。本书采用 Flink 实时处理 Kafka 传递的数据流。数据存储层构建了三级数据存储架构，包括 Redis 缓存、MySQL 关系型数据库和 Clickhouse 数据仓库。第一级是 Redis 缓存，存储诸如船舶实时坐标位置、中间计算结果等信息。第二级是 MySQL 关系型数据库，存储数据仓库中计算的统计结果，方便用户快速查询。第三级是 ClickHouse 数据仓库，支持大规模数据的数据处理，实现了分布式存储，具有高可用性。数据可视化层将数据通过图表的方式传递出来，让用户能够快速、准确地理解所要表达的信息，从而提高沟通效率。数据可视化层基于前后端分离技术实现数据可视化，后端基于 Spring Boot＋MyBatis 构建 Restful 风格的数据接口，前端通过 Axios 获取数据，通过 Vue 绑定数据到 JS 对象中，通过 Echarts 图表和 Mapbox 地图组件展现出来。

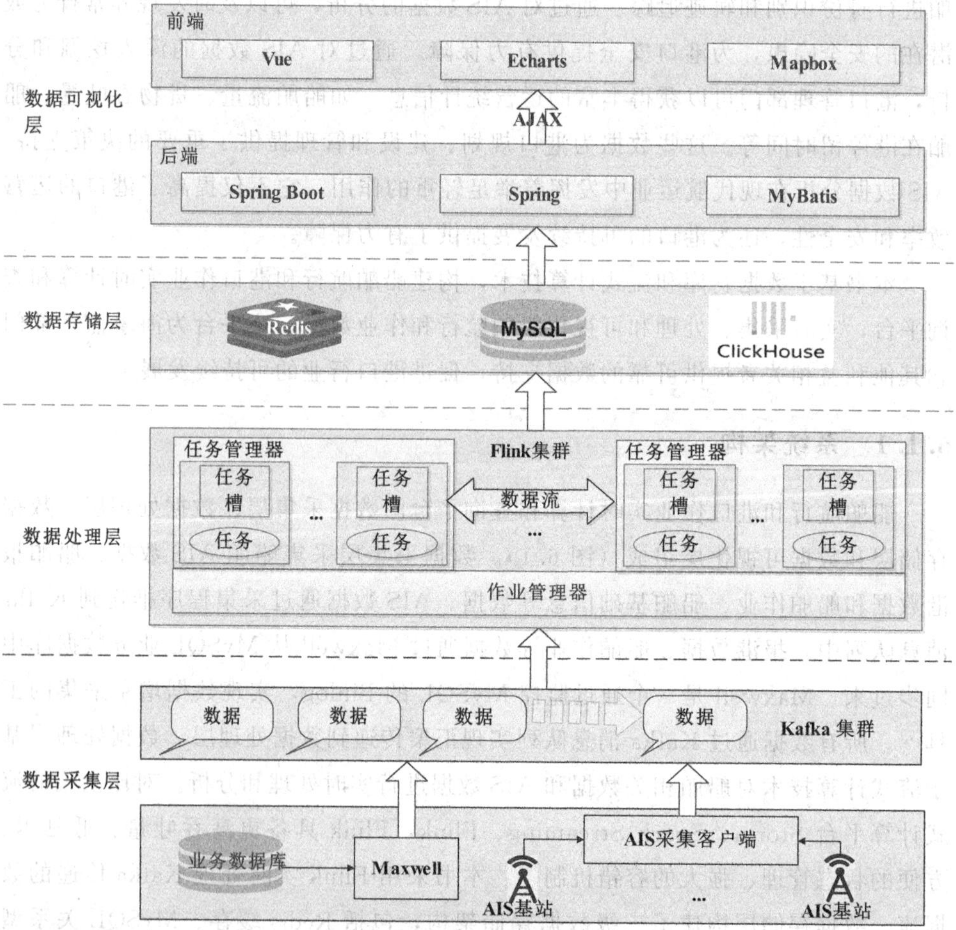

图 6.1　平台系统架构

6.1.2　平台实现

6.1.2.1　数据采集

数据采集分为 AIS 数据采集和业务数据采集。业务数据基于业务数据库实现增量更新，通过 Maxwell 实现船舶进出港报告、船舶基础信息、船舶作业等数据的同步。Maxwell 读取业务数据库 MySQL 的 binlogs 的应用程序，将数据库更改转换为 JSON 格式，推送到 Kafka 消息队列。对于 AIS 数据，数据采集层基于 AIS 客户端程序，通过计算机网络采集 AIS 基站的数据并传递到 Kafka 消息队列。在平台中，Kafka 被用作数据传递的中间件，为船舶数据提供实时传输、存储功能。Maxwell 和 AIS 数据采集程序通过 Producer API 将收集到的数据发送到 Kafka 集群中。Flink 集群通过 Consumer API 从 Kafka 中读取数据，完成数据的实时处理。

6.1.2.2　数据处理

（1）实时计算

对于 AIS 数据，通过流式计算，数据处理层完成 AIS 数据的去重和解码。对于船舶进出港报告数据、船舶作业数据和船舶基本信息数据，Flink 计算平台提取出诸如船舶进出港时间、船舶作业、船舶类型等相关数据更新到 Redis 缓存中。原始数据直接推送到 Clickhouse 实时数据仓库中方便用户快速查询。

（2）数据统计

由于船舶数据量非常大，实时统计查询非常耗时，影响系统性能和用户体验。为了提高访问效率，本书基于 Flink 平台实时计算统计结果并将其存储到数据库中。为了权衡实时性和计算效率，平台按照窗口将连续不断的数据按照一定的规则拆分成大量的片段，在片段内进行统计和计算。平台设计 1 分钟的滚动窗口（Tumbling Windows）来处理数据。数据流中的每一条数据仅属于一个窗口，按天、港口、所在辖区等多个维度对数据进行统计，统计结果存储到 MySQL 数据中。

6.2 数据存储

数据存储层采用三级数据存储结构（图 6.2）。第一级是 Redis 缓存。Redis 是一款开源的高性能非关系型内存数据库，支持丰富的数据结构，可实现快速增删改查，在平台中存储诸如船舶实时坐标位置、中间计算结果等信息。平台采用三主三从架构搭建 Redis 集群。三主三从是 Redis 最为经典的集群模式，3 个节点作为主节点，每个 master 配备一个从节点，组成一个高可用的集群。第二级是 MySQL 关系型数据库。基于 MySQL 的关系型数据库和其功能强大、易用、可靠等特性，被平台用于存储数据仓库中计算的统计结果，方便用户快速查询。第三级是 ClickHouse 数据仓库。ClickHouse 是一个用于联机分析（OLAP）的列式数据库管理系统（DBMS），支持大规模数据的数据处理，实现了分布式存储，具有高可用性。平台采用 ClickHouse on HDFS 的方案实现了存储和计算分离，存储通过 Hadoop 的 HDFS 实现。Master 节点负责管理整个 ClickHouse 集群，而 Broker 节点负责接收查询请求，拆分请求，汇总结果，返回结果。数据基于 Hash 规则分散存储在 3 个不同的分片。每个 H 的数据在两台机器上互备存储。平台通过 Grafana＋Prometheus 来监控 ClickHouse 集群的运行情况，通过 Airflow 实现任务的自动调度。

6.3 数据可视化

数据可视化层通过前后端分离模式实现。后端基于 Spring Boot 框架，由数据处理模块、业务逻辑模块和控制模块组成。基于不同的数据源，通过 Spring 框架实现 ClickHouse、MySQL 和 Reids 的统一查询，完成船舶数据的查询操作。业务逻辑层根据用户请求完成相应的操作，返回 JSON 格式数据给调用者。对于船舶实时数据，采用 GeoJSON 格式。GeoJSON 是一种基于 JSON 对象表示对地理数据结构进行编码的格式，涵盖点、线、面、多点、多线、多面和几何集合[9]。业务模块通过@Service 注解标注为业务层组件，通过@autowired 绑定 DAO 组件，

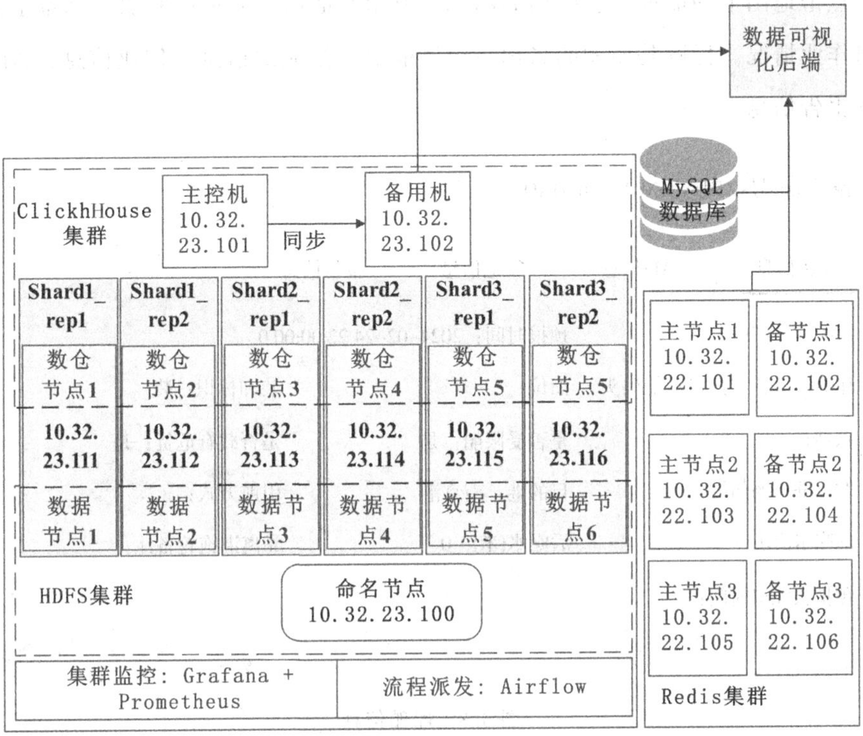

图 6.2　数据存储层架构

实现相应的业务逻辑处理。控制模块通过@Controller注解实现业务流程，根据用户的访问路径，调用不同的控制器。

6.1.3　运行分析

船舶航行和港口作业实时计算和查询平台首页界面的左上角是菜单项，包括码头作业监控、数据统计、异常数据、进出港报告统计等功能。首页左半部分对于近 7 日的船舶作业情况按时间和部门分别进行了统计。首页右半部上面对于当日船舶作业情况进行了汇总，下半部分以地图方式呈现当前船舶作业情况。绿色箭头表示船舶，以不同颜色的旗帜表示船舶的作业情况，包括待作业、作业中、已作业和其他等 4 种情况。

点击地图上的船舶，会弹出如图 6.3 所示对话框，显示该船舶的基本信息和港口作业情况。标题是船舶的名称，对话框中包括航次信息、作业信息、AIS 信息和报告信息。

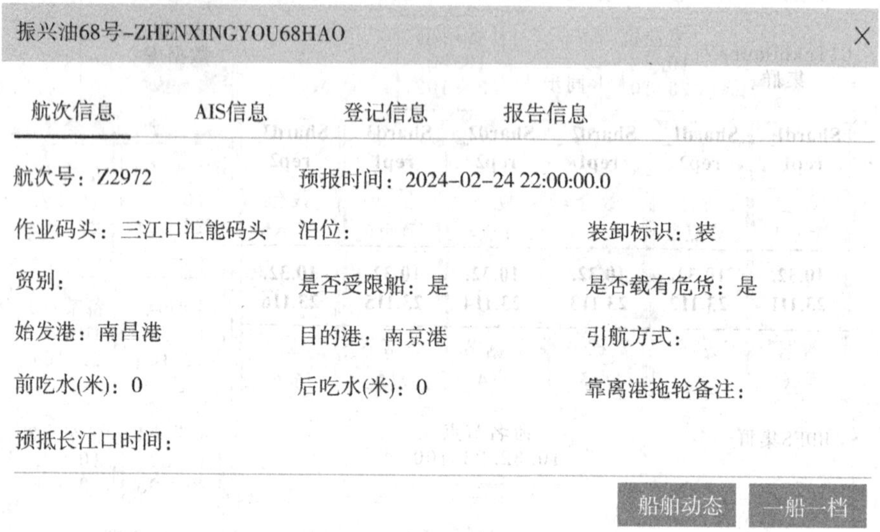

图 6.3　船舶信息

数据报表统计功能分为 5 个标签页，按照部门、港口、时间、船舶类型和作业类型对数据进行统计（图 6.4）。图 6.4 展示了按照部门统计的结果，可以选择任意时间统计。报表中包含了船舶进港数、船舶作业数、作业闭环率等维度。

6.2　AIS 数据分析在船舶运营管理中的应用

随着全球航运业的不断发展，AIS 数据分析在航运企业的各项决策中起到了越来越重要的作用[9]。AIS 数据不仅提供了船舶的实时位置和动态信息，还为船公司在投资决策、经营决策及操作优化等方面提供了有力的数据支持。

6.2.1　航运市场投资决策

船舶轨迹作为航运活动的直接记录，为市场分析提供了宝贵的数据资源。通

部门	进出港报告艘次	到港作业艘次	到港作业率	离港艘次	全过程闭环率	进港核查次	出港核查次	码头数量	使用码头数量	码头使用率	装货量(万吨)	卸货量(万吨)	进出港报告装货量 (万吨)	进出港报告卸货量 (万吨)
部门1	1159	1124	0.92	856	0.88	947	787	58	49	0.84	152.98	177.67	129.49	187.44
部门2	823	792	1.01	703	0.96	782	676	46	40	0.87	130.6	156.38	86.43	167.57
部门3	557	548	1.08	453	0.92	491	444	20	20	1	56.17	59.55	57.82	72.47
部门4	1942	1765	0.87	1359	0.95	1461	1243	54	52	0.96	154.39	336.31	167.66	292.61
部门5	282	294	1.02	226	0.95	241	218	6	6	1	20.1	42.58	19.36	25.8
部门6	1567	1443	1.07	1449	0.99	1536	1386	51	50	0.98	232.94	259.48	161.75	205.67
部门7	873	852	0.95	687	0.96	749	564	25	23	0.92	91.03	178.47	84.79	147.79
部门8	1203	1126	0.89	902	1	964	847	60	56	0.93	106.3	117.28	95.59	152.59
部门9	276	254	0.88	198	0.91	221	187	14	14	1	14.34	23.94	19.84	34.17
部门10	691	698	1	676	0.99	701	652	16	16	1	103.46	125.57	97.35	108.33

图 6.4　按部门统计船舶作业信息

过对这些数据的深入挖掘，航运企业能够洞察全球贸易的动态、趋势以及与市场之间的紧密联系。

(1) 贸易流量的可视化。

船舶 AIS 数据分析为贸易流量的可视化提供了有力工具，使得航运企业能够更直观地理解全球贸易的动态。船舶轨迹直观展示了货物的全球流动路径，从而反映了贸易伙伴之间的经济联系紧密度。通过分析轨迹数据，可以识别出全球最繁忙的贸易航线，这些航线往往是全球贸易的重要动脉。贸易流量的可视化不仅有助于政府和企业了解全球贸易格局，还能为政策制定和市场分析提供重要依据。政府可以通过分析贸易流量的可视化数据来优化海关和港口管理，提高通关效率。企业则可以据此调整贸易策略，优化物流路线，降低成本[10]。

(2) 市场需求与供给分析。

船舶 AIS 数据分析可以揭示市场需求和供给。船舶轨迹能够记录货物的流动量和流动方向。通过分析轨迹的频繁程度和航向，可以推断出特定地区的货物流动性和市场需求。例如，船舶频繁往返于某些港口，可能意味着这些地区的市场需求较为旺盛。船舶轨迹还能揭示航运活动的季节性规律。在市场需求旺季，船舶轨迹可能会更加密集，反之则可能较为稀疏。这有助于预测和规划市场需求的季节性波动。通过分析船舶在港口的停留时间和频率，可以评估港口的吞吐能力和运营效率，从而间接反映市场的供给能力。例如，如果船舶在某港口的停留时间过长，可能意味着该港口的处理能力有限，供给不足。船舶轨迹还能展示不同航线的繁忙程度。繁忙的航线可能意味着该航线的供给能力较强，能够满足大量的货物运输需求。

基于船舶轨迹的分析，企业和政府部门可以更加合理地配置资源，如增加繁忙航线的运力投入，提升港口的处理能力等，以满足市场需求。船舶轨迹还能帮助企业规避潜在的市场风险。例如，通过分析轨迹数据，企业可以预测和应对可能的市场波动和供应链中断风险。船舶轨迹在市场需求与供给分析中发挥着重要作用。通过对船舶轨迹的深入分析，可以帮助政府和企业更准确地把握市场动态，优化资源配置，规避市场风险，并促进市场的效率和公平性。

（3）市场趋势预测与风险评估。

船舶AIS数据分析作为一种有效的数据分析工具，在市场趋势预测和风险评估方面发挥着重要作用。通过对大量船舶轨迹数据的深入挖掘和分析，可以帮助企业和相关部门更准确地把握市场动态，预测未来趋势，并评估潜在风险。船舶AIS数据分析可以帮助企业预测市场趋势和评估市场风险。通过对历史船舶轨迹数据的统计和分析，可以预测特定航线或港口的贸易流量变化趋势。船舶轨迹数据中往往蕴含着季节性规律，通过对这些数据的分析，可以预测市场需求的季节性变化，从而帮助企业提前做好生产和库存管理。通过分析船舶轨迹的新增或变化模式，可以发现新兴市场的潜力。例如，某一地区船舶轨迹的突然增加可能意味着该地区正在成为新的贸易热点。

船舶轨迹分析在市场风险评估中具有重要的应用价值。通过对这些数据的深入挖掘和分析，可以帮助企业更加准确地规避潜在风险，为企业的决策提供有力支持。通过对船舶轨迹数据的实时监测和分析，可以及时发现市场异常波动，如贸易流量的突然减少或增加，从而为企业提供市场风险预警。船舶轨迹的连续性可以反映供应链的稳定性。若出现轨迹中断或异常，可能意味着供应链存在潜在的不稳定因素，需要企业及时关注并应对。

6.2.2 航运企业经营操作

在航线规划方面，船舶 AIS 数据分析能够帮助航运企业识别出最经济、最高效的航线。通过对大量历史轨迹数据的分析，可以找出船舶航行的最优路径，减少不必要的绕行和停靠，从而降低燃油消耗和时间成本。此外，轨迹分析还能揭示航线上的潜在风险点，如气象条件恶劣的区域、海盗活动频繁的海域等，使企业在规划航线时能够有意识地避开这些风险因素，确保船舶的安全和航行的稳定性。

在运力调配方面，船舶 AIS 数据分析能够为航运企业提供科学的依据。通过对船舶轨迹的实时监测和分析，企业可以准确掌握船队的实时位置和航行状态，从而根据实际情况灵活调整运力布局。例如，在发现某一航线贸易量激增时，企业可以迅速调配更多运力以满足市场需求；反之，在贸易量减少时，则可以及时减少运力投入，避免资源浪费。这种基于实际航行数据的运力调配方式，不仅提高了企业的运营效率，也有效降低了运营成本。

在市场竞争策略方面，船舶 AIS 数据分析能够为航运企业提供有力的市场竞争工具。通过对竞争对手船舶轨迹的追踪和分析，企业可以深入了解竞争对手的航线布局、运力投入及市场策略等信息[11]。这些情报对于企业制订有针对性的市场竞争策略至关重要。例如，在发现竞争对手在某条航线上运力投入不足时，企业可以趁机加大该航线的运力投入，争夺更多的市场份额；或者在发现对手航线布局存在漏洞时，通过优化自身的航线设置来吸引更多客户。

此外，船舶 AIS 数据分析还在客户服务质量提升方面发挥着积极作用。通过对船舶轨迹的精确分析，航运企业可以更加准确地预测货物的到达时间，从而为客户提供更加可靠的物流服务。同时，轨迹数据还可以帮助企业及时发现并解决运输过程中的问题，如延误、货物损失等，从而提升客户满意度和忠诚度。

船舶轨迹分析在航运企业经营决策中扮演着举足轻重的角色，它不仅为航线规划、运力调配和市场竞争策略提供了科学依据，还是提升客户服务质量的重要手段。随着技术的不断进步和数据分析能力的提升，船舶轨迹分析将在航运企业的经营决策中发挥更加重要的作用。

6.2.3 船队管理

对于拥有庞大船队的航运企业来说，如何高效地管理和调度船队，确保船舶的安全、经济与效率，是一项极具挑战性的任务。而船舶 AIS 数据分析为此提供了有力的数据支持和决策依据，使得船队管理更加科学、精准[12]。

首先，在船队调度与优化方面，船舶 AIS 数据分析能够实时监控船舶的位置、速度和航向，帮助管理人员精确掌握每艘船舶的动态。这使得调度人员能够根据实际需求，灵活调整船舶的航行计划和停靠港口，以实现最佳的运输效率和成本效益。例如，若发现某航线上的船舶过于密集，可能导致港口拥堵或运输效率下降，管理人员便可及时调整航线或船舶的出发时间，以优化整个船队的运行。

其次，在船舶安全监控与预警方面，船舶 AIS 数据分析也发挥着关键作用。通过对船舶历史轨迹的分析，可以识别出潜在的安全风险区域，如航行难度较大的水域、事故多发区等。当船舶即将进入这些区域时，管理系统可以自动发出预警，提醒船员加强警惕，确保航行安全。此外，轨迹分析还能帮助判断船舶的操纵性能和航行状态，及时发现异常情况，如航速异常、航向偏离等，从而采取相应的应对措施。

最后，在船队性能评估与改进方面，船舶 AIS 数据分析也提供了有力的支持。通过对船队中每艘船舶的轨迹数据进行对比和分析，可以评估各船舶的性能表现，如航行速度、燃油消耗、航行稳定性等。这有助于发现性能不佳的船舶，及时进行维修或调整，以提高整个船队的运营效率。同时，轨迹分析还可以揭示船队在航行过程中的瓶颈和问题，为船队管理提供改进方向和优化建议。

船舶 AIS 数据分析不仅提高了船队调度的灵活性和精确性，还为船舶安全提供了有力保障，并有助于船队性能的评估与提升。随着技术的不断进步和数据分析能力的提升，相信船舶轨迹分析将在船队管理中发挥更加重要的作用，为航运企业创造更大的价值。

6.3 本章小结

AIS 数据分析在港口管理中的应用广泛且重要，可以提高港口的安全性、运营效率和管理水平。为了利用 AIS 数据分析提高港口信息化水平，本书设计并实现了港口船舶管理平台，实现了船舶位置、进出港、作业等情况的实时跟踪。该该平台通过 Kafka 汇聚数据，Flink 实时完成数据处理，三级数据存储结构完成数据存储，前后端分离实现数据可视化。该平台的数据统计和分析能够帮助港口管理人员了解港口的船舶流量、船舶作业等情况，为港口的规划和发展提供决策支持。该平台在长江的江苏段港口进行了实践，实践证明 AIS 数据分析技术在港口管理中的应用研究有助于提高港口航行安全性和管理效率。随着技术的不断进步，港口管理将变得更加智能化、自动化和实用化，而港口智慧化改造离不开对 AIS 数据的更深度的挖掘。未来的研究工作将结合深度学习算法和区块链技术。深度学习算法将对港口船舶的作业和航行进行更准确的分析和预测，为港口作业智能调度、港区船舶智能航行提供更坚实的数据支撑。区块链技术的集成将为船舶航行和作业数据提供更安全、可靠的数据存储与交换机制，提高港区船舶管理的安全性和稳定性。

本章参考文献

［1］LIU C，LIU JX，ZHOU X，et al. AIS data-driven approach to estimate navigable capacity of busy waterways focusing on ships entering and leaving port ［J］. Ocean Engineering，2020，218：108215.

［2］魏明君. 大数据技术在港口航运智慧化管理中的应用［J］. 中国航务周刊，2023（51）：43-45.

［3］郭小飞，朱吉双，邱伟维. 基于 AIS 数据的港口拥堵指数模型及算法［J］. 中国航海，2023，46（4）：154-162.

［4］徐明强. 基于 AIS 数据的港口船舶营运效率评估系统［J］. 中国航海，2018，41（03）：119-122.

［5］Rajabi A，Saryazdi A K，Belfkih A，et al. Towards smart port：an application of AIS data［C］//2018 IEEE 20th International Conference on High Performance Computing and Communications；IEEE 16th International Conference on Smart City；IEEE 4th International Conference on Data Science and Systems (HPCC/SmartCity/DSS). IEEE, 2018: 1414-1421.

[6] FENG H X, LIN Q, ZHANG X Y, et al. Port selection by container ships: A big AIS data analytics approach [J]. Research in Transportation Business & Management, 2024, 52: 101066.

[7] NAMDEO B, SUMAN U. A case study: Database migration from RDBMS to NoSQL [J]. SAMRIDDHI: A Journal of Physical Sciences, Engineering and Technology, 2022, 14 (Spl-2 issu): 262-266.

[8] LV T, TANG P Y, ZHANG J. A real-time AIS data cleaning and indicator analysis algorithm based on stream computing [J]. Scientific Programming, 2023, 2023: 1-11.

[9] 羌鹏. AIS 船舶时空大数据分析和可视化技术研究 [D]. 大连: 大连海事大学, 2021.

[10] 梅强, 吴琳, 彭澎, 等. 南海区域商船典型空间分布及贸易流向研究 [J]. 地球信息科学学报, 2018, 20 (5): 632-639.

[11] 邓昭, 李振福, 段伟, 等. 基于 AIS 数据的海上丝绸之路船舶活动时空格局 [J]. 经济地理, 2021, 41 (4): 15-22.

[12] 王俊, 姚旭涛. 基于 AIS 大数据的船舶效率评价研究 [J]. 企业管理, 2022 (S1): 270-271.

第7章 AIS数据分析技术应用于大数据人才培养实践

智慧航运是交通强国的重要一环，其发展核心是数据，AIS数据在其中扮演着重要的角色。江苏智慧航运新业态亟需掌握航运知识和大数据技术的高素质复合型技能人才。为了更好地服务江苏省航运业数字化转型升级，江苏海事职业技术学院分析了大数据专业特色方向确定的依据、原则及必要性等问题，依据海事特色构建和实践融入智慧航运特色的大数据技术专业课程体系和人才培养模式。为了体现航运特色的大数据人才培养研究，大数据专业将AIS数据分析技术应用于大数据人才培养中，通过加强融入航运特色的实践教学、科研创新和人才培养等方面的探索和实践，培养更多具备大数据处理能力和创新思维的高素质人才，为航运业和大数据产业的发展提供有力支持。

7.1 引　言

随着交通强国、海洋强国等战略的深入实施，现代海洋运输产业迎来智能航海、智慧航运的深刻转型[1]。南京作为创新名城，为智慧航运复合型技术技能人才的培养提供了得天独厚的环境[2]。在这一背景下，高职院校的大数据技术专业应避免同质化发展，特别是那些具有鲜明行业特色的院校。当前，一些新设立的大数据技术专业在人才培养方案和课程体系上缺乏差异化，这限制了专业的发展潜力。行业类高职院校应紧密结合自身行业特色，专注于为特定行业培养人才，以更好地服务社会。

职业教育的供给侧改革至关重要，要求高职院校在大数据专业教育中提高教育质量，优化教育环节，确保教育的实效性[3]。以就业为导向，高职院校应将人才培养定位在特定方向，从而提升学生的就业能力，并从供给侧推动大数据技术专业的发展。

江苏海事职业技术学院紧跟航运强国战略，致力于培养适应江苏航运经济发展需求的专业技能人才。大数据技术专业立足“数据强国”发展需求，面向“大数据+航运”的智慧航运紧缺新兴岗位群，以立德树人为根本，培养政治坚定、品行优良，具有家国情怀与国际视野、健全人格与健康身心、团队意识与拼搏精神、创新意识与创业能力，适应智慧航运发展需求的复合型大数据技术技能人才。

随着大数据技术的不断发展，其在航运业的应用也日益广泛，对港航业的创新、服务升级产生了显著的推动作用，并促进了海事监管的改革和公共服务的精准化。在这一背景下，AIS 数据分析技术作为大数据应用的重要组成部分，在航运业中发挥着越来越重要的作用。海事类院校应将 AIS 数据分析技术等大数据应用融入教学，以航运业的升级需求为切入点，积极规划智慧航运背景下的复合型大数据技能人才培养，全面服务于航运产业的升级，推动我国由航运大国向航运强国转变。

7.2 研究现状

7.2.1 国内现状

以知网数据库为源，以大数据技术专业，大数据专业和大数据人才为或关系以篇名进行检索，截至 2023 年 12 月 31 日，得到文献共计 579 篇。大数据人才培养研究文献发表年度趋势如图 7.1 所示，由此可以看出，大数据专业人才培养研究的文献数量呈上升趋势，说明越来越多的学者开展了大数据专业人才培养的研究。

图 7.1　大数据人才培养研究文献发表年度趋势

大数据专业人才培养研究主题分布如图 7.2 所示，产教融合、课程体系、校企合作、课程思政等都是重要的研究领域。

国内高校将大数据专业课程与优势学科相结合，开设了农业大数据、健康大数据、生物大数据、电子商务大数据等极具特色的大数据专业课程[4-7]。由于大数据专业开设时间较晚，因此融入行业特色的大数据人才培养的相关研究刚刚起步。以航运和大数据人才搜索没有得到相关文献资料。相关研究中涉及融入行业特色人才培养的文献一共 20 篇，其分布图如图 7.3 所示，农业最多，医疗其次，财经、化工、公安、交通都有 2 篇，与大数据在行业的应用存在一定的关联性。

7.2.2　国外现状

由于不同国家的教育和办学体制存在差异，因此“行业特色型大学”这一概念在国外并不普遍，因此在 Google 学术上难以找到直接相关的国外研究，特别

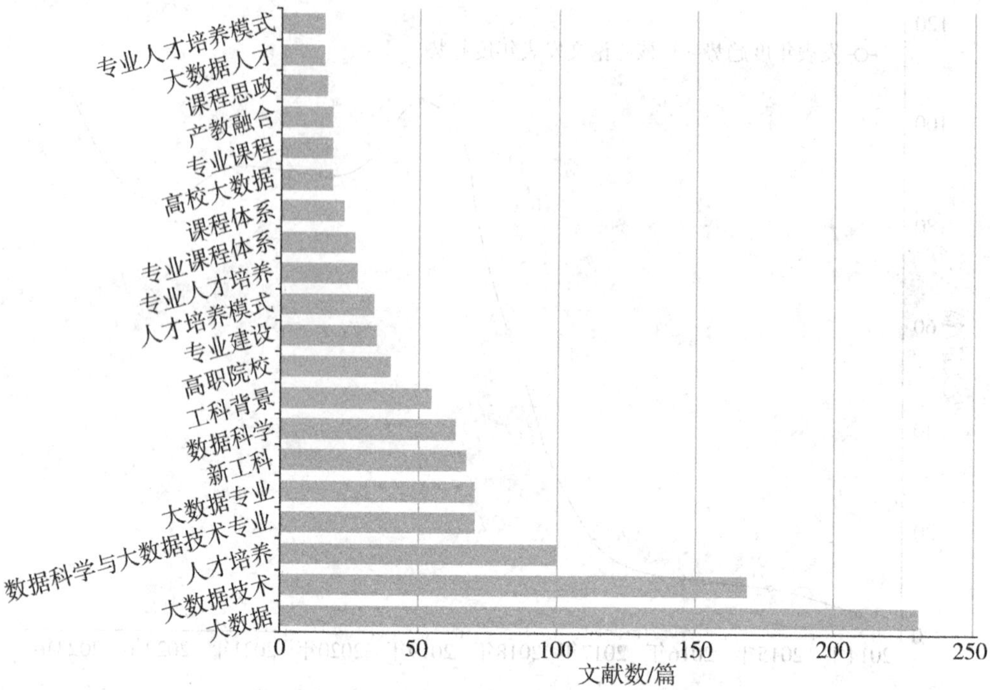

图 7.2　大数据专业人才培养研究主题分布

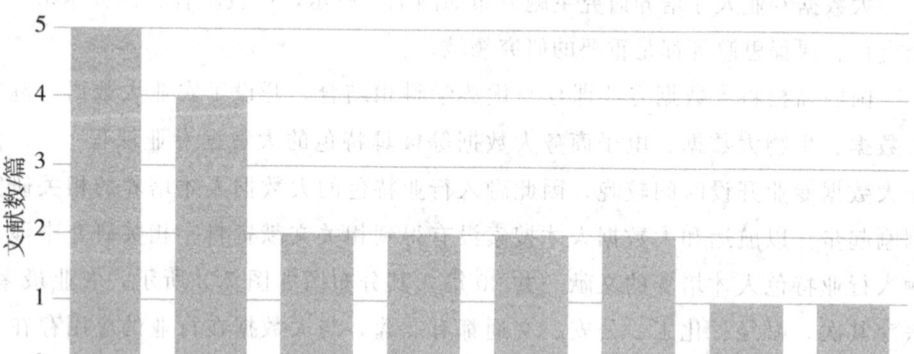

图 7.3　融入行业特色大数据人才培养分布图

是在信息技术类专业与高校自身行业特色相结合的方面。然而，国外对于跨学科和复合型技能人才培养的研究相当丰富[8]。

以美国的德保罗大学、波士顿大学和北卡罗莱纳州立大学为例，这些高校在开设大数据相关专业时，采取了跨领域、跨学科、跨专业的设置方式。它们将大数据专业细分为大数据分析（通常隶属于商学院或管理学院）、大数据平台（常设于计算机学院或软件学院）和深度计算分析（多设在数理学院）3 个方向。这种做法有效避免了大数据人才培养中可能出现的“唯计算机化”倾向，有助于推动大数据专业课程的综合性和多元化发展[9-10]。

总体而言，大数据技术专业的应用领域极为广泛，但通常因其高度的专业性而归属于信息技术相关学院。为了更好地服务于地方经济和特定行业，现代高等职业院校的信息技术类专业急需探索如何培养具有鲜明行业特色的人才。通过在具体行业中的应用实践，可以帮助学生更直观地理解大数据技术的实际应用价值，从而深化对学科的认识，这也符合人类认知的基本规律。

7.3　融入 AIS 数据分析的大数据人才培养体系

针对当前高职院校大数据技术专业办学中存在的同质化问题，我们必须面向未来智慧航运的发展趋势，充分发挥行业特色高校的办学优势。依托省级航运大数据工程研究中心的强大支撑，培养具有鲜明航运特色的复合型技术技能人才。通过引入 AIS 数据分析等前沿技术，使学生能够在掌握大数据技术基础的同时，深入理解航运行业的业务逻辑和数据特点，以此构建高素质复合型的大数据＋航运技术技能人才培养体系，注重学生的实践能力和创新精神培养，通过项目驱动、案例分析等教学方法，引导学生在实际项目中应用所学知识，提升解决问题的能力。

7.3.1　构建基于 AIS 数据处理的项目化课程体系

融入 AIS 数据分析的大数据专业课程体系图如图 7.4 所示。大数据技术专业课程体系围绕以 AIS 数据分析为核心的船舶岸电数据处理和查询平台开展教学，所有课程涉及项目开发所需的全部知识和技术。船舶岸电数据处理和查询平台是智慧航运项目，贯穿了专业群主干课程的项目，作为共用教学载体将专业群课程有机联系起来。平台基础技能包括信息技术基础、程序设计基础、平台基础和 Web 基础，将项目中用到的技术内容分解到相应的课程。平台围绕船舶岸电数据处理的流程从采集、存储、分析到可视化，将该流程贯穿到课程体系中。在项目完成的过程中，学生不但要综合运用专业知识、锻炼操作技能，还要具备自主学习、创新思维、团结协作、承担压力、担当责任的能力。

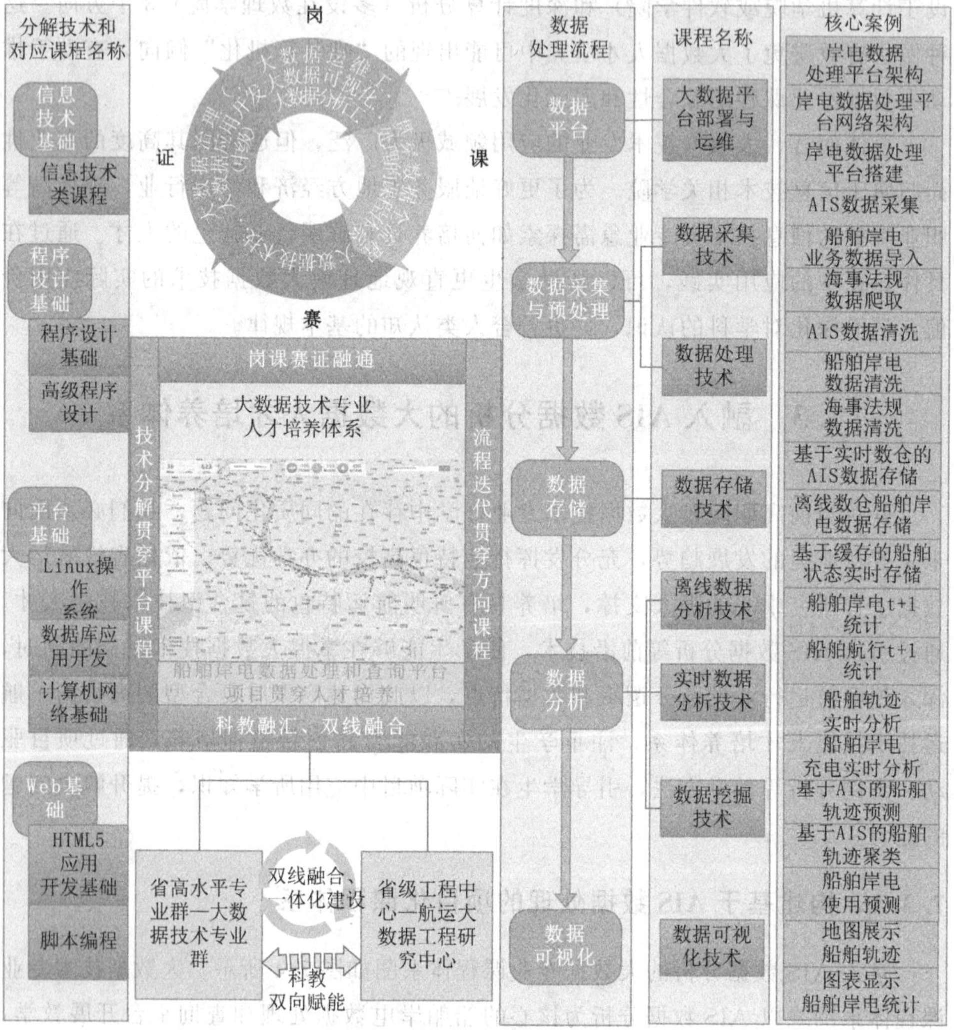

图 7.4　融入 AIS 数据分析的大数据专业课程体系图

7.3.2　基于项目将航运知识融入专业课程

按照学院“人主流、强特色”的标准，在不打破大数据技术专业已有的课程体系的情况下，以项目背景知识的方式将智慧航运、AIS 数据等知识融入专业课教学，形成特色教学。例如，在显示船舶位置信息功能的时候，融入 AIS 船舶报告制度、北斗定位导航等航运基础知识。

基于 OBE 教育理念，大数据技术专业通过跨学科专业，立足科教融汇构建项目化课程体系。将“大数据＋航运”的生产项目与科研项目，按照项目化工作任务设计成课程，贯穿整个专业群课程体系，重构项目化教学内容，持续迭代开发教学内容。

将项目拆解成若干子模块（课程），融入统一的技术标准，教师分工协作，施行项目化、模块化教学。实行校企“双导师制”，采用“导师团队＋项目”的师生共创模式，以学生学习小组为主体、项目为载体进行学做一体、探究式合作学习，激发学生学习的内生动力，培养学生的创新思维、科技能力以及理论联系实际、发现并解决问题的能力。

7.3.3　融入航运强国理论，打造“海味套餐”的课程思政

深入发掘航运强国的思想政治理论教育资源，引导、教育学生充分了解行业和社会发展状况，不断增强专业荣誉感和行业自豪感，自觉服务航运强国建设和国家战略，将个人的“小我”融入祖国的“大我”、人民的“大我”之中，主动为国家和民族发展贡献力量。充分利用海事局项目等特色教育资源，做到课程思政易开展、接地气、有成效。例如，引入基于北斗信号的船舶位置展示，教师通过对比分析导航技术的国内外技术现状，勉励学生奋发图强，培养学生精益求精的大国工匠精神，激发学生科技报国和建设交通强国、海洋强国的使命担当。

大数据技术专业通过构建基于航运特色的课程体系，紧紧围绕建设目标，提炼专业核心价值要素，建立课程思政案例库（图 7.5），构建特色鲜明的专业核心价值体系。用课程体系串联价值体系，由点到线再到面。结合航运特色推动课程思政建设，大数据技术专业将具有航运特色的项目案例融入课程思政，给学生讲好航海精神、北斗精神、21 世纪海上丝绸之路的故事，培养学生的民族自信和文化自信。

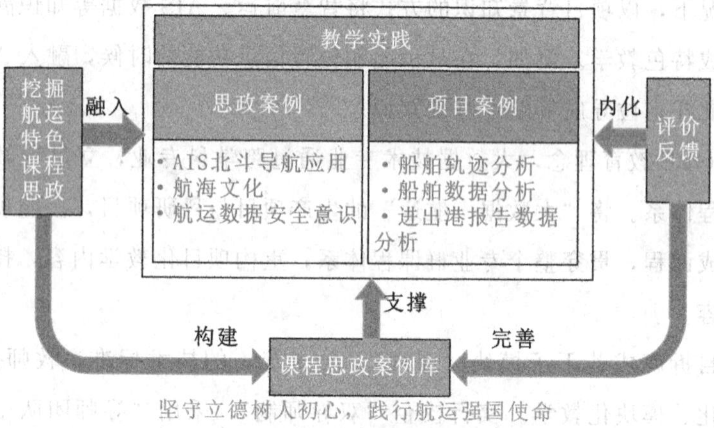

图 7.5　课程思政案例库

在高职教育中，既要解决专业知识的教育问题，又要解决思想政治教育问题，需要通过项目化教学解决两者的融合问题[11-12]。德育既在课堂理论教育中，又在社会实践中[13]。德育成功与否，需要在实践和行为中检验，将德育融入项目式教学中，使学生通过亲眼看、亲耳听、亲手做，促使德育的认知通过项目实践过程内化为自身的信念，实现认知与实践相结合，使学生做到以知促行，以行践知，知行合一。通过项目实践教学，将无形教育与有形教育相结合，在整个项目实施的过程中，学生的实践过程和行为表现便能体现出学生是否达到德育目标，如是否具备工匠精神、人文素养、可持续发展能力、家国情怀等社会主义高素质人才要求，从而使教师能在培养的过程中及时发现学生存在的问题，并适当地进行引领，实现专业教育和德育教育一体化。

7.3.4　航运特色团队建设

具有航运特色的大数据应用开发教学团队服务于江苏省战略性新型产业发展规划，围绕学校“海陆并举、一体两翼”专业布局中的重要“一翼”——大数据技术与应用专业群的建设需要，抓好省级高水平专业群的建设契机，秉承跨界融合的发展理念，逐步形成航运特色明显、产教深度融合、赛教相互促进的教学团队，教学团队成员做到了懂航运业务全流程、知大数据应用开发全过程、会用主流技术解决智慧航运问题。

（1）“潜心立德树人、执着攻关创新”的教学团队。

教学团队潜心立德树人，坚持将教学、科研和技术服务紧密结合，以技能培养为引导，以专业教学为主体，以科研和社会服务为支撑，以海事特色的数据文化开展三全育人，将工匠精神培养贯穿于教学的全过程，培养了一批批具有团队意识与拼搏精神、创新意识与创业能力，适应大数据发展需求的技术技能人才。教学团队执着攻关创新，重视学生技能培养，通过航运大数据应用工坊开展实践教学、科学研究，在技能大赛、创新创业、孵化企业、科学研究等方面都取得了突出成果。

（2）“走跨界融合、行特色发展”的教学团队。

团队以跨界融合发展为理念，走错位特色发展之路，打造了一支“懂航运业务全流程、知大数据开发全过程、会用主流技术解决智慧航运问题”的“双责双岗双薪”教师团队。将“大数据＋航运”的生产项目与科研项目，按照项目化工作任务设计课程，贯穿整个专业群课程体系，重构项目化教学内容，持续迭代开发教学内容。

（3）“带徒传技、技术传承、技术攻关”的教学团队。

团队带徒传技，打造技能竞赛品牌，实现“以赛促教、以赛促学”改进教学方法和手段，并在常规教学中应用推广。团队技术传承，传帮带培养中青年技术技能教师，建成高技能人才团队。以校企合作为主线，以项目研究为切入点，以工坊为桥梁，开展技术攻关及技术创新，共同解决教学、生产过程中的难题。

7.3.5　航运特色大数据工匠工坊的建设

工匠工坊是一种基于现代学徒制、项目任务驱动制，以培养具有工匠精神的新工科技术技能型人才为目标的校企产教融合产物。工匠工坊的核心理念是以工坊为载体，将真实工作场景、真实工程案例、真实工作过程、真实商业项目引入课堂，是企业生产和研发机构的延伸；按照现代学徒制人才培养模式，培养具有工匠精神和精湛技艺的技术技能型人才。为了提高大数据人才培养质量，江苏海事职业技术学院大数据技术专业与航运信息化企业合作打造航运大数据工匠工坊。以“工坊”为载体，通过教师与企业师傅联合传授，按照现代学徒制人才培养模式，以技能培养为主，培养具有工匠精神和精湛技艺的技术技能型人才。同时，企业将真实智慧航运工作场景、真实智慧航运项目案例、真实智慧航运运作过程引入工坊，实现专业设置与产业需求对接，培养适应航运信息化企业发展需求的复合型、创新型人才。

航运特色大数据工匠工坊一方面为培养行业领域内高端技术技能型人才而设置；另一方面作为校企合作进行工程项目联合研发、创新项目联合开发的支撑平台和办公场所。工匠工坊日常使用、运营由院校负责，企业工程师定期现场服务，工坊内教师和学生组成团队，完成计划的教学任务和项目开发任务，一方面培养对口行业企业需求的工程技术型人才；另一方面开展校内产业性经营实体，促进地方经济发展，形成工学结合、产学对接、产教融合的办学模式。

学校与企业共同建设工坊，通过企业技术骨干引入、项目式课程资源建设、校企科研合作等方式，由企业工程师、教师和学生组成工匠工坊团队，共同完成企业技术服务创新、参与对外行业横向项目研究研发。通过积累项目经验，教师的职业技能、科研能力和社会服务能力得到提升，学生的专业技术技能水平得到提高。

课程设置：将真实航运项目案例、真实航运项目任务融入课程内容；通过完成真实项目开发过程完成教学过程，采用教学做一体化的模块化教学方式，使得学生的专业技术通过各个模块得到阶段性训练，将整个教学过程与生产过程对接，理论与实践紧密结合，人才培养与职业岗位需求无缝对接，提高人才培养质量和针对性。

教学模式：采用校企双主体育人，为工坊学生构建"教师＋工程师"双导师，学生则以"学徒＋学生"的身份，遵守生产规范，完成工作模块，从而完成对应的教学模块，提升实践与创新能力。院校为每个工坊选拔优秀教师担任工坊内专职教师，从事工坊的教学及管理工作；同时从企业引进技术骨干工程师作为兼职教师，指导工坊学生完成生产、教学、科研等相关工作任务。

采用校企合作协同培养的模式，坚持"内培养、外引进"的教育理念，最大限度地发挥高职院校和优秀一线企业各自的优势，校企双方建立工坊基地模式，从企业引进技术骨干作为兼职教师承担专业实训实践性课程，同时对高职院校的在职教师进行双师型培训，实现高职院校双师型教师专业技能的不断发展，促进师资培养模式的发展。企业负责为工坊遴选有项目经验的院校教师，教师负责工坊教学管理、项目科研工作；企业负责为工坊教师进行真实项目研发培训，采用现场面授、网络培训、实践考察等混合式培训模式。企业负责为工坊提供名专业工程师，以每年 1 个月工坊现场指导＋其余远程技术指导的模式，负责教学实训技术指导、项目开发技术攻克、项目质量管控、考核监督等工作。

工坊提供汇集互联网行业专家、高职教育领域的专业教师、企业高级工程师开发的课程体系，经过国内正式出版的权威教材文档。

航运大数据工匠工坊建设思路如图 7.6 所示。

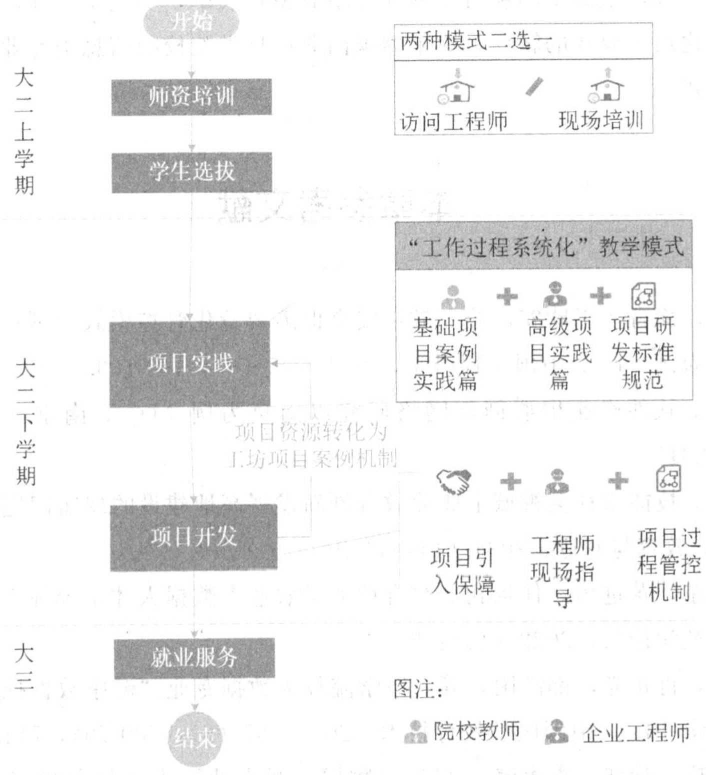

图 7.6　航运大数据工匠工坊建设思路

7.4　本章小结

大数据技术是新一代信息技术，大数据技术专业创建始于 2019 年，大数据专业融入行业特色的研究刚刚起步。航运正在进行第四次技术变革，其核心就是包括大数据技术在内的新一代信息技术的应用[14]。立足航运产业，开展大数据技术人才的培养研究将为航运类职业院校大数据技术专业的建设起到一定的引领作用。

大数据技术专业立足学校航海特色，面向智慧航运紧缺新兴岗位群，跨界整合学科，重组“航运＋大数据”专业课程体系，依托省级工程中心、省级教学团队、省级产教联盟和省级研究课题，以智慧航运项目为核心的航运大数据人才培训体系和实践，全面推动项目化的人才培养模式改革，实现了人才的单一培养模式到多样化培养模式的转变，成果为国内非信息类院校的信息类专业特色人才培养提供范式。

本章参考文献

[1] 徐亮，徐青，王欣安，等．航运安全保障智慧化管控模式发展研究——以上海市为例［J］．中国工程科学，2023，25（6）：160-169.

[2] 黄印．软件产业集群创新网络研究以南京为例［D］．南京：南京邮电大学，2019.

[3] 张莉．技能型社会视域下职业教育创新发展高地建设的现实问题与实践路径［J］．教育与职业，2024（1）：44-49.

[4] 许亚东，黄进勇，任景莉．综合性大学农业大数据人才培养体系构建［J］．教育教学论坛，2022（16）：20-23.

[5] 任和，肖正光，邵泽国，等．医学院校大数据专业“健康数据挖掘”课程设计探索［J］．中国医学教育技术，2023，37（6）：700-704，714.

[6] 王景玫，韩江，李永海．商务大数据“微专业”人才培养模式探索与实践［J］．才智，2022（22）：154-157.

[7] 柯巧，陆梦依，陈峰，等．生物医学大数据专业课程设置现状与思考［J］．中国卫生统计，2023，40（6）：946-949.

[8] 杨丽娜．美国高等教育学专业人才培养及特征研究［D］．保定：河北大学，2019.

[9] 杨习超，张炜．高校数据科学教育生态系统建构——以美国普渡大学为例［J］．比较教育研究，2021，43（2）：98-104.

[10] 何海地．美国大数据专业硕士研究生教育的背景、现状、特色与启示——全美 23 所知名大学数据分析硕士课程网站及相关信息分析研究［J］．图书与情报，2014（2）：48-56.

[11] 王艳霞，唐忠林．基于项目化教学的课程思政融通路径研究［J］．工业技术与职业教育，2023，21（6）：71-75.

[12] 倪伟敏，朱维琴，金仁村，等．“环境监测”课程思政项目化教学改革与实践［J］．教育教学论坛，2023（46）：81-84.

[13] 项丹，金立艳．新时代高职院校德育运行机制与实施策略探究［J］．中国多媒体与网络教学学报（中旬刊），2023（12）：119-122.

[14] 扈欣朋．智能航运是航运业第四次革命［J］．海运情报，2016（8）：1+30.